GRUNDLAGEN
UND GEDANKEN

Drama

Friedrich Schiller

MARIA STUART

von
Hans Peter Herrmann
und
Martina Herrmann

VERLAG MORITZ DIESTERWEG
Frankfurt am Main

Die Reihe wird herausgegeben von Hans-Gert Roloff.

ISBN 3-425-06469-X

3. Auflage 1998

Gesamtherstellung: graphoprint, Koblenz

Printed in Germany

Inhalt

Maria, Königin der Schotten
Gemälde aus der Schule von Jean Clouet

1 Allgemeine Grundlagen

1.1 Daten und Dokumente zur Entstehung von „Maria Stuart"

1759 10.11. Johann Christoph Friedrich Schiller in Marbach/Neckar geboren.

1783 Ende Febr. Erste Erwähnung von *Maria Stuart.* Noch während der Arbeit an *Kabale und Liebe* in Bauerbach bei Meiningen (Thüringen) schreibt Schiller von einem neuen Stück, das er seinem Verleger Weigand zugesagt habe und zu dem er sich Literatur erbittet:

> „[...] Ich habe ihm [...] meine Maria Stuart versprochen. [...] Zu meiner Maria Stuart liebster Freund schiken Sie mir doch auch jezt Geschichten. Camden ist herrlich, doch ist es gut wenn ich mehrere habe. [...]" (an Reinwald, NA XXIII, S. 68 f.)

Robertsons „Geschichte Schottlands [...]" hatte Schiller sich schon im Dezember 1782 von Reinwald mit anderer Literatur erbeten. Doch schwankt Schiller zwischen verschiedenen Plänen, bis er sich

27.3. für die Arbeit am *Don Karlos* entscheidet. Von Plänen zu *Maria Stuart* hören wir dann erst wieder 1799.

1787 Nach Abschluss des *Don Karlos* fast neunjährige Pause im dramatischen Schaffen. Schiller versucht aus der drückenden finanziellen Not und Abhängigkeit von anderen loszukommen durch historiografische Arbeiten, Herausgebertätigkeit, erzählerische und lyrische Produktion. Auf der Suche nach einem finanziell und literarisch

24.7. günstigeren Lebensort kommt er nach Weimar: Aus dem für drei Monate geplanten Besuch wird eine Lebensentscheidung.

1789 21.1. Professor extraordinarius für Philosophie in Jena. Die Stelle wurde durch Goethe vermittelt. Schiller erhält kein festes Gehalt, nur Kolleggelder.

11.5. Umzug nach Jena.

1790 1.1. Schiller erhält von Herzog Karl August auf seine Bitte hin erstmals ein festes Gehalt von 200 Talern jährlich – eine damals nicht unübliches Anfangsgehalt, das aber keinesfalls ausreicht, einen eigenen

22.2. Hausstand zu gründen. Heirat mit Charlotte von Lengefeld. Schiller rechnet (zu hoch) mit weiteren 300 Talern aus Kolleggeldern und 300 aus schriftstellerischen Einkünften; die Schwiegermutter gibt 150 Taler jährlich hinzu. Schillers finanzielle Situation bleibt auch damit noch sehr beengt, zumal er später wegen seiner Krankheit nur noch gelegentlich Vorlesungen halten kann. Er ist weiterhin auf die Einnahmen aus seiner historiografischen Tätigkeit angewiesen, betrachtet sie aber auch als Übung für das Ziel einer späteren, fundierten Wiederaufnahme der dramatischen Produktion:

„[...] Das Arbeiten im dramatischen Fache dürfte überhaupt noch auf eine ziemlich lange Zeit hinausgerückt werden. Ehe ich der griechischen Tragödie durchaus mächtig bin und meine dunklen Ahnungen von Regel und Kunst in klare Begriffe verwandelt habe, lasse ich mich auf keine dramatische Ausarbeitung ein. Außerdem muss ich noch die historische Wirksamkeit so weit treiben, als ich kann, wär's auch nur deswegen, um meine Existenz bestmöglichst zu verbessern. Ich sehe nicht ein, warum ich nicht, wenn ich ernstlich will, der erste Geschichtschreiber in Deutschland werden kann; und dem ersten müssen sich doch auf jeden Fall Aussichten eröffnen [...] Ich trage mich schon seit anderthalb Jahren mit einem *deutschen Plutarch*. [...]" (an Körner, 26. 11. 1790)

Körner greift das Wort vom „deutschen Plutarch" auf und formuliert einen frühen Entwurf klassischer Welt- und Kunstanschauung:

„[...] Ein deutscher Plutarch ist eine Unternehmung, der Du gewachsen bist, und die Deiner werth ist [...] Deine Manier in der Geschichte des 30jährigen Kriegs in der Behandlung der Charaktere ist mir lieber, als die in der Geschichte der Niederlande. In dieser ist mehr *Subjectives*, mehr Idealisirung des Geschichtschreibers, mehr Personificirung abstracter Begriffe und weniger Individualität, als in Deiner neuen Arbeit. Das *Objective* in aller Art von Kunst wird mir immer werther. In diesem scheint mir die wahre *Classicität* enthalten zu sein; dasjenige, was einem Kunstwerke Unsterblichkeit giebt. Das Subjective ist abhängig von der besonderen Denkart oder Stimmung des Künstlers, und sein Werth ist davon abhängig, ob er ein Publicum findet, dessen Denkart und Stimmung mit der seinigen sympathisirt. Das Kunstwerk soll durch sich selbst existiren, wie ein anderes organisches Wesen, nicht durch die Seele, die ihm der Künstler einhaucht. Hat er ihm einmal Leben gegeben, so dauert es fort, auch wenn der Erzeuger nicht mehr vorhanden ist; und hierdurch unterscheidet sich eben ein *Aggregat* von Elementen, die einzeln als Producte eines höheren geistigen Lebens ihren Werth haben, von einem *organisirten Ganzen*, wo Theil und Ganzes gegenseitig Mittel und Zweck sind, wie bei den organisirten Naturproducten. Diese Einheit der Richtung bei der Mannigfaltigkeit der vorhandenen Kräfte, und diese Verfielfältigung des Lebens im Einzelnen bei der möglichsten Harmonie des Ganzen unterscheidet Classicität und Chaos von Leerheit. – Dieß ist mein neueres ästhetisches Glaubensbekenntniß. Was meinst Du dazu? Die Idee von Leben und Harmonie ist mein eigen Werk; über die Fruchtbarkeit des Begriffs: Organisation hat Kant mir ein Licht aufgesteckt, und Goethe verdanke ich einige Winke über den Unterschied des Subjectiven und Objectiven, denen ich weiter nachgedacht habe. [...]" (Körner an Schiller, 6. 12. 1790)

Schiller antwortet sehr zustimmend mit einem Hinweis auf seine Rezension *Über Bürgers Gedichte*, in denen er Vorstellungen einer idealisierenden Poesie entwickelt.

1791 3. 1. Beginn der „Brustkrankheit" (wohl Lungenentzündung mit verbleibender Rippenfellvereiterung und zweitem Eiterherd im Bauch; möglicherweise tuberkulös). In diesem Jahr beginnt Schiller, sich systematisch mit theoretischen Problemen der Ästhetik zu befassen.

12.1. Erste Erwähnung eines neuen dramatischen Plans *Wallenstein*
Ende Febr. gegenüber Körner. Lektüre von Kants *Kritik der Urteilskraft*
Mai (Beginn der gründlichen Auseinandersetzung mit Kant).

13.12. Erneute Krankheitsanfälle bringen Schiller an den Rand des Todes; er ist seither nie wieder vollständig genesen.
Schiller erhält Nachricht, dass der dänische Hof ihm eine „Pension" von jährlich tausend Talern für drei Jahre ausgesetzt hat.

> „[...] Das, wonach ich mich schon so lange ich lebe auf's Feurigste gesehnt hab, wird jetzt erfüllt. Ich bin auf lange, vielleicht auf immer aller Sorgen los; ich habe die längst gewünschte Unabhängigkeit des Geistes [...] Ich habe endlich einmal Muße zu lernen und zu sammeln, und für die Ewigkeit zu arbeiten. [...]" (an Körner, 13. 12. 1791)

1793 Vorlesungen über Ästhetik; mit *Über Anmut und Würde* und *Vom Erhabenen* beginnt die Reihe der Schriften zur Ästhetik und Poetik.

1794 20.7. Begegnung zwischen Schiller und Goethe nach einer Tagung der Naturforschenden Gesellschaft zu Jena. Gespräch über die Urpflanze: „Erfahrung" oder „Idee"? Beginn der Zusammenarbeit.

1796–1799 Arbeit am *Wallenstein*.

1799 17.3. Zwei Tage nach Abschluss von *Wallensteins Tod* schreibt Schiller bereits an Goethe von der Suche nach einem neuen dramatischen Stoff, möglichst einem „von freier Erfindung [...] denn Soldaten, Helden und Herrscher habe ich vor jetzt herzlich satt" (an Goethe, 19. 3. 1799). Unter mehreren Plänen greift er dann doch erneut zu
20.4. einem historischen Stoff; eben von der triumphalen Aufführung von
26.4. *Wallensteins Tod* nach Jena zurückgekehrt, erwähnt er erneut *Maria Stuart:*

> „Die Zerstreuungen, die ich in Weimar erfahren, klingen heute noch bei mir nach und ich kann noch zu keiner ruhigen Stimmung kommen. Indessen habe ich mich an eine Regierungsgeschichte der Königin Elisabeth gemacht und den Prozess der Maria Stuart zu studieren angefangen. Ein paar tragische Hauptmotive haben sich mir gleich dargeboten und mir großen Glauben an diesen Stoff gegeben, der unstreitig sehr viel dankbare Seiten hat. Besonders scheint er sich zu der Euripidischen Methode, welche in der vollständigsten Darstellung des Zustandes besteht, zu qualifizieren, denn ich sehe eine Möglichkeit, den ganzen Gerichtsgang zugleich mit allem Politischen auf die Seite zu bringen und die Tragödie mit der Verurteilung anzufangen. Doch davon mündlich und bis meine Ideen bestimmter geworden sind. [...]
> Wollten Sie die Güte haben und gegen beiliegende Scheine die notierten Werke aus der Bibliothek für mich holen und durch das Botenmädchen senden lassen. Camden habe ich schon mitgenommen, aber den Schein vergessen zurückzulassen. Wenn Sie mir, etwa aus der Sammlung des Herzogs, den Gentzischen Historischen Kalender, der das Leben der Maria Stuart enthält, verschaffen könnten, so wäre mirs sehr angenehm. [...]" (an Goethe, 26. 4. 1799)

zu machen. Die Frage geht zugleich die Poesie überhaupt an, und darum bin ich doppelt begierig sie mit Ihnen zu verhandeln.
Ich fange in der Maria Stuart an mich einer größern Freiheit oder vielmehr Mannigfaltigkeit im Silbenmaß zu bedienen, wo die Gelegenheit es rechtfertigt. Diese Abwechslung ist ja auch in den griechischen Stücken, und man muss das Publikum an alles gewöhnen [...]." (an Goethe, 3. 9. 1799)

19.9.–13.10. Goethe in Jena. Schiller und er sehen sich fast täglich, sprechen intensiv über die einzelnen Akte der *Maria Stuart,* über Theaterpläne und, anlässlich eines Briefs von W. v. Humboldt, „Über das mögliche tragische Theater der Deutschen" (Goethes Tagebuch, 2. 10. 1799).

Die Unterbrechung der Arbeit an *Maria Stuart* dauert aber länger als beabsichtigt. Eine schwere, von Depressionen begleitete Krankheit von Schillers Frau bei der Geburt des dritten Kindes und Schillers
3.12. Umzug nach Weimar verzögern die Arbeit. Erst kurz vor Weih-
20.12. nachten hören wir von der Beendigung des dritten Aktes.

Der Ortswechsel nach Weimar hatte grundsätzliche Bedeutung. Bis in die neunziger Jahre hinein hatte Schiller um Brot geschrieben und war doch, ständig bedroht und auch finanziell belastet durch seine Krankheit, von fürstlicher Gunst über Gebühr abhängig gewesen. Der große Erfolg des *Wallenstein* verhieß (und brachte) erstmals nennenswerte Einnahmen aus der dramatischen Produktion: Bühnenlizenzen für auswärtige Aufführungen, Druck- und Übersetzungshonorare. Erstmals zeichnete sich für Schiller die Möglichkeit ab, die historiografischen und publizistischen Brotarbeiten einstellen, sich ganz seiner eigentlichen Begabung und Bestimmung widmen zu können und dabei doch Gewissheit zu haben, sich und seiner Familie die Zukunft zu sichern. Für seine dramatische Arbeit aber brauchte er die Nähe der Bühne, denn der Erfolg des *Wallenstein* schien ja gerade darin begründet, dass für die neuen Kunstprinzipien der „Klassik" ein Publikum zu gewinnen war:

„[...] Weil ich mich für die nächsten 6 Jahre ganz ausschließend an das Dramatische halten werde, so kann ich es nicht umgehen, den Winter in Weimar zuzubringen, um die Anschauung des Theaters zu haben. Dadurch wird meine Arbeit um vieles erleichtert werden, und die Phantasie erhält eine zweckmäßige Anregung von außen, da ich in meiner bisherigen isolirten Existenz alles, was in's Leben und in die sinnliche Welt treten sollte, nur durch die höchste innere Anstrengung und nicht ohne große faux-frais zu Stande brachte. Ich werde meinem Herzog zu Leibe rücken, daß er mir Zulage giebt, um eine doppelte Wohnung und Einrichtung und den theuren Aufenthalt in Weimar mir zu erleichtern.
Uebrigens aber sind die dramatischen Arbeiten auch die lucrativsten für mich, weil ich jedes Stück von mehreren Bühnen bezahlt bekomme, und der Verleger mir auch mehr als für jede andre Arbeit dafür geben kann. Außerdem sind mir von einem Londoner Buchhändler Anträge geschehen, mir für

jedes Mscrpt. das ich noch ungedruckt nach England zum Uebersetzen schicke, sechzig Pfund zu bezahlen – unter der einzigen Bedingung daß das englische 14 Tage früher erscheint als das Original in Deutschland.
Du ersiehst daraus, daß ich auch nicht einmal mehr den Sporn der Finanzen habe, um den Almanach fortzusetzen. Wenn Du wüßtest, welch' unendlichen Sacaden mich dieser Berührungspunkt mit 20 oder 30 Versemachern in Deutschland aussetzte, und wie schwer es hält, bei dem ungeheuren Zuströmen des Mittelmäßigen und Schlechten auch nur ein paar Bogen leidliche Arbeit zu halten, Du würdest mir Glück wünschen, daß ich diese Bürde abgeworfen. Von jetzt an gottlob habe ich mit keinem schlechtern Poeten mehr zu thun, als ich selbst bin; und selbst um das Publicum werde ich mich nicht sonderlich mehr zu bekümmern brauchen. [...]" (an Körner, 9. 8. 1799)

Die Übersiedlung, ursprünglich nur für die Theatersaison in den Wintermonaten gedacht, wurde dann unter der Hand, wie zwölf Jahre zuvor, zu einer Grundsatzentscheidung: Schiller blieb bis an sein Lebensende.
Ganz ohne Hilfe von außen ging das neue Leben allerdings nicht ab. Schiller erbat vom Herzog eine Erhöhung seines Professorengehalts, um die höheren Lebenshaltungskosten in Weimar teilweise aufzufangen:

„Durchlauchtigster Herzog / gnädigster Fürst und Herr, / Die wenigen Wochen meines Auffenthalts zu Weimar und in der größern Nähe Eurer Durchlaucht im lezten Winter und Frühjahr haben einen so belebenden Einfluß auf meine Geistesstimmung geäusert, daß ich die Leere und den Mangel jedes Kunstgenußes und jeder Mittheilung, die hier in Jena mein Loos sind doppelt lebhaft empfinde. Solange ich mich mit Philosophie beschäftigte, fand ich mich hier vollkommen an meinem Platz; nunmehr aber, da meine Neigung und meine verbeßerte Gesundheit mich mit neuem Eifer zur Poesie zurückgeführt haben finde ich mich hier wie in eine Wüste versetzt. Ein Platz, wo nur die Gelehrsamkeit und vorzüglich die metaphysische im Schwange gehen, ist den Dichtern nicht günstig: diese haben von jeher nur unter dem Einfluß der Künste und eines geistreichen Umgangs gedeihen können. Da zugleich meine dramatische Beschäftigungen mir die Anschauung des Theaters zum nächsten Bedürfniß machen und ich von dem glücklichen Einfluß desselben auf meine Arbeiten vollkommen überzeugt bin, so hat alles dieß ein lebhaftes Verlangen in mir erweckt, künftighin die Wintermonate in Weimar zuzubringen.
Indem ich aber dieses Vorhaben mit meinen ökonomischen Mitteln vergleiche, finde ich daß es über meine Kräfte geht, die Kosten einer doppelten Einrichtung, und den erhöhten Preiß der meisten Nothwendigkeiten in Weimar zu erschwingen. In dieser Verlegenheit wage ich es, meine Zuflucht unmittelbar zu der Gnade Eurer Durchlaucht zu nehmen, und ich wage es mit um so größerem Vertrauen, da ich mich, in Ansehung der Gründe die mich zu dieser Ortsveränderung antreiben, *Ihrer* höchst eigenen gnädigsten Beistimmung versichert halten darf. Es ist der Wunsch der mich antreibt, *Ihnen Selbst,* gnädigster Herr und den durchlauchtigsten Herzoginnen näher zu seyn, und mich durch das lebhafte Streben nach Ihrem Beyfall, in meiner

Kunst selbst vollkommener zu machen, ja vielleicht etwas weniges zu Ihrer eigenen Erheiterung dadurch beizutragen.
Da ich mich in der Hauptsache auf die Früchte meines Fleißes verlassen kann und meine Absicht keineswegs ist, darinn nachzulassen, sondern meine Thätigkeit vielmehr zu verdoppeln, so wage ich die unterthänigste Bitte an Eure Durchlaucht mir die KostenVermehrung, welche mir durch die Translocation nach Weimar und die zweifache Einrichtung jährlich zuwächßt, durch eine Vermehrung meines Gehalts gnädigst zu erleichtern. / Der ich in tiefster Devotion ersterbe / Eurer herzoglichen Durchlaucht / meines gnädigsten Herrn / unterthänigst treugehorsamster / Fr Schiller“ (Schiller an Herzog Carl August, 1. 9. 1799, NA XXX, S. 93 f.)

Tatsächlich gewährte der Herzog eine Verdoppelung des Gehaltes auf 400 Taler jährlich; die Miete für Schillers erste Wohnung in Weimar verschlang bereits ein Drittel davon. Dennoch markiert der Umzug eine Wende auch in Schillers finanzieller Situation. Er lässt die Zeit unmittelbarer Existenznot endgültig hinter sich. Die Honorare von Cotta, seit 1794 Schillers neuer Verleger, hatten sich stetig zu steigern begonnen und näherten sich um 1799 der Grenze von 1000 Talern jährlich. Schon 1797 hatte Schiller in Jena ein bescheidenes Stück Land mit Gartenhäuschen erwerben können; 1802 reicht es dann zum Kauf des keineswegs üppigen, aber bürgerlich-ansehnlichen Stadthauses an der „Esplanade“ in Weimar, des späteren Schiller-Hauses. Mit dem Kaufpreis von 4200 Talern muss Schiller zwar ein letztes Mal Schulden machen, aber die waren jetzt solide abgesichert.
Die anregende Nähe zur Weimarer Bühne bringt auch Arbeit und Ablenkung mit sich. Schillers Bereitschaft, eine offizielle Funktion am Theater zu übernehmen, findet zwar kein Gehör, aber tatsächlich beschäftigt Goethe ihn nun wie einen Mitdirektor mit einer Fülle von Regie- und Dramaturgiearbeiten. Noch im Januar suchen beide nach Möglichkeiten einer Realisierung der *Iphigenie,* und Schiller beginnt mit einer Versbearbeitung von Shakespeares *Macbeth,* um dem chronischen Mangel an geeigneten, anspruchsvollen Stücken
31.12. aufzuhelfen. *Maria Stuart* tritt dem gegenüber vorerst zurück. Silves-
ter hatte Schiller noch von Mortimers Sterbeszene berichtet, dann
1800 wird das Drama nicht mehr erwähnt. Körner wird bereits ungedul-
dig und mahnt: „Von deinem neuen Stücke erwarte ich nun bald
Mitte Febr. mehr zu hören“ (12. 1. 1800), aber dann zögert ein schweres Ner-
–Mitte venfieber den Abschluss des *Macbeth* wie die Arbeit an *Maria Stuart*
März erneut hinaus. Erst Anfang April melden Goethes Tagebuch und
5.4. Schillers Briefe den noch mühsamen Wiederbeginn: „Ich stecke jetzt ganz in meinem Geschäft und suche, da ich eine leidliche Stimmung habe, so weit zu kommen als möglich ist.“ (an Goethe, 5. 4. 1800) Anfang Mai sind die ersten vier Akte nicht nur geschrieben, sondern

auch für das Theater eingerichtet; nebenher kosten aber die Proben zu *Macbeth* immer noch viel Zeit. Noch während der Arbeit am

11.5. fünften Akt liest Schiller die bis dahin fertigen Teile einigen Schauspielern vor, die er zu sich eingeladen hatte:

„Schiller las stehend, zuweilen auf einem Stuhle kniend, nicht was man eigentlich schön oder kunstgerecht nennt, worin ihn auch sein etwas hohles Organ hinderte, aber mit Begeisterung, mit Feuer, ohne Manier und Übertreibung, sodass er auch als Vorleser die Zuhörer hinriss." (Amalie von Voigt, zit. nach Hecker 1904–1909, III, S. 115)

15.5. Dann wird *Macbeth* aufgeführt; am Tag darauf zieht Schiller sich mit seinem Diener Gottfried Rudolph auf das herzogliche Schloss Ettersberg zurück, um den fünften Akt der *Maria Stuart* abzuschließen, „weil ich dazu einer eigenen Stimmung bedarf" (an Goethe, 9. 5. 1800).

23.5. Leseprobe in Weimar.

29.5. Leseprobe in Ettersberg.

9.6. Fertigstellung von *Maria Stuart.*

10.6. Abendvorlesung der *Maria* – ohne Goethe, der zwei Tage später um das Manuskript des letzten Aktes bittet, da „der kühne Gedanke, eine Kommunion aufs Theater zu bringen, schon ruchtbar geworden" sei; „ich werde veranlasst Sie zu ersuchen diese Funktion zu umgehen. Ich darf jetzt bekennen, dass es mir selbst dabei nicht wohl zumute war, nun, da man schon zum Voraus dagegen protestiert, ist es in doppelter Betrachtung nicht rätlich." (Goethe an Schiller, 12. 6. 1800) Goethes Intervention wurde durch einen Brief des Herzogs von Sachsen-Weimar ausgelöst:

„Es ist mir gestern Abend erzählt worden, daß in der *Marie Stuart* eine förmliche *Communion* oder Abendmahl auf den Theater paßieren würde. Vermutlich soll sie catholisch seyn und sich vieleicht mit der in den Jesuiten entschuldigen: indeßen ist doch auf unserer Bühne bey der Vorstellung der Jesuiten die Sache so anständig gemacht worden, daß, bis auf ein *Crucifix,* das wohl auch hätte wegbleiben können, nichts sehr anstößiges vorkam. Siehe doch zu, daß dieses auch bey *Marie Stuart* der Fall sei; ich erinnere dich daran, weil ich der *prudentia mimica externa* Schilleri nicht recht traue. So ein braver Mann er sonsten ist, so ist doch leider die göttliche Unverschämtheit oder die unverschämte Göttlichkeit, nach Schlegelscher *Terminologie,* dergestalt zum Tone geworden, daß man sich mancherley poetische Auswüchse erwarten kan, wenn es bei neuern Dichtungen darauf ankommt, einen Effekt, wenigstens einen sogenannten hervorzubringen, und der Gedancke, oder der poetische Schwung nicht zureichen wolte, um durch Worte und Gedancken das Herz des Zuhörers zu rühren. Leb wohl. Carl August" (an Goethe, 10. [11.] 6. 1800)

(Bei den *Jesuiten* handelt es sich um eine im Vorjahr in Weimar aufgeführte Tragödie von J.G.L.Hagemeister.) Carl Augusts Brief

geht wohl auf eine Intervention von Herder zurück; ob die umstrittene Szene bei der Uraufführung gespielt worden ist oder erst später in den Theatermanuskripten geändert wurde, ist umstritten.
Intensive Probenarbeit mit den Schauspielern.

14.6. Uraufführung von *Maria Stuart* (Dauer: 3 1/4 Std., ohne große Pausen gespielt; von den Zeitgenossen wurde das als ungewöhnlich lang empfunden). Goethe und Schiller wechseln am nächsten Tag sofort zufriedene Briefe:

„Ich bin sehr begierig zu vernehmen, wie Sie mit der gestrigen Vorstellung zufrieden sind, und frage also an, wann ich Sie heute sehen kann. Unsre Schauspieler verdienen gewiss vieles Lob, und wenn Sie auch dieser Meinung sind, so sagen Sie ihnen wohl etwas darüber. Sch." (Schiller an Goethe, 15. 6. 1800)
„Man hatte alle Ursache mit der Aufführung sehr zufrieden zu sein, so wie das Stück mich außerordentlich erfreut hat. Mögen sie heute Abend um 6 Uhr mich besuchen, so werden Sie mir ein großes Vergnügen machen. [...]" (Goethe an Schiller, 15. 6. 1800)

Und auch an Körner berichtet Schiller nicht ohne Stolz:

„[...] Ich habe mich einige Wochen nach Ettersburg zurückgezogen, wo ich bloß mit meinem Bedienten in einem weimarschen Schlosse lebte und die Maria Stuart beendigte. Die vorige Woche kam ich zurück und dirigirte die Proben auf dem Theater; vorgestern ist sie gespielt worden, und mit einem Succeß, wie ich ihn nur wünschen konnte. Ich fange endlich an, mich des dramatischen Organs zu bemächtigen und mein Handwerk zu verstehen. [...]" (an Körner, 16. 6. 1800)
„[...] Ich habe zur Maria Stuart, nach Abrechnung der Zeit, wo ich nicht daran arbeitete, 7 und 1/2 Monat gebraucht, von dem ersten Gedanken an diesen Stoff an gerechnet; ich kann also hoffen, bei zunehmender Uebung und größerer Sicherheit in der Ausführung in einem halben Jahr ein Stück fertig zu bringen. So hoffe ich das Versäumte herein zu bringen, und, wenn ich das fünfzigte Jahr erreichen kann, noch unter den fruchtbaren Theaterschriftstellern einen Platz zu verdienen. [...]" (an Körner, 28. 7. 1800. Im selben Brief wird von den Plänen zur *Jungfrau von Orleans* berichtet.)

16.6. Wiederholung der Aufführung von *Maria Stuart*.

1801 8.1. Erste Berliner Aufführung mit Friederike Unzelmann als Maria (September 1801 auch auf dem Weimarer Theater).

April Buchausgabe der *Maria Stuart*.

Mai (?) Englische Übersetzung von *Maria Stuart* durch Joseph Charles Mellish (noch während der Entstehung des Dramas nach der Handschrift des Dichters angefertigt; Mellish, der in Weimar lebte, war der Besitzer des späteren Schillerhauses; seine Übersetzung wurde kein Erfolg).

1802 Erste französische Übersetzung von *Maria Stuart* durch Karl Friedrich Cramer.

1.2 Literarhistorische Voraussetzungen

Maria Stuart gilt als „klassisches Drama" Schillers, oft gar als *das* Muster klassischer Dramatik im Guten („formvollendet") wie im Schlechten („lebensfern"). *Maria Stuart* zu verstehen heißt, sich mit der Klassik-Konzeption Schillers auseinander zu setzen.

Vorweg einige Anmerkungen zur Wortgeschichte von „Klassik": Das Wort hat zwei Bedeutungsvarianten. Die eine, meist in der adjektivischen Form „klassisch", bezeichnet eine zeitlose Qualität: Ein „klassischer" Autor ist ein Autor von herausragendem, allgemein anerkanntem, überhistorischem Rang. Die andere Bedeutung, meist in der substantivischen Form „Klassik", bezeichnet eine zeitlich bestimmte Epoche: Wir sprechen von griechischer Klassik oder französischer Klassik. Die erste Bedeutung ist die frühere. Sie stammt aus der antiken Einteilung der römischen Bürger in Steuerklassen („classes"; nicht zu den „classici" gehörten die Proletarier, sie zahlten keine Steuern). Die Bedeutung schrumpfte dann: Aus dem „classicus", dem steuerzahlenden Vollbürger, wurde der Bürger der obersten Steuerklasse. In der Spätantike übertrug der Schriftsteller Gellius diese Bedeutung vom gesellschaftlichen Klassensystem auf den literarischen Bereich: Der „scriptor classicus" ist der hochwertige und maßstabgebende Schriftsteller im Gegensatz zum „scriptor proletaricus".

Das 18. Jahrhundert gebraucht das Wort „klassisch" in diesem Sinn. Klassisch sind vor allem die großen Autoren der Antike. Aber auch moderne Schriftsteller können klassisch sein und nach „Classizität" streben (Schiller an Körner, 20. 8. 1788 u. ö.). Die Bedeutung schwankt dabei zwischen: „so, wie die Griechen", und allgemein: „geläutert und maßstabgebend"; auch die soziale Komponente kann noch mitschwingen: „elitär, nicht vulgär und volkstümlich". (Im Einzelnen dazu: Windfuhr 1974)

Goethe und Schiller sprechen in der Zeit ihrer gemeinsamen Arbeit eher zurückhaltend von klassischen Autoren; Goethe hält Deutschland aufgrund seiner politischen und kulturellen Situation einer klassischen Literatur derzeit für unfähig (*Literarischer Sansculottismus* 1795). Erst im 19. Jahrhundert, als sich das erstarkende, aber politisch gehemmte Nationalgefühl des liberalen Bürgertums in Deutschland auf die eigene kulturelle Tradition besinnt, bildet sich die Vorstellung einer „Deutschen Klassik" als Trost- und Leitstern für die Gegenwart heraus. Der erste Beleg findet sich 1839 in der Literaturgeschichte von Heinrich Laube, der die deutsche Literatur seit Albrecht von Haller als deutsche „Klassik" betitelt (so Windfuhr 1974; s. auch die einschlägigen Aufsätze von Max L. Baeumer, Klaus L. Berghahn und Wilfried Malsch in: Grimm/Hermand 1971). „Deutsche Klassik" ist also eine Erfindung der Rezeptionsgeschichte.

Im weiteren Verlauf des 19. Jahrhunderts wird der Begriff kanonisiert und ideologisiert. Noch beim so genannten geistigen Neuanfang nach 1945 stehen Literaturwissenschaft, Deutschdidaktik und öffentliches Leben weitgehend im Zeichen einer Restitution von Wertbegriffen und Kunstvorstellungen der Klassik. In der heutigen Literaturwissenschaft (und in der Schuldidaktik) allerdings sind Nutzen

und Inhalt des Begriffs einer „Deutschen Klassik" durchaus umstritten. Opposition gegen eine kanonisierende Klassikerverehrung gab es bereits im Vormärz, dann in den Jahrzehnten vor dem ersten Weltkrieg und in der Weimarer Republik. Zu einem breiten, öffentlichen wie fachwissenschaftlichen Streit kam es jedoch erst seit dem berühmten „Zürcher Literaturstreit" von 1966 und in den 70er Jahren (zum Zürcher Literaturstreit: Sprache im technischen Zeitalter 22 [1967], 26 [1968]; zur „Kanon"-Diskussion vgl. Brackert 1974 und Stein 1980). Die Auseinandersetzungen wurden damals z. T. sehr heftig geführt; sie sind heute abgeflaut, aber nicht entschieden. Sie haben zweifellos das Verdienst, dass in ihrem Verlauf der normative Anspruch der klassischen Kunst- und Lebensanschauung historisch relativiert und dabei die kultur- und sozialgeschichtlichen Voraussetzungen der deutschen Klassik breiter und tiefer erforscht wurden als je zuvor.
Die „Deutsche" oder auch „Weimarer" Klassik ist ein komplexes Gebilde. Zwei ungewöhnlich begabte Schriftsteller und ihr kleiner Freundes- und Leserkreis haben die schwierige und widerspruchsvolle geistige, kulturelle, politische und soziale Situation in Deutschland im letzten Drittel des 18. Jahrhunderts als persönliche und geschichtliche Herausforderung empfunden, als Zeit einer epochalen welthistorischen Wende gedeutet und mit neuen literarischen, kunsttheoretischen und philosophischen Konzepten beantwortet, die weit ins 19. und 20. Jahrhundert hineinwirkten. Diese Konzepte gründen in der Vorstellung einer eigenen, gegenüber der Wirklichkeit autonomen Sphäre der Kunst.
Schiller hat das für die deutsche Klassik zentrale **Postulat der Kunstautonomie** geschichtstheoretisch durch eine Analyse des gegenwärtigen, seines Zeitalters begründet. Er geht dabei aus von der Aufspaltung der modernen Gesellschaft in unterschiedliche Klassen. Die „niedern und zahlreichern Klassen" seien roh und unzivilisiert, eine Gefährdung für das „Band der bürgerlichen Ordnung" (*Über die ästhetische Erziehung des Menschen in einer Reihe von Briefen* [1794/95], 5. Brief, NA XX, S. 319f.); aber auch die „civilisirten Klassen" verfallen seiner Kritik. Sie seien verdorben durch Selbstsucht und den in der modernen Gesellschaft herrschenden Geist der allgemeinen Zweckrationalität: „Der *Nutzen* ist das große Idol der Zeit, dem alle Kräfte frohnen und alle Talente huldigen sollen" (2. Br., ebd., S. 311). Und: „Mitten im Schooße der raffinirtesten Geselligkeit hat der Egoism sein System gegründet, und ohne ein geselliges Herz mit heraus zu bringen, erfahren wir alle Ansteckungen und alle Drangsale der Gesellschaft" (5. Br., ebd., S. 320).
Das sind Einsichten, die auf Rousseaus umfassende Kulturkritik zurückgehen: Die moderne Gesellschaft verbindet die Menschen nicht mehr, sondern trennt sie voneinander, denn in ihr herrschen die an das Eigentum gebundenen, konkurrierenden Interessen der Einzelnen, und diese Interessen sind materieller Natur. Als Gegenbild zur kritisierten Gegenwart gilt Schiller dabei das antike Griechenland, seit Winckelmann und dem jungen Herder immer wieder Bezugspunkt geschichtsphilosophischer Reflexionen über das eigene Zeitalter.
Vor allem Herders Gedanke, die Neuzeit sei durch kulturelle und soziale Vielfalt und Ausdifferenzierung gegenüber der Geschlossenheit und Einheit der griechi-

schen Welt bestimmt (*Shakespeare*, 1773; *Auch eine Philosophie zur Geschichte der Menschheit*, 1773/74), wird von Schiller aufgegriffen und mit Einsichten des englischen Moralphilosophen Ferguson über die arbeitsteilige Struktur der gegenwärtigen Gesellschaft präzisiert. Der zentrale Unterschied der modernen Gesellschaft gegenüber der griechischen liege in der fortgeschrittenen Arbeitsteilung. In Griechenland sei jeder Einzelne, jedes Handwerk und jede Wissenschaft noch substanziell mit dem Ganzen verbunden gewesen: „[...] die ganze Menschheit fehlte in keinem einzelnen Gotte" (6. Br., NA XX, S. 322). In der modernen Gesellschaft aber sei die Aufspaltung auf allen Lebensgebieten weiter fortgetrieben. Nicht nur habe die Entwicklung der modernen Wissenschaften eine zunehmende geistige Arbeitsteilung mit sich gebracht, auch die soziale Organisation der Gesellschaft, „das verwickeltere Uhrwerk der Staaten", beruhe auf sozialen Trennungen und beruflichen Ausdifferenzierungen, mache „eine strengere Absonderung der Stände und Geschäfte nothwendig" (ebd., S. 322 f.). Beides zusammen führe zu jener Grundstruktur der modernen Sozial-, Kultur- und Geistesverfassung, die Schiller als durchgehende Zerissenheit, als Abspaltung des Einzelnen vom Ganzen beschreibt. Er findet dabei Sätze, die bis heute nichts an Eindringlichkeit verloren haben und deren Aktualität seither immer wieder beschworen wurde, von konservativer Kulturkritik bis zu marxistischer Entfremdungsanalyse:

„Jene Polypennatur der griechischen Staaten, wo jedes Individuum eines unabhängigen Lebens genoß und, wenn es Noth that, zum Ganzen werden konnte, machte jetzt einem kunstreichen Uhrwerke Platz, wo aus der Zusammenstückelung unendlich vieler, aber lebloser, Theile ein mechanisches Leben im Ganzen sich bildet. Auseinandergerissen wurden jetzt der Staat und die Kirche, die Gesetze und die Sitten; der Genuß wurde von der Arbeit, das Mittel vom Zweck, die Anstrengung von der Belohnung geschieden. Ewig nur an ein einzelnes kleines Bruchstück des Ganzen gefesselt, bildet sich der Mensch selbst nur als Bruchstück aus, ewig nur das eintönige Geräusch des Rades, das er umtreibt, im Ohre, entwickelt er nie die Harmonie seines Wesens, und anstatt die Menschheit in seiner Natur auszuprägen, wird er bloß zum Abdruck seines Geschäfts, seiner Wissenschaft. Aber selbst der karge fragmentarische Antheil, der die einzelnen Glieder noch an das Ganze knüpft, hängt nicht von Formen ab, die sie sich selbstthätig geben (denn wie dürfte man ihrer Freyheit ein so künstliches und lichtscheues Uhrwerk vertrauen)? sondern wird ihnen mit skrupulöser Strenge durch ein Formular vorgeschrieben, in welchem man ihre freye Einsicht gebunden hält. Der todte Buchstabe vertritt den lebendigen Verstand, und ein geübtes Gedächtnis leitet sicherer als Genie und Empfindung." (6. Br., ebd., S. 323 f.)

In immer neuen Wendungen umkreist Schiller diese Grunderfahrung der Moderne, den Verlust der Totalität. Die gesellschaftlichen Teilsysteme, denen der Einzelne in der arbeitsteiligen Gesellschaft unterworfen ist, greifen in sein Inneres ein, machen ihn zum Spezialisten, vereinseitigen seine Kräfte und lassen seine Psyche verkümmern.

„[...] mit der Sphäre, auf die man seine Wirksamkeit einschränkt, hat man sich auch in sich selbst einen Herrn gegeben, der nicht selten mit Unterdrückung der übrigen Anlagen zu enden pflegt. Indem hier die luxurierende Einbildungskraft die mühsamen Pflanzungen des Verstandes verwüstet, zehrt dort der Abstraktionsgeist das Feuer, an dem das Herz sich hätte wärmen und die Phantasie sich entzünden sollen." (ebd.)

Und mit erstaunlichem Scharfblick stellt er die Verstümmelung des Einzelnen als von der gesellschaftlichen Organisation im modernen Staat abhängig dar:

„Wenn das gemeine Wesen das Amt zum Maaßstab des Mannes macht, wenn es an dem Einen seiner Bürger nur die Memorie, an einem Andern den tabellarischen Verstand, an einem Dritten nur die mechanische Fertigkeit ehrt, wenn es hier, gleichgültig gegen den Charakter, nur auf Kenntnisse dringt, dort hingegen einem Geiste der Ordnung und einem gesetzlichen Verhalten die größte Verfinsterung des Verstandes zu gut hält – wenn es zugleich diese einzelnen Fertigkeiten zu einer eben so großen Intensität will getrieben wissen, als es dem Subjekt an Extensität erläßt – darf es uns da wundern, daß die übrigen Anlagen des Gemüths vernachlässigt werden, um der einzigen, welche ehrt und lohnt, alle Pflege zuzuwenden?“ (ebd., S. 324)

Solche Überlegungen zum Verlust der Totalität in der Moderne sind um 1795 nicht völlig neu. Neu ist neben der Schiller'schen Schärfe und Schlagkraft der Formulierung und der an Kant geschulten Stringenz der geschichtsphilosophischen Durchführung vor allem der dialektische Zusammenhang und damit die geschichtliche Notwendigkeit, in der Schiller diese Entwicklung sieht. Die Zerspaltenheit der Gegenwart wird von ihm nicht nur beklagt, sondern – weil im notwendigen Prozess fortschreitender Arbeitsteilung begründet – zugleich als Fortschritt gesehen und begrüßt: „So wenig es auch den Individuen bey dieser Zerstückelung ihres Wesens wohl werden kann“, so hätte „doch die Gattung auf keine andere Art [...] Fortschritte machen können“ (ebd., S. 326).
Denn der Fortschritt der Wissenschaften und der Kultur war nur möglich, weil die bei den Griechen noch herrschende Einbindung des Einzelnen ins Ganze aufgegeben wurde und sich die Bestandteile der Gesellschaft in Konkurrenz zueinander, im modernen „Antagonism der Kräfte“ (ebd.) entwickelten. Nur dadurch konnte ausgebildet werden, womit die Neuzeit die naturgegebenen Schranken der menschlichen Erkenntnisfähigkeit überwand: die modernen Naturwissenschaften (Schiller nennt als Exempel die Astronomie) und die moderne Philosophie (Schiller nennt als Exempel Kant). Erst durch diese Errungenschaften der Aufklärung hat der Mensch die beiden schlimmsten Fesseln auf dem Weg zu mehr Kultur und zu mehr Glück abstreifen können: die Unterwerfung unter die Natur und die Unterwerfung unter religiöse Dogmen. Diese Entwicklung kann und soll nicht rückgängig gemacht werden. Aber die größere Freiheit und Selbstentfaltung, die die *Gattung* mit dieser Entwicklung genommen hat, geht zu Lasten der *Individuen.* Ihre Abtrennung vom Ganzen und ihre Verstümmelung darf nicht einfach in Kauf genommen werden, denn niemals „kann [...] der Mensch dazu bestimmt seyn, über irgend einem Zwecke sich selbst zu versäumen“ (ebd., S. 328) – und sei es der höchste Zweck der Beherrschung der Natur durch die Gattung und der Entwicklung kultureller Selbstentfaltung durch die Gesellschaft. Die dabei verlorene Einheit zwischen der „Gattung“ und dem „Einzelnen“ und zwischen den auseinander fallenden Kräften des Einzelnen, Kopf und Herz, ist auf einer neuen Stufe, als Aufgabe für die Zukunft, wiederzugewinnen: Die „Totalität in unsrer Natur, welche die Kunst zerstört hat“, ist „durch eine höhere Kunst wieder herzustellen“ (ebd.).

Damit ist Schiller beim Zielpunkt seiner Ausführungen angekommen. Zur Wiederherstellung der verlorenen Totalität soll die Kunst den Weg ebnen. Sie sei die einzige menschliche Tätigkeit, die von der gesellschaftlichen Arbeitsteilung und den sozialen Rollenzwängen der Gegenwart ausgenommen sei, die als anspruchsvolles „Spiel" der Fantasie im Reich des „schönen Scheins" genügend Distanz zur Wirklichkeit besitze und als anspruchsvolle Nachahmung wirklicher Konflikte doch genügend Nähe zu ihr – die einzige, die als utopische Vorwegnahme einer künftigen Ganzheit des Menschen gelten könne.

Schillers Konzept einer autonomen Kunstsphäre des „schönen Scheins" erfüllt, im Kontext dieser Geschichtstheorie der modernen Gesellschaft, drei Funktionen. Das Kunstschöne soll Hoffnung machen: In der einengenden und zerstückelnden Gegenwart zeigt die Kunst, dass es so etwas wie Freiheit und Ganzheit des Menschen überhaupt gibt. Das Kunstschöne soll weiterhin der Humanisierung der Gesellschaft den Weg ebnen: Die spielerische Einübung in Kunstfreiheit und ästhetische Ganzheit soll die Menschen instand setzen, einstmals auch eine neue gesellschaftliche und politische Form zu finden, in der Freiheit und Ganzheit möglich sind. Das Kunstschöne soll schließlich dem Einzelnen eine Lebenshilfe bieten: Wenn schon wahres menschliches Dasein in der praktischen Realität so bald nicht statt hat, soll es wenigstens in der kontemplativen Kunst verwirklicht werden können. Diese drei Funktionen der Kunst, die ontologische, die emanzipatorische und die kompensatorische, werden von Schiller nicht voneinander geschieden. Sein eigenes Denken schwankt zwischen ihnen, in den *Briefen über die ästhetische Erziehung* beginnt er mit der gesellschaftlichen Aufgabe der Kunst (die Kunstfreiheit als Vorstufe der politischen Freiheit) und endet bei der nur noch individuellen Kompensation in kleinen, elitären Zirkeln.

Betont hat Schiller jedoch immer, dass die Kunst eine erziehende, den Menschen bildende Aufgabe habe und dass diese erzieherische Aufgabe nur über den Einzelnen geleistet werden könne. Kunst muss der gesellschaftlichen Wirklichkeit gegenüber autonom bleiben, muss vom Alltag, von der Gegenwartspolitik und ökonomischen Zwängen Distanz halten, um ihre „totalisierende" Aufgabe erfüllen zu können. Aber dem einzelnen Rezipienten gegenüber soll sie bildend wirken, soll auf alle seine Kräfte wirken, sein Gemüt erschüttern, seine Fantasie anregen und seine Denkkräfte anspannen. Nur so kann sie ihn aus seiner Vereinzelung und Zerstreuung zur Ganzheit und zur Humanität führen. In dieser Doppelaufgabe der Kunst, autonom und bildend zu sein, lassen sich alle weit verzweigten Überlegungen der deutschen Klassik zur Ästhetik und Poetik zusammenfassen.

Die **Bildungs- und Erziehungsaufgabe** der Kunst hat für Schiller gerade in der Zeit der Arbeit an *Maria Stuart* besondere Bedeutung gehabt. Im *Wallenstein* hatte er noch mit dem Stoff gekämpft, jetzt fühlt er sich auf der Höhe der Meisterschaft: „Ich fange [...] an, mich des dramatischen Organs zu bemächtigen und mein Handwerk zu verstehen." (an Körner, 16. 6. 1800) Jetzt hatte er Dramaturgenfunktionen am Weimarer Hoftheater übernommen und war nach Weimar gezogen, um gerade diese Aufgabe besser erfüllen zu können (vgl. an Körner, 9. 8. 1799). Hatte bisher in Weimar (wie auf anderen deutschen Bühnen) in Sprechweise und Personendarstellung ein unmittelbarer „Naturalismus“ vorgeherrscht (vgl. Goethe an Schiller, 4. 5. 1800), hatten bestenfalls die Individualität, schlimmstenfalls die Manierismen der jeweiligen Schauspieler die Bühne beherrscht und hatte das unmittelbare Unterhaltungsbedürfnis des Publikums die Richtschnur für Spielplan und Aufführungen abgegeben, so hatten Goethe und Schiller mit dem *Wallenstein* erstmals versucht ihre neuen „idealistischen“ Kunstprinzipien auf das Theater zu übertragen, nicht die unmittelbare Publikumswirkung, sondern die Wahrheit und Schönheit der Darstellung zum Prinzip der Präsentation und der Schauspielerführung zu machen. Und sie hatten damit über Erwarten Erfolg beim Publikum wie bei den Rezensenten gehabt. Das versprach Aussichten, den klassischen Kunstprinzipien auf diesem Weg öffentliche Geltung und weitere Wirkung zu verschaffen. Das bedeutete aber auch neue und mühsame Aufgaben: Die Schauspieler mussten von der neuen Kunstvorstellung überzeugt und für sie ausgebildet werden, das Publikum musste in seiner Breite und auf Dauer erzogen werden und ein Bestand an angemessenen Stücken musste ausgewählt, aufbereitet und eingeübt werden. Goethe wusste, weshalb er auf die tatkräftige Mitarbeit des jüngeren, bei solchen Aufgaben zäheren, aber auch geschickteren Schiller drängte. Schiller ist durch diese neue Tätigkeit beflügelt worden. Noch während der Fertigstellung des *Wallenstein* plant er neue Dramen, unmittelbar nach der Uraufführung sitzt er schon an den Vorarbeiten zu *Maria Stuart*. Noch während das Stück entsteht, übersetzt er Shakespeares *Macbeth* und richtet das Werk für die Weimarer Bühne ein, es wird einen Monat vor *Maria Stuart* uraufgeführt. *Maria Stuart* dann wird ausführlich mit den Schauspielern geprobt. Schiller arbeitet wie befreit. Eine schwere Krankheit seiner Frau, der Umzug nach Weimar, eine eigene Erkrankung von über einem Monat können die Arbeit jeweils nur kurz unterbrechen, nur gut ein Jahr nach dem *Wallenstein* wird *Maria Stuart* uraufgeführt.

Der praktische Zusammenhang, in dem Schiller das Stück schreibt, hat inhaltliche Bedeutung. *Maria Stuart* ist gedacht und geschrieben als Muster klassischer Kunstanschauung, als bewusstes Vorbild einer maßstabgebenden, das Publikum erziehenden neuen Dramaturgie und Menschengestaltung (vgl. an Goethe, 16. 8. und 3. 9. 1799). Diese Zwecksetzung erklärt viel. Die inhaltlichen, z. B. geschichtsphilosophischen Probleme, die noch den *Wallenstein* geprägt hatten, treten demgegenüber zurück. Die Formstrenge und der mehr auf dramatische Wirkung als auf inhaltliche Probleme ausgerichtete Charakter des Stückes haben seine Interpreten immer etwas hilflos gemacht; sie haben jedoch ihren Grund in seiner Funktion als dramaturgisches Muster klassischer Kunstprinzipien. (Dass Schiller hoffen konnte, über seine dramaturgische Arbeit am Weimarer Theater sich auch ein Publikum für seine dramatische Produktion heranzuziehen und damit die Basis seiner finanziellen Sicherung zu erweitern, sei nicht nur am Rande vermerkt.)

Schiller hat die erzieherische, „bildende“ Aufgabe seiner eigenen Kunst auf zwei Ebenen gesehen: auf der mehr formalen einer Poetik des Dramatischen und auf der mehr inhaltlichen der Wirkung tragischer Gegenstände. Dass „Form“ und „Inhalt“ dabei nicht streng voneinander zu trennen sind, vielmehr wechselseitig

Schriftstellern ist ihnen gemeinsam, dass sie für das Autonomiekonzept nicht zu gewinnen waren, dass sie in ihrem Schreiben eine stärkere Wirklichkeitsnähe, eine lebenspraktische Funktion von Literatur suchten – sei es in Anpassung an Unterhaltungsbedürfnisse und Publikumsgeschmack, sei es in der Bearbeitung bürgerlicher Alltagserfahrung, sei es in einem unmittelbar politischen Verständnis von Literatur. Sie setzten damit die publikumsbezogene Linie der Aufklärung fort, eine Literatur „für alle" zu entwickeln. (vgl. hierzu Schulte-Sasse 1980)

Die Klassiker hingegen schrieben für die Gebildeten. Die Entzweiung von „hoher" und „niederer" Literatur, die im Kunstbegriff der Klassik besiegelt wird, ist zugleich die Trennung des gebildeten Bürgertums vom „Volk" (dem niederen und Kleinbürgertum im 18., dem Proletariat im 19. Jahrhundert).

Schiller hat das bereits im Jahr 1789 in der Rezension *Über Bürgers Gedichte* so gesehen und in aller, auch persönlichen, Schärfe ausgesprochen: der moderne Dichter habe sich zu entscheiden, ob er, bei gegebener Klassentrennung (Schiller spricht von „Kulturunterschied"; er argumentiert dabei nicht nur kulturell, sondern auch sozial, allerdings nicht ökonomisch), für die „Auswahl einer Nation" oder für die „Masse derselben" schreiben, ob er sich „ausschließlich der Fassungskraft des großen Haufens [...] bequemen" oder ob er sich an dem „Beifall der gebildeten Klasse" ausrichten und das „Volk" zu ihr hinaufläutern wolle (NA XXII, S. 248). Das klassische Kunstkonzept hat seinen – großen – Gewinn an zeitanalytischer Tiefe und europäischem Rang damit erkauft, dass es das aufklärerische Projekt einer praxisbezogenen, einheitlichen bürgerlichen Kultur preisgegeben hat.

Objektiv war diese Entscheidung keineswegs zwingend: Das Autonomiekonzept war nicht das einzige, ernst zu nehmende Kunstprogramm des ausgehenden 18. Jahrhunderts. Subjektiv lag diese Entscheidung für einen Autor wie Schiller in der Logik seiner bisherigen Entwicklung. Die Entschlossenheit des Aufsteigers, sich geistige und gesellschaftliche Anerkennung zu erschreiben, die Unübersichtlichkeiten und Schwierigkeiten des literarischen Marktes im wirtschaftlich retardierten, politisch und gesellschaftlich zersplitterten Deutschland, zielgerichtete eigene Lebensentscheidungen und glückhafte Zufälle in einer widrigen Gesamtlage hatten Schiller in die bürgerlich-adelige Mischgesellschaft Weimars, in die Nähe des Großbürgers Goethe, an den Hof eines liberalen, gutwilligen und bedingt erfolgreichen mittleren Fürsten und schließlich sogar in befriedigend gesicherte finanzielle Verhältnisse geführt.

Es spricht nicht gegen Schiller, dass er sich in dieser Situation nicht für ein kleinbürgerliches oder gar plebejisches, sondern für ein bildungsbürgerliches Literaturkonzept entschied, das ihm persönlich wie sachlich eine zukunftsträchtige Perspektive bot. Es spricht entschieden für Schiller, dass er den erhöhten Standpunkt der „gebildeten Klasse" nicht nur zum lang ersehnten Genuss ihrer Privilegien, sondern zur Kritik ihres Zustandes und ihrer Grundlagen nutzte.

Die Erfahrung des „Kulturunterschiedes" in der modernen Gesellschaft wird von Schiller nicht als distanzierte Zeiterkenntnis formuliert, sondern im Zusammenhang mit der den Schriftsteller existenziell beschäftigenden Frage nach seiner Wirkung auf das Publikum. Damit tritt ein Aspekt ins Blickfeld, der von epochaler Bedeutung für die Literaturgeschichte des 18. Jahrhunderts ist.

Am **Verhältnis zum Publikum** misst der Schriftsteller seinen Erfolg, aus ihm leitet er seinen „Auftrag“ ab. Das Interesse des Publikums sichert ihm sein materielles Auskommen, das Desinteresse bedeutet finanzielle Not. Im Publikumsbezug verquicken sich anspruchsvollste inhaltliche und banalste finanzielle Aspekte der schriftstellerischen Arbeit in der Neuzeit unlösbar miteinander. Gerade Schillers schriftstellerischer Entwicklungsgang ist ein Beispiel für diese Verquickung. In seinen theoretischen Reflexionen wie in seinen Briefen nimmt dieser Aspekt eine breite Rolle ein.

Die neunjährige Pause in seinem dramatischen Schaffen von 1787 bis 1796 war erzwungen durch die Notwendigkeit, sich den Lebensunterhalt auf einem erfolgversprechenderen Weg als durch Dramenproduktion zu erschreiben (vgl. dazu den Verteidigungsbrief an Körner vom 18. 1. 1788) – auch wenn dieser Weg von Schiller verstanden und bejaht wurde als Chance, sich die für den schriftstellerischen Erfolg dringend notwendige Lebenserfahrung zu erwerben und das eigene Schreiben auf einen gesicherten Grund zu stellen. Wie ein roter Faden zieht sich durch den Briefwechsel mit Körner Schillers Bemühen, das zum Broterwerb nötige, historiografische Schreiben als Versuchsfeld zu benutzen, um sich auf diesem weniger schwierigen Gebiet an die Fähigkeiten eines „klassischen“ Schriftstellers heranzuschreiben, und das bedeutete mit den Worten eines späteren Briefes, einen Stil zu finden, der „meinen eigenen individuellen Kräften entspricht“ und doch zugleich „das Glück eines Buches machen kann“ (an Körner, 26. 11. 1790).

Leiden und Glück der Publikums- und Marktabhängigkeit ist für die Schriftsteller des 18. Jahrhunderts eine historisch neue Erfahrung von erheblicher Reichweite. Die Poeten des 17. Jahrhunderts waren in der Regel Gelehrte oder Beamte mit festen höfischen oder städtischen Berufen. Poesie war für sie Tätigkeit von „Nebenstunden“, nicht Hauptberuf. Den hauptamtlichen Poeten gab es nur am Hof, im Schutz des fürstlichen Mäzens. Und für die Gelehrten-, die Beamten- wie für die Hofpoesie galt, dass ihr Publikum sozial überschaubar und weltanschaulich relativ homogen war.

Die Autoren des 18. Jahrhunderts waren, zum ersten Mal in der Weltgeschichte, **freie Schriftsteller**, die ausschließlich von ihrer Feder lebten oder zu leben versuchten und die für den Markt eines weitgehend anonymen, selbst in starken sozialen und weltanschaulichen Veränderungen begriffenen Publikums schrieben. In Deutschland bildete sich dieser literarische Markt mit seinen wichtigsten Vermittlungsinstanzen, Verlags- und Rezensentenwesen, ab der Mitte des 18. Jahrhunderts rasch heraus. In England und Frankreich war seine Entwicklung um diese Zeit bereits weitgehend abgeschlossen. (Vgl. hierzu Winckler 1986)

Schriftstellerische Arbeit im 18. Jahrhundert hieß nicht nur, wie bisher, etwas zu sagen zu haben und sein Handwerk zu beherrschen, traditionellen Maßstäben zu genügen und dichterisch innovatorisch zu sein, sondern es hieß nun zugleich: aktives Arbeiten an der Entstehung und Erschließung eines literarischen Marktes,

Herbeischreiben eines Publikums, das seinen Mann ernährt. Jean Paul, eine Generation jünger als die Klassiker, sollte der Erste sein, der nach mühsamen Hungerjahren ohne weitere Unterstützung und Einkommensquelle ausschließlich von seinem Publikum in relativem Wohlstand leben konnte. Schiller hingegen ist bis fünf Jahre vor seinem Tod auf sein Professorengehalt und auf zusätzliche fürstliche Unterstützung angewiesen, um ein halbwegs sorgenfreies Leben führen zu können.

Die Erfahrung des literarischen Marktes und seiner Publikumsabhängigkeit ist für den freien Schriftsteller des 18. Jahrhunderts nicht nur ein praktisches Existenzproblem. Sie vermittelt ihm zugleich ein Stück unmittelbarer, am eigenen Leib erfahrener, gesellschaftlicher Wirklichkeit. In seiner Abhängigkeit vom „literarischen Markt“ mit seiner Anonymität und Unüberschaubarkeit, mit seinen überraschenden Erfolgen und Kursstürzen, erlebt der Schriftsteller am Ort seiner eigenen Produktivität wichtige Mechanismen der neuen „bürgerlichen“, einer marktorientierten Gesellschaft. Es gehört zu den Einsichten der neueren Literatursoziologie, dass die progressive, weltanschaulich wichtige Rolle gerade der Schriftsteller und Künstler im 18. Jahrhundert dadurch mitbestimmt ist, dass sie in ihrer eigenen Arbeitssituation auf dem literarischen Markt solchen Mechanismen und Strukturen ausgeliefert sind, wie sie gesamtgesellschaftlich in Deutschland erst bei und nach der Wende zum 19. Jahrhundert sich durchsetzen, als die immer noch statische Ständegesellschaft in Deutschland durch die nun massiv voranschreitende industrielle Revolution zur bürgerlichen Marktgesellschaft transformiert wird.

Die weltanschaulichen, politischen und sozialen Probleme seiner Gegenwart stellen sich dem Schriftsteller in erster Linie als Probleme seiner unmittelbaren schriftstellerischen Tätigkeit. Sein geistiger Rang bemisst sich u. a. auch danach, in welcher Dimension er begreift, was ihm da widerfährt. Erfolgsautoren des 18. Jahrhunderts wie Vulpius oder Kotzebue haben die Gunst des Publikums auszubeuten verstanden und sich ohne große Problematisierungen von Erfolg zu Erfolg geschrieben, solange es ging. Andere, wie Lenz oder Kleist, haben sich der Herausforderung gestellt und sind daran zerbrochen, dass sie den ausbleibenden Erfolg materiell und psychisch nicht verkraften konnten. Schiller hat die Schwierigkeiten entfremdeter schriftstellerischer Arbeit für einen anonymen literarischen Markt immer wieder als intellektuelle Herausforderung verstanden und als Teil der Gesamtsituation seiner Zeit zu deuten versucht.

Fünf Jahre nach der Bürger-Rezension hat Schiller die klassenanalytische Begründung seines Literaturkonzepts (es kristallisierte sich bereits damals um die Begriffe „Individualität“ und „Idealisierung“) in den *Briefen über die ästhetische Erziehung des Menschen* ergänzt durch eine umfassendere, politische Begründung: Der Ablauf der Französischen Revolution habe gezeigt, dass eine unmittelbare politische Umsetzung der Ziele der Aufklärung – Selbstbestimmung, Gesetzlichkeit und Freiheit – nicht möglich sei. Es fehle das historische Subjekt für diese Umsetzung. Die „niederen Klassen“ seien noch nicht reif, aber auch die „zivilisierte Klasse“ sei unfähig zu einer historischen Trägerrolle, korrumpiert durch den Pro-

zess der Zivilisation und seine Schäden. Und dann folgt die bereits referierte (s. o., S. 17 f.) Kritik des gegenwärtigen Zeitalters als eines von Arbeitsteilung, Zweckrationalität und Entfremdung bestimmten. Schiller hat sich damit durch die drei Ebenen seiner Zeitanalyse hindurchgeschrieben. Die Publikumserfahrung des freien Schriftstellers hatte ihn zu klassenanalytischen Überlegungen geführt; die waren anlässlich der Erfahrung der Französischen Revolution durch Überlegungen zur politischen Situation der Gegenwart erweitert worden; diese schließlich waren eingebettet worden in eine umfassende, geschichtsphilosophische Deutung des gegenwärtigen Zeitalters. (Aus der umfangreichen neueren Forschung zur Bedeutung der Französischen Revolution für die Deutsche Klassik sei hier der Aufsatz von Segeberg, 1977, genannt; dort weitere Literatur.)
Es macht den Rang dieser Ortsbestimmung aus, dass Schiller nicht nur die historische Schwäche des deutschen Bürgertums wahrnimmt, die seinen Blick auf die Französische Revolution skeptisch einfärbte, sondern dass er trotzdem an der Tradition der Aufklärung, an den Forderungen des aufsteigenden Bürgertums gegen die alten feudalen Mächte und Überlieferungen festhält – dass er darüber hinaus aber bereits die Schäden und Gefährdungen erkennt, die die heraufkommende bürgerliche Welt für ihre Angehörigen bereithalten sollte. Aufklärung – deutsche Rückständigkeit und Französische Revolution – Totalitätsverlust in der Moderne: Das ist das geschichtliche Dreieck, in dessen Koordinatensystem sich die deutsche Klassik bewegt und für das Schiller seine Vorstellung einer durch Autonomie zeitbezogenen Kunst entwickelt.

1.4 Zur Geschichte des Maria-Stuart-Stoffes

Das Leben und Sterben der schottischen Königin gehört zu den großen Stoffen der europäischen Literatur. Es hat vor allem die Dramatiker immer wieder gereizt; bis zu Schiller wurden 55 Maria-Stuart-Dramen gezählt (Kipka 1907, S. 403 f.). Angesichts dieser Vielzahl kann es hier nur darum gehen, in grober Vereinfachung einige Akzente zu setzen.
Von den zwei attraktiven Momenten der Figur, der verführerischen, erotischen Frau einerseits, der leidenden Hoheit andererseits, kommt das der Leidenden zuerst zum Zug. Maria Stuarts Bühnengeschichte beginnt im konfessionellen Weltanschauungsstreit der Gegenreformation. Schon sechs Jahre nach ihrem Tod schreibt in Douai, dem katholischen Zentrum englandfeindlicher Agitation in Nordfrankreich (Schiller ließ Mortimer aus diesem Umfeld kommen), der Professor der Poesie, Adrian de Roulers, eine *Stuarta Tragoedia* (1593), die von den Schülern der Klosterschule mit großem szenischen Pomp aufgeführt wurde. Das Drama ist formal nach dem Muster von Senecas Tragödien, inhaltlich mit entschiedener Tendenz geschrieben: Maria als die verfolgte, strahlend standhafte Unschuld, Elisabeth als die böse, hasserfüllte Ketzerin. Es ist die Fortsetzung des Kampfes, den die katholische Kirche durch Maria gegen England führte, über ihren Tod hinaus mit neuen theatralischen Mitteln.

Roulers' Drama bezeichnet den Beginn einer langen Kette von jesuitischen Ordensschuldramen im 17. und 18. Jahrhundert in Prag, Krems, Neuburg (Bayern), in der Schweiz und in den Niederlanden. Sie sind durchweg nach einem ähnlichen Schema gearbeitet und weit ab von Roulers' Bestreben, bei aller parteilichen Tendenz Verbindung zur geschichtlichen Wirklichkeit zu halten. Marias Märtyrertod wird zu einem der beliebtesten geschichtlichen Stoffe dieser weit verbreiteten didaktischen Dramatik. Der letzte bekannte Beleg stammt von 1767, unmittelbar vor Aufhebung des Jesuitenordens (1773); aber die Tradition dieser religiösen Schau- und Schauerstücke von Maria Stuart lebte in Volksschauspielen Bayerns, Österreichs und Tirols bis zum Anfang des 19. Jahrhunderts fort.
Die klassizistische Linie einer anspruchsvollen Renaissance-Tragödie über den Stuart-Stoff, ebenfalls mit Roulers' Drama begründet, wird vor allem in Italien weiter verfolgt, in Stuart-Dramen von Tommaso Campanella (1598, nicht erhalten), von Carlo Ruggieri (1604) und Federigo Della Valle (1628). Das bedeutendste Drama aus dieser Gruppe ist in den Niederlanden geschrieben, die *Maria Stuart of gemartelde Majesteit* (1648) des holländischen Klassikers Jost van den Vondel. Vondels Werk wirkte weit nach Deutschland hinein. Gryphius ist in seinem Märtyrerdrama *Carolus Stuardus* (1649) von ihm beeinflusst; später gibt es umformende Nachdichtungen (von dem Leipziger Juristen Christoph Komart, 1674, und von dem protestantischen Theologen an der Ritterakademie in Weißenfels, Johann Riemer, 1679). Die katholische Tendenz wird hier, im protestantischen Raum, eliminiert, das Märtyrerdrama zur Haupt- und Staatsaktion. Dann sinkt der Stoff ebenfalls ab und wird vom Unterhaltungsbedürfnis breiterer Volksschichten aufgegriffen. Ein (eigenes) Drama Riemers zum Gegenstand (*Von hohen Vermählungen*, 1679), das Marias Ehe mit Darnley als Familien- und Intrigentragödie zeigt, ist bis ins 18. Jahrhundert auf dem Spielplan wandernder Schauspieltruppen nachweisbar. Das Märtyrerthema wurde bereits 1683 ein letztes Mal gestaltet, ebenfalls in indirekter Vondel-Nachfolge, in dem spätbarocken Trauerspiel *Schuldige Unschuld oder Maria Stuarda* von A. von Haugwitz.
Der andere, der erotische Aspekt der Maria Stuart wird im klassischen französischen Drama entwickelt. Der Ronsard-Schüler A. de Montchrétien betont zum ersten Mal in der Geschichte des Stoffes an der Figur der Maria nicht nur ihre Tugend, sondern auch ihre Schönheit (*L'Écossaise ou le désastre*, 1601); in der (schwachen) Nachfolge von Corneilles *Cid* gestaltet Regnault die Geschichte von *Marie Stuart, reine d'Écosse*, 1639, als reine Liebestragödie im politischen Feld, mit Norfolk als Mann zwischen der schönen und der mächtigen Frau. Diese Umdeutung machte Geschichte, in Spanien (z. B. Juan Batista Diamante, um 1660), in Italien und auch in Frankreich selbst (Edme Boursault, 1663).
In dieser Form war die schottische Königin dann auch für die dramatischen Bühnen Englands akzeptabel, von denen sie als Märtyrerin länger als ein Jahrhundert nach ihrem Tod verbannt bleiben musste. Das Tabu war auch jetzt noch so groß, dass John Banks seine Stuart-Tragödie *The Island Queens* von 1684 erst 1704 aufführen konnte. Auch bei ihm tritt der konfessionelle Aspekt der Auseinandersetzung zurück, steht das Dreiecksverhältnis Maria-Norfolk-Elisabeth im Mittel-

punkt: drei edle Charaktere, eine unschuldig-schuldige Maria, eine gutherzige und sanftmütige Elisabeth, ein ehrenhafter Norfolk. Das tragische Ende kommt zustande durch bösartige Intrigen und durch Elisabeths Einbindung in die Zwänge der Staatsraison. Banks' Drama, das Schiller gekannt haben kann, ist das erste, in dem die beiden Königinnen einander gegenübertreten. Die gleiche Begegnung findet sich auch in der (wohl unabhängig von Banks entstandenen) Tragödie des Franzosen F. Tronchin *Maria Stuart* von 1734. Es ist ebenfalls nach dem Norfolk-Typ gebaut und zeigt Elisabeth als große Fürstin, Maria als tatkräftige, schöne Königin. Auch Tronchin versucht ansatzweise, das tragische Ende aus den politischen Verstrickungen der beiden Königinnen herzuleiten.

Gegen Ende des Jahrhunderts gab es in England noch ein Stuart-Drama von John St. John (*Mary, Queen of Scots*, 1789), mit dem der aus dem Hochadel stammende Autor in die jüngst wieder aufgeflammte englische Diskussion um die „Kassettenbriefe“ zugunsten Marias einzugreifen suchte. In Deutschland war die letzte Fassung des Stoffes ein von Banks abhängiges Liebes- und Eifersuchtsdrama von Chr. H. Spieß, *Maria Stuart*, 1783, das Schiller bekannt gewesen sein muss.

Die Forschung ist sich einig, dass Schillers Drama bestenfalls Einzelzüge von seinen Vorgängern übernommen hat, auch wenn der Autor aus sekundären Quellen den Umriss der Überlieferung gekannt haben wird. Schiller schreibt sein Werk nicht im Hinblick auf die literarische Tradition, sondern im Hinblick auf die reale Geschichte, die er sich aus den vorliegenden historiografischen Werken für seine poetischen Zwecke selbst aneignete. Besser als allen Autoren vor ihm gelingt ihm die Verknüpfung historischer und individueller Momente im Stück, die Darstellung der politischen Aspekte des Stoffes (vor allem der dynastischen, nationalpolitischen und religiösen Probleme in ihrer Verquickung) und der Liebes- und Eifersuchtsthematik. Er vereinigt auch die beiden Seiten der Titelfigur, die die Tradition weitgehend getrennt dargestellt hatte. Bei ihm ist Maria sowohl die große Dulderin (allerdings ohne die katholisierende Tendenz der Tradition) wie die dämonisch-verführerische, sinnliche Frau. Schiller betont ihren rechtmäßigen Anspruch auf den englischen Thron (ein Motiv, das schon bei Spieß auftauchte) und gibt damit der Auseinandersetzung der beiden Königinnen, als auch juristisch gleichberechtigter Rivalinnen, tragische Unausweichlichkeit. Er greift schließlich geschickt das Norfolk-Motiv auf, spaltet es aber in die zwei Figuren des (erfundenen) Mortimer und des (historischen) Dudley und nimmt es aus dem Zentrum der Auseinandersetzung heraus.

Solche Syntheseleistungen gehen allerdings eindeutig zu Lasten Elisabeths, deren Gestalt Schiller zwar psychologisch vertieft, aber menschlich herabsetzt, ohne ihr den politischen Rang zuzugestehen, den die historische Elisabeth beanspruchen kann.

Das dramatische Motiv der tragischen Konstellation Maria – Elisabeth ist mit Schiller im Wesentlichen erschöpft. Die nachfolgenden Dramen und der historische Roman im 19. Jahrhundert wenden sich anderen Aspekten des Stoffes zu.

2 Erläuterungen

2.1 Die historischen Daten

Das 16. Jahrhundert ist in Europa geprägt durch die Krise des mittelalterlichen Feudalsystems. Sie drückt sich in drei Phänomenen aus:

1. der Auseinandersetzung zwischen feudalen Partikularkräften (Kronvasallen) und Zentralmacht (Krone);
2. den wirtschaftlichen Umwälzungen auf dem Gebiet der Produktion (Beginn frühkapitalistischer Produktion) und des Handels (Verlagerung des Schwerpunktes nach Nordwest-Europa: Niederlande, England);
3. der damit verbundenen wachsenden Bedeutung des Bürgertums, die sich in den religiösen Auseinandersetzungen des Jahrhunderts spiegelt.

   Das Leben der schottischen Königin Maria vollzieht sich in diesem spannungsgeladenen Raum und wird von der Krise des Jahrhunderts zerstört (zur Biografie Maria Stuarts von Schottland vgl. die wissenschaftlich fundierte, lebendige, mit viel kultur- und sozialgeschichtlicher Anschaulichkeit geschriebene Darstellung von Antonia Fraser 1971).

1542 *8. 12.:* Maria Stuart in Linlithgow geboren.
Vater: Jakob V., König von Schottland. – *Mutter*: Maria von Guise aus Frankreich, Schwester des Herzogs von Guise und des Kardinals von Lothringen.
Sieben Tage nach Marias Geburt stirbt Jacob V.; Maria Stuart wird *Königin von Schottland*; ein Regent vertritt sie. In England regiert Heinrich VIII. Tudor, in Frankreich Heinrich II. Valois; im Reich kämpft Karl V. mit den Auswirkungen der Reformation.

1543 Maria Stuart wird im Alter von neun Monaten gekrönt.

1548 Maria Stuart reist nach Frankreich. Obwohl sie erst $5^{1}/_{2}$ Jahre alt ist, bleibt ihre Mutter in Schottland, um ihre Rechte zu wahren. Maria ist die Braut des 1544 geborenen Dauphin Franz und soll mit ihm zusammen erzogen werden: Ihre Ausbildung in Frankreich wird von ihren einflussreichen Verwandten überwacht und orientiert sich daran, dass sie später regieren soll. Sie gilt als aufgeweckt und klug, fasst leicht auf und genießt schon als Kind den Ruf außerordentlicher Schönheit.

1558 Maria Stuart heiratet den Dauphin. Sie und ihr Mann führen von nun an auch das englische Wappen und den englischen Königstitel, denn Königin Mary I. von England (vgl. Thronfolge-Tafel, s. u., S. 35) stirbt 1558 und Maria Stuart hat als Urenkelin Heinrichs VII. Tudor nach dynastischem und geblütsmäßigem Gesichtspunkt einen legitimen Anspruch auf den englischen Thron *vor* Elisabeth I., die nach kanonischem Recht als Bastard gilt und von Frankreich nicht anerkannt wird (vgl. aber: Thronfolgeregelung, s. u., S. 34). Der Herzog von Guise entreißt England den letzten Stützpunkt auf dem Kontinent: Calais wird nach über 200 Jahren wieder französisch.
In Schottland kommt es zu militärischen Auseinandersetzungen zwischen katholischen und protestantischen Lords. Elisabeth I. unterstützt die Protestanten mit englischen Truppen und Geld. Marias Mutter, die inzwischen Regentin geworden ist, erhält militärische und finanzielle Hilfe aus Frankreich.

1559 Heinrich II. von Frankreich stirbt durch einen Lanzenstich ins Auge bei einem festlichen Turnier; Maria Stuart wird an der Seite ihres Mannes Franz II. *Königin von Frankreich*.

1560 *9. 7.: Edinburger Vertrag*: Er beendet den schottischen Bürgerkrieg. Englische und französische Truppen verlassen das Land, aber das französische Königspaar unterschreibt nicht, weil der Vertrag auch den Verzicht auf das englische Wappen und den Titel enthält.

11.8.: Confessio Scotica: In Schottland wird der Protestantismus durch Parlamentsbeschluss eingeführt. Innenpolitische Bedeutung: Königin Maria Stuart wird vor vollendete Tatsachen gestellt, ihre Rechte werden übergangen. Als überzeugte Katholikin hat sie die Confessio nie bestätigt. Außenpolitische Bedeutung: Elisabeth I., protestantische Herrscherin des Nachbarlandes, wird automatisch zur Schirmherrin des Protestantismus in Schottland.

5. 12.: König Franz II. stirbt, Maria Stuart wird Witwe und verliert nach französischem Recht den französischen Thron; sie ist noch nicht 18 Jahre alt. Da kurz darauf auch ihre Mutter stirbt, entschließt sich Maria zur Rückkehr nach Schottland, wo allein sie eine politische Zukunft hat. Sie gilt jetzt als die „schönste Fürstin Europas".

1561 August: Maria Stuart kehrt nach 13-jähriger Abwesenheit nach Schottland zurück. In Verhandlung mit dem protestantischen Regenten Schottlands, ihrem Halbbruder Lord James Stuart, hat sie zugesichert, nicht gegen den Protestantismus vorzugehen. Im Gegenzug wurde ihr erlaubt, für sich privat die Messe lesen zu lassen. Politischen Aktivitäten sind demnach enge Grenzen gesetzt. Mehr Spielraum kann Maria mit ihrem 25. Geburtstag erhoffen, wenn die von den Vasallen verwalteten Besitztümer endlich an sie zurückfallen. Einstweilen richten sich ihre Interessen auf dynastische Fragen, 1. auf eine zweite Heirat, um die schottische Thronfolge zu sichern, 2. auf die Anerkennung ihres Thronanspruchs in England, jetzt allerdings als Nachfolgerin Elisabeths, falls diese ohne eigene Nachkommen sterben sollte. Korrespondenz und Verhandlungen mit Elisabeth werden lebhaft geführt. Der Vertrag von Edinburgh ist immer noch nicht unterschrieben.

Von protestantischer Seite wird Marias Lebensstil häufig kritisiert, weil sie Musik, Tanz und Schauspiel liebt. Ihr Lebenswandel ist einwandfrei, ihre Sexualmoral eher puritanisch zu nennen. Bereits zeitgenössische Berichterstatter und Geschichtsschreiber haben sie dennoch als leidenschaftlich, sinnlich und männerverschlingend darzustellen versucht.

1565 *29. 9:* Maria Stuart heiratet zum zweiten Mal, ihr Mann wird der 1546 geborene Henry Stuart, Lord Darnley, Marias Kousin. Diesmal handelt es sich um eine Liebesheirat, die zugleich politisch und dynastisch motiviert ist. Maria glaubt mit Elisabeths Einverständnis zu handeln: Lord Darnley ist englischer Staatsbürger und kam mit Elisabeths Erlaubnis nach Schottland. Dynastisch sichert die Heirat den englischen Thronanspruch Marias: Als Urenkel Heinrichs VII. Tudor und englischer Bürger hat auch Darnley legitime Ansprüche (vgl. Tafel S. 35).

In Schottland schwächt die Heirat Marias Position weiter: Darnley ist Katholik, man befürchtet eine Wende in der Innenpolitik. Marias Halbbruder James, jetzt Earl of Moray, protestiert gegen die „katholische" Ehe und setzt sich nach England ab, andere Adlige folgen oder werden von Maria verbannt. Zur selben Zeit beginnt Maria bürgerliche Berater heranzuziehen. Ihre Ehe erweist sich als wenig erfolgreich, König Henry beteiligt sich selten an Regierungsgeschäften und geht lieber Vergnügungen nach. – Maria beruft das Parlament für März 1566 ein; sie will über die widersetzlichen Lords beraten lassen, offenbar plant sie, deren Landbesitz zu konfiszieren.

1566 *9.3.:* Marias Sekretär Riccio fällt einer Adelsverschwörung zum Opfer, an der sich auch König Henry aus (unbegründeter) Eifersucht beteiligt. Maria selbst wird gefangen genommen, ihr Mann soll allein König werden; das Parlament wird aufgelöst. Doch Maria kann ihren Mann wieder auf ihre Seite ziehen und mit ihm fliehen; dann vertreibt sie die Attentäter, scheint aber zu ihrer früheren Politik einer Duldung des Protestantismus zurückzukehren.

Drei Monate später wird ihr Sohn Jakob geboren. Die protestantischen Lords kehren mit der Zustimmung der Königin ins Land zurück. Maria erwägt Möglichkeiten der Trennung von ihrem Mann. Sie stützt sich dabei zunehmend auf den Grafen Bothwell, der ihr eine zuverlässige Stütze ihres monarchischen Anspruchs scheint.

1567 *9./10.2.:* König Henry wird das Opfer einer weiteren Adelsverschwörung: Das Gebäude, in dem er sich aufhält, wird mit großem Aufwand in die Luft gesprengt, der König aber erdrosselt im Garten gefunden. Maria Stuart glaubt an einen Anschlag auf ihr eigenes Leben, da sie sich kurz vorher in dem Haus aufhielt. Deshalb stützt sie sich noch mehr auf Bothwell, obwohl sein Name bald als der eines der Verschwörer genannt wird.

April: Nach seinem Freispruch bemächtigt sich Bothwell per Handstreich der Königin und entführt sie – vermutlich mit ihrem Einverständnis. Dass er sie vergewaltigt hat, um ihr jeden Rückzug abzuschneiden, erscheint heute als relativ gesichert. Die Hochzeit findet im Mai nach protestantischem Ritus statt; vermutlich war die Königin schwanger (sie hatte drei Monate später eine Fehlgeburt). Ihre übereilte Heirat untergräbt ihren Ruf. Auch diese Ehe ist nicht glücklich: Bothwells Liebe enthüllt sich schnell als Machtgier, Maria hingegen scheint völlig abhängig von ihm zu sein. Juni: Eine neue Adelserhebung führt zu Marias Gefangennahme. Bothwell gelingt die Flucht. Maria aber wird von denselben Lords, die an der Ermordung ihres Mannes beteiligt waren, der Mitwisserschaft an diesem Verbrechen angeklagt und zur Abdankung zugunsten ihres einjährigen Sohnes gezwungen. Moray wird erneut Regent, was neben der politischen Macht erheblichen materiellen Nutzen bedeutete. – Im Dezember wäre Maria 25 Jahre alt geworden und damit in den Besitz der Kronländer gekommen; die Minderjährigkeit ihres Sohnes sichert dem schottischen Adel weitere Nutznießerschaft an diesen Gütern.

1568 Maria Stuart gelingt die Flucht nach England; sie wartet die Gewährung eines Asylgesuches nicht ab und liefert sich damit der englischen Königin aus. Maria geht davon aus, dass Elisabeth ihr wieder zu ihrem schottischen Thron verhelfen wird. Die englische Königin aber verhandelt mit den protestantischen Lords und dem Regenten. In diesem Zusammenhang spielen die so genannten „Kasettenbriefe" eine entscheidende Rolle, die Marias Mitwissen am Mordplan gegen ihren zweiten Mann bestätigen; sie gelten heute als Fälschung.

Für Elisabeth ist das Jahr 1568 ein Glücksjahr, da es zwei Anwärter auf den englischen Thron ausschaltet: Catharin Grey stirbt, und Maria Stuart begibt sich freiwillig in ihre Hand.

1568 – *1587* Maria Stuart bleibt in englischer Gefangenschaft. In diesem Zeitraum steht sie in dauerndem Briefwechsel mit Elisabeth, dem französischen und spanischen König und ihrer französischen Verwandtschaft. Immer wieder bittet sie Elisabeth um ein persönliches Gespräch, aber es kommt nie zu einer Begegnung. Marias Person wird zum Ausgangspunkt zahlreicher Adelsverschwörungen, unter denen die des britischen Hochadels im wirtschaftlich weniger entwickelten Norden Englands (1569/72) die wohl bedeutendste war – der letzte Versuch, den Katholizismus wieder durchzusetzen und den Zentralismus der Krone zu vernichten. An der Spitze dieser Verschwörung stand Thomas Howard, Herzog von Norfolk, der Maria Stuart heiraten wollte.

Über ihr Schicksal entschied die Verschwörung des jungen Sir Anthony Babington (1586), die allerdings vom englischen Geheimdienst von Anfang an überwacht und durch eingeschleuste Agenten vorangetrieben wurde.

1586 *November:* Maria wird zum Tode verurteilt. Eine Hinrichtung lag besonders im Interesse der englischen Protestanten; 1585 war auf Drängen des Unterhauses von Parlament und Krone endlich ein Gesetz verabschiedet worden, das für eine Verurteilung Maria Stuarts die juristische Grundlage bildete. Elisabeth wartete jedoch drei Monate mit der Unterschrift, obwohl sich das Parlament mit Petitionen an sie wandte. Erst als der englische Geheimdienst im Januar 1587 erneut einen – wohl selbst inszenierten – Anschlag auf Elisabeth „entdeckte", unterschrieb die englische Königin.

1587 *8. 2.:* Hinrichtung Maria Stuarts in Fotheringhay.

Ein Jahr später besiegt die englische Flotte die spanische Armada; Englands Aufstieg zur Seemacht beginnt. Die holländischen Niederlande erkämpfen ihre Unabhängigkeit von Spanien und werden zur ersten „bürgerlichen" Macht in Europa. In Frankreich beginnt mit Heinrich IV. (von Navarra) das Königtum der Bourbonen (1589). Im Reich hat sich seit rund dreißig Jahren der Protestantismus neben dem Katholizismus durchgesetzt (1555). Kaiser Karl V. hat abgedankt, das Habsburger Reich ist geteilt (1556); die deutschen Fürstentümer haben weitere souveräne Rechte gewonnen. In England beerbt 1603 Maria Stuarts Sohn ihre Kontrahentin und vereinigt als Jacob I. die drei Kronen der britischen Inseln zu einer Nation: Der Weg in den Nationalstaat und zum Absolutismus ist frei. Auch die Könige des zurzeit regierenden Hauses Windsor zählen Maria Stuart zu ihren Stamm-Müttern.

Die englische Thronfolgeregelung

Heinrich VIII. hatte drei Kinder aus drei verschiedenen Ehen.

1536 erklärte Heinrich VIII. seine Töchter Mary und Elizabeth zu Bastarden und ließ sie durch das Parlament von der Thronfolge ausschließen. Zugleich erklärte er seine zweite Ehe mit Elizabeths Mutter im Nachhinein zu einem illegitimen Verhältnis, was sie nach kanonischem Recht ohnehin war (vom Papst nicht erlaubte Scheidung der ersten Ehe).

1543 machte ein Parlamentsbeschluss beide Töchter wieder zu Thronfolgerinnen und legte die Reihenfolge fest: 1. Edward (*1537), 2. Mary (*1516), 3. Elizabeth (*1533).

1547 bestätigte Heinrich VIII. in seinem Testament diese Regelung. Da er aber seine zweite Ehe nicht wieder legalisiert hatte, blieb Elizabeth ein illegitimes Kind. Außerdem schloss Heinrich VIII. alle ausländischen Mitglieder des Hauses Tudor (also die Stuart-Linie) von der Thronfolge aus.

Diese Regelungen führten je nach Interessenlage zu unterschiedlichen Auslegungen. Unter *dynastischem* Gesichtspunkt hatte Maria Stuart einen legitimen Thronanspruch vor Elizabeth. *Juristisch* war ihr Anspruch zweifelhaft: Nach *kanonischem* Recht war Elizabeth nicht thronberechtigt, nach *englischem* Recht war sie es jedoch; für Maria Stuart war in diesem Fall entscheidend, ob das *Testament* galt, das sie ausschloss, oder der *Parlamentsbeschluss,* der darüber keine Aussage machte. Welcher von diesen konkurrierenden Gesichtspunkten sich durchsetzte, hing von den Machtverhältnissen ab.

Die englische Thronfolge im 16. Jahrhundert

HAUS TUDOR

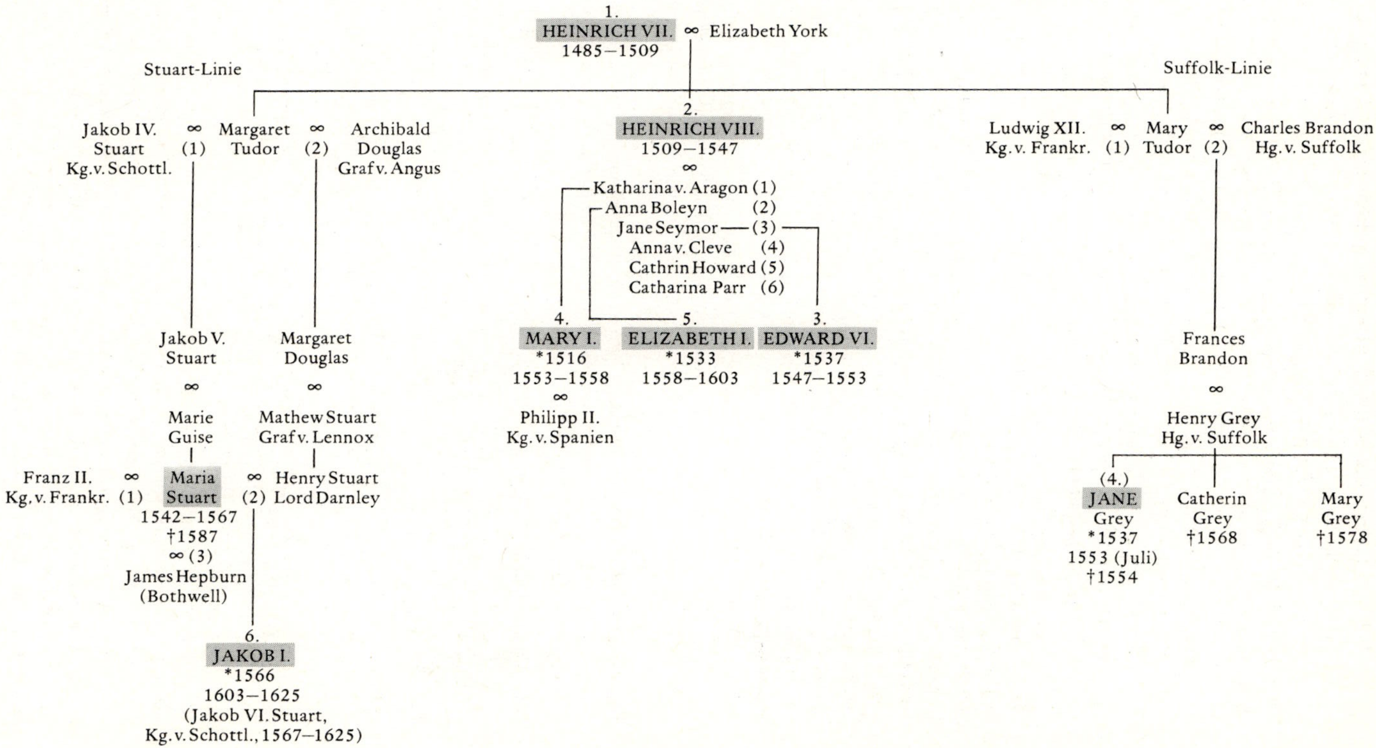

2.2 Wort- und Sachkommentar

(Maria Stuart wird zitiert nach der Reclam-Ausgabe RUB 64 [vgl. Literaturverzeichnis] mit der dortigen Verszählung)

1. AUFZUG

I,1 *Fotheringhay:* letzter Aufenthalt Maria Stuarts in England; Familiensitz des Hauses York in Northampton.

14 *französische Schriften:* Maria benutzte in ihrer Korrespondenz fast immer die französische Sprache; sie stand während ihrer ganzen Gefangenschaft in Briefwechsel mit ihren französischen Verwandten und den Freunden ihrer Kindheit und Jugend in Frankreich.

17 *Ressort* (Szenenanweisung): verschlossenes Geheimfach, das nur durch den Druck einer verborgenen Feder geöffnet werden kann.

19 *Lilien von Frankreich:* Wappen der französischen Könige seit dem 12. Jahrhundert; Erinnerung an Marias Zeit als französische Königin 1559/60.

37 *Sterlyn:* Stirling Castle in Schottland, traditioneller Aufenthaltsort schottischer Königskinder; Marias Sohn wurde hier getauft, sein Vater Darnley blieb der Feier fern, obwohl er sich im Schloss aufhielt. Der Vorwurf an Maria stammt von Darnleys Vater.

48 *Hof der Mediceerin:* französischer Königshof, der als besonders kunstsinnig, glanzvoll und lebensfroh galt. Katharina von Medici, Königin von Frankreich, war allerdings während Marias Jugend nicht die prägende weibliche Figur, ihre Zeit kam erst, als Maria schon wieder in Schottland war.

70 *Parry:* Katholik und Anhänger Marias, der sie zu befreien versuchte. – *Babington:* Haupt der so genannten Babington-Verschwörung, die zu Marias Verurteilung und Hinrichtung führte.

73 *Norfolk:* Thomas Howard, Herzog von Norfolk, war Anführer einer großen Adelsverschwörung zugunsten Marias (s. oben, S. 33).

84 *Helena:* der Sage nach die schönste Frau des Altertums, die den trojanischen Krieg auslöste (Homer, Ilias).

102 *spanische Maria:* Mary I., Königin von England, hatte verschiedene Beinamen; nach ihrer spanischen Mutter Katharina von Aragon und ihrer Ehe mit Philipp II., König von Spanien, wurde sie „die Spanische" genannt. Ihre grausame Protestantenverfolgung brachte ihr die Namen „bloody Mary" und „die Katholische" (vgl. Thronfolge-Tafel, oben S. 35).

105 *Edinburger Vertrag:* Vertrag zwischen Frankreich, England und Schottland, 6. Juli 1560; er wurde nie ratifiziert (s. oben, S. 32).

187 *Dechant:* vgl. zu 3787.

190 *Notarien:* Amtspersonen, die Dokumente ausstellen und beglaubigen durften.

217 *Kommissarien:* von Elisabeth eingesetztes Gericht, bestand aus 24 Kronvasallen (‚Peers', vgl. 784) und weiteren Mitgliedern des Staatsrates, unter denen sich ebenfalls Peers befanden. Im Stück werden, wie in den Quellen, wechselnde Angaben über die Zahl von Marias Richtern gemacht, da das Gericht mehrfach tagte und die Abstimmungen z. T. brieflich erfolgten.

243 *Gerichtshof in Westminsterhall:* Die Komissarien tagten zunächst in Fotheringhay,

später in Westminsterhall (London), denn Elisabeth wollte vor der Urteilsfindung Einsicht in alle Unterlagen nehmen.

250 f. *Mortimer:* von Schiller erfundene Figur (ebenso Okelly III, 8).

259 *ist gereist [...] aus Paris und Reims* (vgl. auch 1470 *den großen Weg*): Bildungsreise junger Adliger durch Europa, bei der Frankreich und Italien nahezu verpflichtend waren. Allerdings diente diese „Adelstour" nicht nur als Abschluss und Abrundung der Ausbildung, sondern führte auch und vor allen Dingen an die Höfe Europas, um sich in persona bekannt zu machen, Verbindungen zu knüpfen, verwandtschaftliche Beziehungen aufleben zu lassen.

272 *König Darnley:* Henry Stuart, Lord Darnley, Kousin und zweiter Mann der Maria (vgl. Thronfolge-Tafel, oben S. 35). Maria hatte ihm den Titel „König Henry" vor der Hochzeit verliehen.

278 *dieser unglückseligen Tat:* Ermordung Darnleys in der Nacht 9./10.2.1567. Schiller beginnt das Drama also am 9. Februar und lässt Maria zwei Tage später sterben (s. unten, S. 119 f.). Tatsächlich wurde Maria am 8. 2. 1587 hingerichtet. Die zeitliche Verschiebung der Daten geschieht aus dramaturgischen Gründen.

319 *schönen Sänger Rizzio:* David Riccio, Sekretär Marias, Italiener bürgerlicher Abstammung, klein, verwachsen und alles andere als schön. Er wurde in Marias Gemächern mit 50 Dolchstichen getötet. Ursache für seinen Tod war wahrscheinlich ihr Entschluss, sich auf bürgerliche Berater zu stützen (s. oben, S. 32).

327 *Bothwell:* James Hepburn, Earl of Bothwell, dritter Mann Marias (s. oben, S. 33).

386 *Oheim:* Onkel mütterlicherseits.

387 *Kardinal von Lothringen:* Karl von Guise, auch Erzbischof von Reims, Bruder von Marias Mutter. Dieser Onkel war Marias politischer Ratgeber, besonders während ihrer Jugend und kurzen Regentschaft in Frankreich. Auch später stand sie mit ihm in brieflichem Kontakt, er starb allerdings zwölf Jahre vor Marias Ende. Zur großen Familie der Guise gehörten Karls Bruder *Franz von Guise* und die *Lothringischen Brüder*, die Maria Stuart in 1266 grüßen lässt (Franz' Söhne Heinrich, Ludwig, Karl von Guise). – Die Familie der Guise hatte großen politischen Einfluss in Frankreich, galt als skruppellos, habgierig und machtbesessen und führte die katholische Liga gegen die Hugenotten an. Der Griff nach der französischen Krone über die junge Nichte Maria Stuart schlug fehl, da Franz II. so früh starb und die Kinderehe ohne Nachkommen blieb.

416 f. *Frankreich [...] Italien:* vgl. zu 259.

463 *Kardinal von Guise:* vgl. zu 387.

485 *Suada:* Beredsamkeit.

493 *Reims:* Kaderschule für französische Infiltration Englands, vorher in Douay (vgl. oben, S. 28).

496 *Morgan:* Anhänger Marias in Frankreich, in die Babington-Verschwörung verwickelt. Durch seine Hände liefen die Briefe Marias, obwohl diese mehrfach vor ihm gewarnt wurde.

497 f. *Leßley, [...] Bischof von Roße:* John Lesley, Bischof von Ros (Nordschottland), Führer der katholischen Partei in Schottland, seit 1574 verbannt, lebte bis zu seinem Tod 1596 in Frankreich.

519 f. *Eure Abkunft von dem hohen Hause / Der Tudor:* Maria war eine Urenkelin Heinrich VII. Tudor. Ihr Anspruch auf den englischen Thron war rechtmäßig.

522 ff. *Afterkönigin [...] Bastardtochter:* Nach kanonischem Recht galt Elisabeth I. als Bastard (= unehelich geboren), weil Heinrich VIII. von seiner ersten Ehefrau nicht

durch den Papst geschieden wurde; nach englischem Recht war ihr Thronanspruch korrekt (Parlament und König Heinrich VIII. hatten ihn anerkannt), aber ihr Status als Bastard gab – streng dynastisch gesehen – Maria den Vorrang (vgl. Thronfolgeregelung, oben S. 34).

578 *zweiundvierzig Richter:* vgl. zu 217.

579f. *Haus / Der Lords und der Gemeinen:* Das Parlament drängte die zögernde Elisabeth rund drei Monate lang, das Urteil zu vollstrecken.

607 *Duc von Anjou:* Franz von Valois, jüngster Bruder des zurzeit regierenden französischen Königs Heinrich III., warb rund zehn Jahre lang um Elisabeth. Der Bewerber war zwar 21 Jahre jünger als die englische Königin, doch bei politischen Heiraten spielte das Alter eine untergeordnete Rolle. Franz von Valois war Marias Schwager und zur Zeit ihrer Verurteilung (1586) bereits zwei Jahre tot.

608 *König Spaniens:* Philipp II.

613ff. *eigne Mutter der Elisabeth:* Anne Boleyn, derentwegen Heinrich VIII. sich von seiner ersten Frau scheiden ließ. Sie wurde 1536 auf seinen Befehl wegen Ehebruchs enthauptet. – *Katharina Howard:* fünfte Ehefrau Heinrichs VIII., wurde ebenfalls wegen Ehebruchs enthauptet. – *Lady Gray:* Jane Gray oder Grey, Großnichte Heinrich VIII.; wurde von dessen Sohn 1553 zur Nachfolgerin bestimmt und auch in London proklamiert, konnte sich aber gegen Mary I. nicht durchsetzen, die sie 1554 enthaupten ließ. – *königlichen Frauen:* Im Unterschied zu diesen drei Frauen war Maria Stuart Königin von Geburt an.

638 *Graf Aubespine:* französischer Gesandter in London; durch sein Haus lief die Verbindung zu Morgan (vgl. 496) und zu Babington (vgl. 70).

644 *Babingtons [...] Tichburns blut'ge Häupter:* Hinweis auf das grauenvolle Ende der Babington-Verschwörer, die öffentlich gehenkt wurden, denen man noch lebend die Geschlechtsteile abschnitt und die man anschließend geradezu zerstückelte. Das 16. Jahrhundert ging davon aus, dass die Grausamkeit der Strafe der Bevölkerung Ahnung von der Größe des Verbrechens gebe.

668 *Graf Leicester:* Robert Dudley, Graf von Leicester. Favorit der englischen Königin. Dass er der (stille) Liebhaber Marias war, ist Schillers Erfindung.

700 *meines Sohnes:* einzige Erwähnung Jakobs VI. im Stück. Dieser Sohn – er blieb Marias einziges Kind – stammt aus ihrer zweiten Ehe (vgl. zu 272). Geboren 1566, wurde er durch Marias erzwungene Abdankung 1567 bereits König von Schottland. Protestantisch erzogen hat er für die Befreiung der Mutter nichts unternommen; sie war für ihn nur eine Rivalin um den schottischen Thron.

704 *Von seinesgleichen:* Maria beruft sich auf eines der Grundrechte des feudalen Ständestaates, das Recht auf ein Standesgericht (hier: Gericht von Königen).

708 *Peers:* von lat. pares = die gleichen, vgl. aber zu 784.

732 *Themis:* Göttin der Gerechtigkeit.

751 *Primas von Canterbury: geistliches* Haupt der englischen Kirche.

752 *Talbot:* George Talbot, Graf von Shrewsbury. Bei Schiller: Lordsiegelbewahrer.

753 *Howard:* Charles Howard, Lord Ettingham, seit 1585 Lord High Admiral.

781 *Englands Fürstentöchter:* Anspielung darauf, dass Heinrich VIII. 1636 seine Töchter Mary (*1516) und Elisabeth (*1533) aus den ersten beiden Ehen durch das Parlament zu unehelichen Töchtern erklären (‚bastardisieren') ließ, ihnen aber in seinem Testament die Thronfolge 1547 wieder einräumte (vgl. Thronfolgeregelung, oben S. 34).

784 *Peers:* hier: unmittelbare Thronvasallen.

815 *Tweede:* Grenzfluss zwischen Schottland und England.

831 *Ölbaum:* Symbol des Friedens.

836 *Richmond:* Heinrich Tudor, Graf von Richmond, beendete die Rosen-Kriege und wurde als Heinrich VII. König von England. Er ist Marias Urgroßvater (vgl. Thronfolge-Tafel, oben S. 35).

840f. *Flammen / Des Bürgerkriegs:* Besonders die englische Mittelschicht (Gentry und Bürgertum) befürchtete neue religiöse Auseinandersetzungen und Blutbäder wie zur Zeit Marys I.

850ff. *„Wenn sich Tumult [...]“*: Wortlaut aus dem „Act for the Security of the Queens Royal Person“ (1585). Dieses Gesetz, das nicht nur den Verschwörer bedrohte, sondern auch denjenigen, zu dessen Gunsten die Verschwörung geschah, zielte gleich doppelt auf Maria: 1. wäre sie in jedem Fall die Nutznießerin eines Anschlags gegen Elisabeth I. gewesen; da das Gesetz von „jedweder Person“ sprach, konnte sie 2. rein juristisch trotz ihres Standesrechts (als Königin) von einem ihr nicht ebenbürtigen Gericht verurteilt werden.

867 *Babington:* vgl. zu 70.

874 *Kopien:* Maria (und ihren Sekretären) wurden nur Kopien der belastenden Briefe vorgelegt.

884 *Kurl und Nau:* Gilbert Curle und Claude Nau, Sekretäre der Maria. Die Nachrichten an Babington gingen durch ihre Hand und wurden vornehmlich von Nau chiffriert. Beide bestätigten die Echtheit der Briefe und Dechiffrierungen mehrfach, obwohl sie nur Kopien zu sehen bekamen.

929 *Menoza:* spanischer Botschafter in London, dort und nach seiner Ausweisung in Frankreich für Marias Befreiung tätig.

933 *alle Könige Europens:* Maria hatte die Hilfe des französischen und spanischen Königs direkt angerufen.

1049 *Shrewsbury:* Maria Stuart war von 1569–1584 seiner Obhut auf Schloss Tutbury anvertraut und konnte sich dort relativ frei bewegen. Shrewsburys Frau beschuldigte Maria, ihrem Mann nachzustellen. Diese wies das empört zurück und notierte, welch üble Nachreden Lady Shrewsbury über Elisabeth führe. Der Inhalt dieser Notizen gab Stoff für Schillers Szene III, 4.

1072 *Sheriff:* höchster Beamter einer Grafschaft, der Urteile zu vollstrecken hatte.

2. Aufzug

II,1 *Palast zu Westminster:* königliches Schloss in London, zugleich Gerichtsort und Sitz des Parlaments.

1079 *Ritterspiel:* Das „Turnier“ fand tatsächlich im Zusammenhang mit der französischen Brautwerbung statt, allerdings bereits 1581 (vgl. unten, S. 58). Die Ritterspiele stehen in der Tradition der mittelalterlichen Minnespiele und gehörten zum Show-Teil des höfischen Festlebens im Europa des 16. Jahrhunderts.

1085f. *Marschall, Oberrichter / Der Seneschall:* bilden die Trias der königlichen Hofhaltung: militärischer Anführer, juristischer Leiter und Chef des „Inneren“.

1090 *Madrigale:* romanische Liedform.

1094 *Feldstücken:* Geschützen.

1098 *französische Brautwerbung:* vgl. zu 607.

1104 *Monsieur:* Benennung des nächst jüngeren Bruders des französischen Königs, hier Franz von Anjou; vgl. zu 607.

1119 *Saint Germain:* Schloss bei Paris, in dem sich der französische Hof besonders gern aufhielt.

1121 f. *königliche Mutter / Von Frankreich:* Katharina von Medici, Königin-Witwe von Frankreich, Mutter des Brautwerbers, Schwiegermutter Maria Stuarts.

1128 *Katharina:* vgl. zu 1121 f.

1140 *Amiens:* Stadt in der Mitte zwischen Paris und Calais.

1160 *jungfräuliche Königin:* Tatsächlich starb Elisabeth, ohne verheiratet gewesen zu sein; lange Zeit wurde sie vom Parlament und ihren Ratgebern gedrängt, zu heiraten und die Nachfolge zu sichern.

1196 *königlichen Sohne Frankreichs:* vgl. zu 607.

1220 f. *meines Ordens […] pense!:* Hosenbandorden mit dem Wahlspruch: Ehrlos, wer niedrig darüber denkt!

1266 *lothringischen Brüdern:* Heinrich, Ludwig, Karl von Guise; vgl. zu 387.

1271 *Zu Reims, dem Bischofsitz:* vgl. zu 387.

1273 *Königsmord gelehrt:* Anspielung auf eine Schrift, die der Leiter des Seminars in Reims, W. Allen, verfasste und in der die Ermordung exkommunizierter Könige befürwortet wurde; vgl. auch die päpstliche Losung für die Zöglinge des Seminars, die „ruchlose Jesabel" aus dem Weg zu räumen. (1570 war Elisabeth I. von Pius V. exkommuniziert worden. Der päpstliche Bann löste alle Untertanen vom Eid und kam einer Absetzung gleich. Der deutsche Kaiser Heinrich IV. ging 1077 wegen eines päpstlichen Banns nach Canossa. Der Bann gegen Elisabeth blieb ohne solche Folgen; er war der letzte, der gegen einen regierenden Fürsten ausgesprochen worden ist. – Auch dies ein Zeichen dafür, dass das Mittelalter zu Ende war.)

1281 *Ate:* Göttin der Verblendung und der Zwietracht.

1287 *Geschlecht der Lothringer:* Familie der Guise in Frankreich; vgl. zu 387.

1357 *Staatsrat:* Der Privy Council Elisabeths umfasste nie mehr als 20 Mitglieder (Kronvasallen, kaum Geistliche, keine Juristen); er beriet die Königin in allen Regierungsfragen. Im Stück wird der Council repräsentiert durch drei Berater, die unterschiedliche Haltungen einnehmen: Burleigh für Marias Verurteilung, Shrewsbury gegen sie, Leicester zwischen beiden Königinnen schwankend.

1381 *Woodstock:* königlicher Landsitz in der Grafschaft Oxford, wo Elisabeth während der Regierung Marys I. zeitweilig isoliert gehalten wurde. – *Towers:* Staatsgefängnis in London. Mary I. ließ Elisabeth hier gefangen halten, bevor sie sie nach Woodstock bringen ließ.

1389 *verpflanzt nach Frankreich:* Nachdem sich englische Heiratspläne zerschlagen hatten, wurde Maria Stuart in frühester Kindheit mit dem französischen Dauphin verlobt und knapp sechsjährig nach Frankreich gebracht. Sie kehrte vor ihrem 18. Geburtstag als Witwe nach Schottland zurück.

1391 ff. *Dort in der Feste ew'ger Trunkenheit […]:* Die Schilderung Talbots betrifft nur die letzten Jahre Marias in Frankreich; ihre Kindheit verlebte sie mit der königlichen Kinderstube Frankreichs in wechselnden Schlössern, fernab des Hofes.

1418 *Die Guisen:* Marias Verwandte mütterlicherseits; vgl. zu 387, 1266, 1287.

1427 *Darnleys Mörderin:* Der Vorwurf, Mitwisserin an der Ermordung Darnleys zu sein, kostete Maria Stuart bereits die Sympathie der schottischen Bevölkerung.

1439 f. *Gericht […] Staatsrat:* Mitglieder des Council saßen zugleich in dem von Elisabeth einberufenen Gericht über Maria; vgl. zu 217.

1450 *Sentenz:* Rechtsspruch, Urteil.

1470 *den großen Weg gemacht:* Adelstour; vgl. zu 259.

1476 *Morgan:* vgl. zu 496.

1477 *Bischof von Roße:* vgl. zu 497.

1489 *Walsingham:* Sir Francis Walsingham, Staatsekretär und Geheimdienstchef Elisabeths; war 1581 in Frankreich.

1490 *Bulle:* Erneuerung des Bannfluchs gegen Elisabeth I. durch Papst Sixtus V. (vgl. zu 1273).

1496 *zu Reims die Schulen:* vgl. zu 493, 1273.

1527 *Gnade bringt* [...]: vgl. 1901 ff. Es galt als „Vorrecht des königlichen Antlitzes, dass es jeden Schuldigen begnadigen muss, der es erblickt" (vgl. NA IX, S. 368).

1531 *ältsten Thron der Christenheit:* französischer Königsthron; das fränkische Königshaus der Merowinger trat als erstes der germanischen Königsgeschlechter zum Christentum über.

1533 *Drei Kronen:* Nach dem Tod Marys I. führte Maria die Titel Königin von Frankreich – Schottland – England.

1659 *Höfling:* meinungslose, biegsame Kreatur bei Hofe.

1732 *Günstling der Elisabeth:* Graf Leicester war über Jahrzehnte der Favorit Elisabeths.

1743 *Guisen:* vgl. zu 1418.

1744 *Erzbischofs zu Reims:* vgl. zu 387, 1271.

1762 ff. *Sie war mir zugedacht* [...]: Elisabeth I. hatte Maria Stuart Leicester als Heiratskandidaten vorgeschlagen, als Maria verwitwet nach Schottland zurückgekehrt war. Aber Maria lehnte Leicester als abgelegten Favoriten Elisabeths ab, und auch Leicester sträubte sich.

1875 *Babington:* vgl. zu 70.

1876 *Norfolk:* vgl. zu 73.

1919 *Howard und Percy:* alte englische Adelsgeschlechter des Nordens, deren Häupter (Herzog von Norfolk und Graf von Northumberland) im Zusammenhang mit der Adelsverschwörung fielen; vgl. zu 73.

1962 *Duc von Anjou:* vgl. zu 607.

2012 *Sie ist die Jüngere an Jahren:* Die historische Elisabeth war neun Jahre älter als Maria; zur Zeit der Hinrichtung war Elisabeth 54 Jahre, Maria 45 Jahre alt. Schiller veränderte das Alter: „Maria ist in dem Stück etwa 25, Elisabeth höchstens 30 Jahre alt. [...] Weil mir alles daran liegt, dass Elisabeth in diesem Stück noch eine junge Frau sei, welche Ansprüche machen darf, so muss sie von einer Frau, welche Liebhaberinnen zu spielen pflegt, dargestellt werden." (Schiller an Iffland, 22. 6. 1800; NA XXX, S. 164)

2070 *Grille:* eine Laune

3. Aufzug

2095 ff. *meines Reiches Grenze [...] Frankreichs fernen Ozean:* Marias Sehnsuchtsfantasie beschwört die (inzwischen vergangene) politische Situation der Umklammerung Englands durch seine Feinde: im Norden Schottland, im Süden, jenseits des Kanals, Frankreich, beide durch Marias Verbindung zum französischen Thron im Machtbereich der Guisen.

2107 ff. *ein Fischer [...] den rettenden Kahn:* Maria floh 1567 im Fischerkahn nach England.

2134 *Hifthorn:* Jagdhorn im Mittelalter, mit nur einem Ton.

2214 *In Eurer milden Haft:* vgl. zu 1049.

2225 *Fotheringhayschloß:* Marias Gefängnis (vgl. zu I,1), ca. hundert Kilometer von London entfernt. Elisabeth konnte kaum in so kurzer Zeit dort sein, wie Schiller es voraussetzt (vgl. 2059).

2267 *Das Blut der Tudor:* Anspielung auf die gemeinsame Herkunft: Maria ist Urenkelin König Heinrich VII. Tudor, Elisabeth ist seine Enkelin.

2333 ff. *Euer Ohm [...] meinen Königstitel zuzueignen:* vgl. zu 387.

2349 ff. *Euer Oheim [...] Sankt Barthelemi:* Die unmittelbare Verwicklung des Kardinals von Lothringen in das Massaker der Bartholomäusnacht ist umstritten. Zum entscheidenden Zeitpunkt (23./24. 8. 1572) befand er sich nicht in Frankreich.

2355 f. *Königsmord [...] was Eure Priester lehren:* vgl. zu 1273.

2366 *Zu Eurer Erbin mich erklärt:* s. oben, S. 32 (zu 1561).

2374 *eine listige Armida:* verführerische Frau, die durch ihre Schönheit die Kampfkraft der Gegner lähmt (Torquato Tasso „Das befreite Jerusalem“, 1581).

2409 ff. *Euer – vierter Mann [...] Ihr tötet Eure Freier, / Wie Eure Männer!:* Anspielung auf Marias drei Ehen und die Ermordung des zweiten Gatten sowie die Hinrichtung der englischen Lords, die Maria zu befreien versucht hatten.

2431 f. *um welcher Tugend willen / Anna von Boleyn das Schafott bestiegen:* Anna Boleyn wurde Ehebruch vorgeworfen. Auf der Folter gestanden verschiedene junge Männer eine derartige Beziehung zu ihr. Tatsächlich suchte Heinrich VIII. nach dem Tod seiner ersten Frau nur eine Möglichkeit, sich der zweiten unter Umgehung einer Scheidung zu entledigen.

2442 *Basilisk:* In der Sage tötet der Blick des Basilisken den Angreifer.

2447 *Bastard:* Kind aus einer nicht ebenbürtigen oder nicht ehelichen Verbindung (vgl. zu 522).

2451 *denn* ich *bin Euer König:* Berufung Marias auf das dynastische Recht.

2463 *Vor ihrem Buhlen:* vgl. zu 1732.

2497 *jeder Gnadenweg gesperrt:* Elisabeth hatte als Monarchin die Möglichkeit, das Todesurteil durch Begnadigung umzuwandeln.

2537 *Tyburn:* Hinrichtungsstätte in London.

2585 *Rizzio beglückt:* Ein Liebesverhältnis zu Marias Sekretär hat wohl nicht bestanden; vgl. zu 319.

2586 ff. *Bothwell durfte dich entführen [...] dein Tyrann!:* vgl. zu 327.

2610 *Okelly:* vgl. zu 260.

2613 *Sauvage:* gehörte zur Babington-Verschwörung.

2623 *Barnabit:* Mitglied eines Chorherrenordens.

2626 *Anathem:* Kirchenbann.

4. Aufzug

2646 f. *Franke:* Franzose. – *Papist:* Katholik: Beides bedeutete so viel wie: Staatsfeind.

2668 *Der heilige Charakter:* Immunität des Gesandten.

2686 *Den Grafen sicher an das Meer zu bringen:* Tatsächlich wurde der französische Gesandte im Januar 1687 unter Hausarrest gestellt.

2687 *sein Hotel:* Residenz des Gesandten.

2707 *Inquisitionsgericht:* geistliches Gericht in Glaubensfragen mit peinlicher Befragung; hier: strenges Gericht.

2710 *Atlas:* Titan der griechischen Sage, der das Himmelsgewölbe trägt.

2763 *geheime Versammlung:* Treffen der Babington-Verschwörer im Hause des Grafen.

2794 *Staatsverräter:* juristische Bezeichnung für alle, die Maria zu befreien versuchten; nach dem „Act for the Security…" (vgl. zu 850) konnten sie sofort hingerichtet werden.

2815 *Bastardkönigin:* vgl. zu 522.

2839 ff. *Der mir der Nächste […]:* bezeichnet Leicesters Stellung als begünstigter Favorit Elisabeths; vgl. auch sein Auftreten 2886 ff. und 2910 ff.

2853 *Tower:* vgl. zu 1381. – *Peers:* vgl. zu 708.

2974 ff. *wütender Papist […] Geschöpf der Stuart:* Konzentration der Bedrohungen in einer Person: Papsttum (Katholizismus), Frankreich mit den politisch so einflussreichen Guisen, Maria Stuart.

3124 *Enkeltochter seiner Könige:* Maria Stuart ist Urenkelin von König Heinrich VII.

3138 *Welch Haupt steht fest, wenn dieses heil'ge fiel!:* Anders als die vor ihr enthaupteten Frauen ist Maria Stuart der erste Monarch, der gekrönte (= geheiligte) „König" (2451), der hingerichtet wird. Anna Boleyn und Cathrin Howard waren in den Rang der Königin durch Heirat erhoben worden, Jane Gray wurde nicht gekrönt.

3156 *Woodstock:* vgl. zu 1381.

3205 f. *tyrannisch, wie die spanische / Maria:* vgl. zu 102.

3214 ff. *Mich zu vernichten* […] *Spanier auf den Meeren:* Allianz des Papsttums und der katholischen Mächte (Spanien und Frankreich) auf dem Kontinent.

3222 ff. *die Blöße meines Rechts […] fürstlichen Geburt:* vgl. zu 522.

3230 *Furie:* Rachegöttin.

5. Aufzug

V,1 *Verzeichnis der gebrachten Dinge* (Szenenanweisung): Maria erhielt nach der Urteilsverkündung nichts von ihrem konfiszierten Eigentum zurück, nicht einmal ihre Schriften und Kontobücher wurden ihr ausgehändigt.

3421 *Ihr Testament mit eigner Hand:* Maria schrieb bis nachts zwei Uhr ihr Testament und Abschiedsbriefe; sie verfügte für sich Seelenmessen, machte präzise finanzielle Angaben zugunsten ihrer Diener und Beauftragten und setzte eine Summe für wohltätige Zwecke aus. Ihr letzter Brief ging an König Heinrich III. von Frankreich, ihren Schwager.

3475 f. *Voll Menschen war / Der Saal:* Die Hinrichtung fand in Fotheringhay statt; es waren ca. dreihundert Personen anwesend.

V,6 *weiß und festlich gekleidet* (Szenenanweisung): Maria trug ein schwarzes Kleid und einen weißen Schleier. – *Agnus Dei:* Lamm Gottes: Medaillon, Bild des Lammes mit der Siegesfahne, meist aus Wachs.

3509 *Didier:* historische Figur, durfte auf Marias Bitte an der Hinrichtung teilnehmen.

3521 ff. *Den allerchristlichsten König, meinen Schwager:* König Heinrich III. von Frankreich. – *meinen Ohm, den Kardinal:* Karl von Guise; vgl. zu 387. – *den kathol'schen König:* König Philipp II. von Spanien. Auffällig, dass bei diesen offiziellen Abschiedsgrüßen ihr Sohn, Jakob VI. von Schottland, nicht erwähnt wird. Das ist historisch; Maria Stuart hat allerdings ihre Kammerfrau Kennedy beauftragt, Jakob von ihrem Sterben zu berichten; vgl. zu 3796.

3550 *Alix, Gertrud, Rosamund:* Die Namen dieser Hofdamen sind nicht belegt.

3626 ff. *der dürre Stab:* vgl. 4. Mose 17, 16–28. – *der die Quelle [...] schlug:* vgl. 2. Mose 17, 1–7 und 4. Mose 20, 2–13.

3652 *Die sieben Weihn:* vier niedere, zwei höhere und die endgültige Priesterweihe.

3653 f. *diese Hostie [...] Vom Heil'gen Vater:* Dass der Papst Maria eine geweihte Hostie übersandte, ist historisch verbürgt.

3657 ff. *ein Unsterblicher [...] aus des Kerkers Banden:* vgl. Apostelgeschichte 5, 17–19.

3697 *Den König, meinen Gatten, ließ ich morden:* Ein Schuldeingeständnis Marias gibt es nur in den ominösen „Kasettenbriefen" (s. oben, S. 33).

3713 f. *von deinem blut'gen Anteil / An Babingtons und Parrys Hochverrat:* Auch die historische Maria hat bis zuletzt geleugnet, an einem Anschlag auf das Leben Elisabeths beteiligt gewesen zu sein; einen Gegenbeweis gibt es bis heute nicht.

3750 f. *das höchste Recht / Der Könige:* Nur Priester und Könige dürfen nach katholischem Ritus das Abendmahl in beiderlei Gestalt, Hostie und Wein, nehmen.

3763 f. *die Lords von Leicester / Und Burleigh:* Das Urteil wurde von Shrewsbury und Kent überbracht; beide nahmen am nächsten Morgen an der Hinrichtung teil.

3779 *Mein Herz nach Frankreich:* Maria hatte mehrfach brieflich darum gebeten, die Überführung ihrer Leiche nach Frankreich zu gestatten. Die Bitte wurde abgelehnt. Bis zum Sommer stand der Sarg mit dem Leichnam in Fotheringhay, dann wurde er in der Kathedrale des nahe gelegenen Peterborough beigesetzt. Marias Sohn hat später, nachdem er als Jakob I. englischer König geworden war, Maria in Westminster Abbey, unweit des Grabs der Elisabeth, bestatten lassen.

3787 *Beistand des Dechanten:* Maria lehnte den evangelischen Geistlichen ab, bat aber, ihren Beichtvater, den Kaplan de Préau, der sich in Fotheringhay befand, zuzulassen. Die Bitte wurde nicht erfüllt.

V,9 *der Sheriff, einen weißen Stab in der Hand* (Szenenanweisung): Über einem Verurteilten den Stab zu brechen bedeutete Vollzug des Urteils.

3796 ff. *Ihr, werter Sir, und meine treue Hanna [...]:* Marias Diener wurden an der Tür zur Hinrichtungsstätte zurückgehalten. Erst nach längerem Verhandeln durften sechs Diener, darunter die Damen Jane Kennedy und Elisabeth Curle, bei der Enthauptung anwesend sein. Maria lag neben den im Text erwähnten Gründen daran, Augenzeugen ihrer Wahl zu haben, damit diese berichten und beschwören konnten, dass sie als ungebrochene Katholikin gestorben sei.

3870 *Stimme des Dechanten:* Als der Protestant Dr. Fletcher aus Peterborough auf dem Schafott erschien und predigen wollte, wies ihn Maria energisch zurück: sie beharre im katholischen Glauben. Als der Dechant mit dramatisch erhobener Stimme zu beten begann, betete auch Maria laut – lateinisch. In der folgenden Stille sprach die Königin – diesmal englisch – eine Fürbitte für die katholische Kirche Englands. Zwar unterbrach Kent sie, aber Maria sprach weiter. So verschaffte des Dechanten Auftauchen Maria Stuart die Gelegenheit, ihre Hinrichtung vor dreihundert Zuschauern zu einer Demonstration für die katholische Kirche zu machen und sie mit dem Glorienschein des Märtyrertodes zu überstrahlen.

3988 *Squire:* oder Esquire: ursprünglich Titel von Nicht-Adligen, die ein Wappen führen durften, später so viel wie „Herr".

3991 *Richterstuhl der Peers:* eigentlich Standesgericht des Hochadels, hier wohl im Sinne von „Oberstes Gericht".

4019 *das Siegel:* Schiller machte fälschlich Shrewsbury zum Lordsiegelbewahrer.

3 Struktur des Textes

Stücktitel

Titel und Gattungsbezeichnung dieses Dramas scheinen wenig auffällig. Ein Frauenname als Tragödientitel war im 18. Jahrhundert nichts Besonderes, aus der französischen Klassik (*Phèdre*) und dem deutschen Barock (*Katharina von Georgien*) vertraut, im Bürgerlichen Trauerspiel häufig. Der Name einer historischen Persönlichkeit königlichen Ranges schloss für Schillers Zeitgenossen allerdings die Erwartung privat-familialer Konflikte im Sinne des Bürgerlichen Trauerspiels aus und stellte öffentliche Handlungen auf hochpolitischer Bühne in Aussicht. Und der Name der schottischen Königin evozierte eine lange Reihe dramatischer Bearbeitungen dieses konfessionellen Stoffes (s. oben, Kap. 1.4), wobei es nur verwundern mochte, dass der protestantische, antifeudalistische Autor der *Räuber*, von *Kabale und Liebe* und des *Don Carlos* sich einer Zentralgestalt des katholischen Märtyrerdramas in Europa zuwandte.

Die Gattungsbezeichnung ist betont konventionell. Der Terminus „Trauerspiel" war im 17. und 18. Jahrhundert geläufig: 1640 von Philipp von Zesen als Übersetzung von griech. tragoedia oder franz. „tragédie" eingeführt, ab 1730 durch Johann Christoph Gottscheds *Kritische Dichtkunst* befestigt. Er bezeichnet ein Theaterstück mit schlimmem, meist tödlichem Ausgang für den Helden und wird auf zeitgenössischen Titelblättern und Theaterzetteln häufiger als „Tragödie" oder „Schauspiel" verwendet. Eine terminologische Unterscheidung von „Tragödie" und „Trauerspiel" kennt das 18. Jahrhundert noch nicht.

Schiller hatte die einfache Bezeichnung „Trauerspiel" bisher vermieden (*Die Räuber:* „Schauspiel"; *Fiesco:* „Ein Republikanisches Trauerspiel"; *Kabale und Liebe:* „Ein Bürgerliches Trauerspiel in fünf Aufzügen"; *Don Carlos:* „Ein Dramatisches Gedicht"; *Wallenstein:* insgesamt: „Ein Dramatisches Gedicht"); erstmalig *Wallensteins Tod* trägt den konventionellen Titel „Ein Trauerspiel in fünf Aufzügen". Schon das Titelblatt der *Jungfrau von Orleans* spezifiziert dann wieder: „Eine romantische Tragödie". Zwischen beiden präsentiert sich *Maria Stuart* prononciert ohne Zusatz als „Ein Trauerspiel" und damit als exemplarisches Muster der überlieferten Gattung. Noch nicht auf dem Titelblatt des Erstdruckes, wohl aber auf dem Bühnenmanuskript hatte Schiller den formalisierenden Hinweis auf die traditionelle, von Horaz (*ars poetica* 189) sanktionierte 5-Akt-Zahl hinzugefügt, den heutige Ausgaben meist mit aufführen.

Stücktitel und Gattungsbezeichnung signalisieren somit ein Programm. Schiller stellt sein Drama in die Tradition der Klassischen Tragödie: fünf Akte, hochadelige Protagonisten und „öffentliche Thematik", ein strenger architektonischer Aufbau, Konzentration der Handlung, des Personals, der Orte und der Zeit; gehobene Sprachform (Vers). Die Durchführung löst den Anspruch ein: Schillers Drama gilt als Meisterstück seiner Gattung. (Zu Unterschieden gegenüber Form und Inhalt der „Klassischen Tragödie" siehe weiter unten.)

Schiller präsentiert das Personal seines Stückes ständisch gegliedert. An der Spitze die beiden Königinnen, darunter der hohe Adel am Hof der Elisabeth, adelige Hofbeamte aus Frankreich, dann der niedrigere Anhang der Maria, zuletzt, wieder gestuft, viel sonstiges Hofpersonal. Eine relativ glatte Fassade, hinter der Konfliktanlässe nur schwach wahrnehmbar sind. Offensichtlich die Spannung zwischen den beiden Königinnen: die eine, die das Personenverzeichnis regiert, und die andere, die im fremden Land gefangen ist, schon optisch umstellt, abgetrennt von ihrem Personal, von „Hütern" bewacht – dennoch die Titelfigur des Stückes. Das ist eine erste Aussage über das Stück: die Machtlose als eigentliche Heldin.
Die Andeutung wird verstärkt durch unterschiedliche Gruppenbildung. Elisabeth hat ein Gefolge von Herren und Amtsträgern aus England und Frankreich: die Königin mit allen Insignien öffentlicher Macht. Maria hat nur privates Gefolge, niedrig gestelltes Personal im engen Kreis. Der persönliche Charakter dieses Kreises wird auch sprachlich unterstrichen („*ihr* Haushofmeister", „*ihre* Amme" [!] etc.). Elisabeth hingegen muss ohne persönliche Bindungen auskommen (nur auf der unteren Ebene des englischen Hofes gibt es persönliche Zuordnungen, in der Familie des Ritters mit „seinem" Neffen und dessen Freund). Der Unterschied ist auffällig. Welches Gewicht ihm zukommt, ob sich in ihm ein Unterschied zwischen höfisch-repräsentativem und privatem Figurencharakter andeutet, lässt das Personenverzeichnis nicht erkennen.
Zurückhaltung auch sonst. Kaum denkbar, dass ein Drama um die Rivalität zweier Königinnen, von denen eine dazu die berüchtigte Stuart ist, ohne Liebhaber auskommt; im Personenverzeichnis jedoch sind sie nicht kenntlich gemacht.
Auffällig, was fehlt. Es fehlt jeglicher Hinweis auf die Kirche. Gewiss: Elisabeths Stellung als Oberhaupt der Anglikanischen Staatskirche verbot einen eigenen Block kirchlicher Würdenträger, wie er in *Don Carlos* das Bild des spanischen Hofes abrundet. Aber das Fehlen jeder Figur, die das konfessionelle Hauptthema der Zeit von Amts wegen artikulieren konnte, muss erstaunen. War der Streit zwischen Protestantismus und Katholizismus Schiller so wenig wichtig, dass er keine Figur für ihn einsetzen wollte? Oder war er ihm so wichtig, dass er keine besondere Figur für ihn brauchte?
Es fehlt in der Ständeordnung des Stückes das Bürgertum, es fehlt seine Stadt, London, es fehlt sein politisches Instrument, das Parlament. Das muss auffallen angesichts der tatsächlichen Bedeutung von Bürgertum, London und Parlament im England des 16. Jahrhunderts und beim Streit der Königinnen und angesichts des Interesses, das Schiller in seinen Historischen Schriften am Freiheitskampf des Bürgertums im 16. Jahrhundert und an der Bedeutung Englands für diesen Kampf zeigt (s. unten, Kap. 4.2); es muss auch auffallen angesichts der dramaturgischen Möglichkeiten, die das Sturm-und-Drang-Drama und Schillers eigenes „Bürgerliches Trauerspiel" erarbeitet hatten, um das Bürgertum, und mit ihm den Konflikt *zwischen* den Ständen, auf die Bühne zu bringen. Mit dieser Lücke stellt das Personenverzeichnis verschärft die Frage nach dem Standort des bürgerlichen

Autors Schiller. Hat er das zentrale Freiheitsthema seiner Jugendwerke mit *Maria Stuart* verlassen? Hat er es sublimiert, in die Figuren hineinverlegt? Was aber ist dann mit der politischen und sozialen Komponente dieses Themas geworden, wenn „Freiheit" eine Sache hochadeliger Individuen sein soll?
Es fehlt schließlich das Volk. Die soziale Spannweite des *Fiesco*, des *Wallenstein* ist in der *Maria Stuart* aufgegeben. Das Stück entfernt sich auch in diesem Punkt vom Shakespeare'schen Dramentypus und stellt sich unter das strenge Stilisierungsprinzip der französischen Tragödienform. Mit welchem Gewinn und mit welchen Kosten, kann erst die Interpretation entscheiden.

I. Aufzug

Im klassischen Drama dient der erste Akt der Exposition. Sie hat die Aufgabe, in die Konfliktsituation mit ihrer Vorgeschichte und in die Charaktere der Haupthandlung einzuführen. Schillers *Maria Stuart* erfüllt diese Aufgabe in anerkannt mustergültiger Weise.
Der I. Aufzug zeigt die schottische Königin in konfliktträchtiger Gefangenschaft auf einem englischen Schloss (I, 1). Sie wird beschuldigt an einer Verschwörung gegen Elisabeth I. teilgenommen zu haben; ein Sondergericht des englischen Parlaments hat sie deshalb angeklagt und fällt schließlich Schuldspruch und Todesurteil gegen sie. Bevor es verkündet wird (I, 7), wird die Vorgeschichte des Prozesses (I, 1–2) und die Vor-Vorgeschichte ihrer Flucht nach England berichtet (I, 4), erfahren wir von den Versuchen ihrer Partei, sie zu befreien und auf den englischen Thron zu bringen (I, 6), von ihren eigenen Plänen, das Urteil zu unterlaufen (I, 2, 6), und von den Plänen der englischen Partei, dem zuvorzukommen (I, 8). Am Ende des I. Aufzugs ist offen, ob die Drohung des Todesurteils abgewehrt werden kann oder nicht. Das Warten auf den Urteilsspruch bildet den Handlungsrahmen für den I. Aufzug, der Kampf um seine Vollstreckung den des weiteren Dramas.
Mit der Exposition der Handlung ist die Exposition der Charaktere verbunden. Im I. Aufzug wird Marias Geschichte und Individualität vorgestellt; Elisabeth erscheint erst im nächsten Aufzug. Der I. Aufzug ist Marias Akt und dient ganz ihrer Präsentation.
Mit Handlungs- und Charakterexposition ist es noch nicht getan. Das Historische Drama mit seiner dem Zuschauer fremden Welt verlangt, dass deren Besonderheiften ihm nahe gebracht, dass die behandelten weltanschaulichen Themen vorgestellt werden etc. Bereits der 1. Auftritt führt diese Momente der Exposition auf engstem Raume vor. In den folgenden Szenen werden sie schrittweise weiter entfaltet.

I, 1 Das Drama beginnt mit Gewalt und heftigem Streit. In einem karg, wenn auch vornehm eingerichteten Zimmer bricht ein hoher Adeliger mit Stemmeisen und Helfershelfer einen Schrank auf und eine ältere Dame versucht, schrill und vergeblich, ihn daran zu hindern. Mit dem Aufgehen des Vorhangs reißt Schiller den Zuschauer in die Atmosphäre seines Dramas hinein. Streit wird das ganze

Stück durchziehen und in der Königinnenszene kulminieren; Gewalt wird Maria weiterhin erleiden, wird von ihr ausgehen, ihren gewaltsamen Tod wird Leicester am Ende des Dramas in diesem Zimmer miterleben. Man muss sich nur zum Vergleich die gelassene, episch-lyrische Eröffnung von Goethes *Tasso* vergegenwärtigen, um der Dramatik dieses Schiller'schen Anfangs bewusst zu werden.

In den Streit des Personals sind Informationen über die Situation verwoben. Wir erfahren in den ersten zwanzig Zeilen von der Gefangenschaft der „Lady" und ihren Schwierigkeiten. Sie wird streng bewacht, aber sie wehrt sich mit Erfolg. Immer noch hat sie „Schätze" (7) und „Geheimnisse" (9): Diese Gefangene ist nicht zu sistieren, und das ist offenbar prekär, denn ihre private Gefangenschaft ist mit dem staatspolitischen Konflikt zwischen England und Frankreich vermittelt (14–16).

Der weitere Verlauf der Szene führt das aus. Wir erfahren, wie eng und kahl man ihr Gefängnis gemacht hat (30 ff.) und wie sehr diese Einschränkung mit der sinnlich reichen Natur der „Königin" (31) kontrastiert. Paulet fasst die Situation ins Bild: der enge Kerker und die frei lodernde Flamme (64 f.). Mehrfach hören wir von der Angst des Wächters, den Ränken und der Lebenskraft seiner Gefangenen nicht gewachsen zu sein. Was muss das für eine Frau sein, die einen Paulet nachts „wie einen gequälten Geist" durchs Schloss treibt (133 ff.)? Seine scharfen Urteile über sie wehren offensichtlich Bedrohung ab; in Paulets Angstvisionen erscheint Maria trotz ihrer Ohnmacht als gefährliche Macht, die „klein und unheilspinnend diese ganze Insel / aus ihrem Kerker zu erobern hofft" (114 f.).

Im Gegensatz zu Paulets Version einer nicht zu bändigenden, bösen Naturkraft spricht die Kennedy von der harmlos-edlen, verfolgten Unschuld. Noch ehe Maria selbst in Erscheinung tritt, wird sie in scharf kontrastierenden Bildern vorgestellt. Das schafft Erwartung.

So führt der 1. Auftritt in die aktuelle Situation ein und gibt eine erste indirekte Charakterisierung der Titelheldin. Darüber hinaus enthält er eine Fülle von Informationen über die Vergangenheit: Marias Kindheit am Hof Katharinas von Medici, ihr leichtsinniges Leben in Schottland und der ehebrecherische Mord an Darnley; der Verlust des schottischen Königsthrones, ihre Flucht nach England, die Anfänge ihrer Auseinandersetzung mit Elisabeth; dann – besonders breit – drei hochverräterische Verschwörungen englischer Adeliger, die sie angezettelt haben soll. In den aktuellen Streit werden alle wichtigen Stationen der Vergangenheit eingearbeitet, nicht chronologisch als Bericht, sondern dramaturgisch, so, wie die Gegenwart sich von der Vergangenheit determiniert zeigt. Auch Vorverweise auf die in der Gegenwart enthaltene Zukunft sind gegeben: deutlich wahrnehmbare in Paulets „Hoffnung" (138) auf ein baldiges Ende von Marias Gefangenschaft (die Hoffnung ist, wie sich zeigen wird, begründet: Burleigh ist mit dem ergangenen Todesurteil unterwegs); verdeckte in den Hinweisen auf Marias Brief (16) und weitere opferwillige Retter (81 f.): Das sind Ansatzpunkte für die beiden Haupthebel, mit denen Marias Partei die Vollstreckung des Urteils zu verhindern suchen wird, Marias Bitte um eine Begegnung mit Elisabeth und Mortimers Befreiungsplan.

Über Handlungs- und Charakterexposition hinaus streift der 1. Auftritt bereits alle wichtigen Konfliktebenen, die in der Auseinandersetzung zwischen Maria und Elisabeth verhandelt werden: die moralische in Paulets Vorwürfen gegen Marias Luxus, Eitelkeit und Laster; die innenpolitische mit den Hinweisen auf den Thronfolgestreit und Marias Verflechtung in die Norfolk-, Parry- und Babington-Verschwörung; die konfessionspolitische (101 ff.) und die außenpolitische (16; 104); die juristische mit Hannas Einwänden gegen den Prozess (61); die geschlechtsspezifische mit Paulets Angst vor der „Weiberlist" (5).
Es gehört zum strengen Formanspruch der klassizistischen Dramaturgie, dem Publikum die für das Verständnis des dramatischen Geschehens notwendigen Informationen nicht in einem separaten Prolog vorzutragen, wie dies etwa im Humanisten-Drama der Reformationszeit geschah, sondern sie in den Anfang der dramatischen Handlung selbst einzuflechten. Das ist eine schwierige Aufgabe, weil dem Dramatiker dabei nur die Worte der handelnden Personen zur Verfügung stehen und keine neutrale Erzähl- und Reflektionsebene wie dem Epiker, weil Handlung und Dialog gerade am Anfang besonders überzeugend („wahrscheinlich") sein *und* zügig vorangehen müssen. Dennoch muss der Zuschauer hinreichend über Vorgeschichte und aktuelle Situation aufgeklärt werden. Schiller gilt als besonderer Meister in der Kunst der Exposition.
Diese Kunst ist hier zu bewundern, auch wenn erkennbar ist, dass Schiller durchaus Schwierigkeiten hatte, den umfangreichen historischen Stoff am Anfang des Stückes zu bewältigen (vor allem Paulets Rede 64 ff. enthält viel bloßen Stoff, der Schiller allerdings wichtig war: Im Bühnenmanuskript hatte er Vers 98–141, nicht aber diese Stelle gestrichen.)
Charaktere, Handlung und Konfliktkonstellation: Alle wichtigen Momente der „Exposition" sind bereits in der ersten Szene da und brauchen im Folgenden „nur" entfaltet zu werden. Dabei ist noch gar nichts geschehen. Noch ist kein Held auf der Bühne, noch hat die Handlung nicht begonnen, nur zwei Nebenfiguren haben sich gestritten.
Die Nebenhandlung, mit der Schiller das Stück beginnen lässt, erfüllt noch einen weiteren Zweck: Sie reißt den Zuschauer in das dramatische Geschehen hinein. Denn auch dies ist eine klassische Funktion der Exposition: die Aufmerksamkeit des Publikums zu erregen. Dafür bedient sie sich emotionalisierender Mittel. Der geschulte Rhetoriker Schiller weiß auch diese Aufgabe virtuos zu erfüllen: mit einer hochdramatischen Situation, mit kurzen Wechselreden und Enjambements, mit pathoshaltiger Wortwahl und einer Fülle rhetorischer Figuren. Der Vorhang geht auf, und niemand soll kalt und gefühllos bleiben. Schiller muss noch über erhebliche Stilmittel verfügen, wenn das Stück nach diesem furiosen Anfang nicht abfallen soll.

I,2 Der 1. Auftritt war Vorspiel, Andeutung und Einstimmung; mit dem 2. Auftritt fängt die Haupthandlung an, tritt die (erste) Hauptfigur auf: „Maria im Schleier, ein Kruzifix in der Hand". Es ist ein strahlender Auftritt.
Schiller liebt die dramatischen Kontraste. Nach dem wüsten Streit in I, 1 nun die

entrückte Erscheinung, ganz auf schlichtes In-Sich-Ruhen stilisiert, keinem der Bilder gleichend, die eben verhandelt worden waren. Ihre Erscheinung wird von ihren Worten legitimiert; gelassen widerlegt sie Paulets bösen Vorwurf der Heuchelei: „diese Flitter machen / Die Königin nicht aus“ (154f.). Dann zieht sie die Initiative an sich und unterläuft die Demütigung des Einbruchs: Bei den konfiszierten Privatsachen war ein Brief von ihr an Elisabeth, Paulet möge ihn bestellen, sie bitte Elisabeth um eine Unterredung, von der sie sich Versöhnung erhoffe. Damit beginnt, mitten in der Exposition, die Haupthandlung, allerdings noch beiläufig und verdeckt. Denn dass dieser Brief die entscheidende Begegnung im III. Aufzug herbeiführen wird, die alles zum Guten kehren soll und alles zum Bösen wendet, davon ist hier noch nichts zu erkennen. Vorerst gibt es nur zweideutige Andeutungen darüber, was die Gegenseite vorhat. Maria ist zum Abwarten verdammt (vgl. 215ff.).

Maria referiert den Brief (167ff.). Dadurch kann Schiller die Exposition der Figur weiter ausbauen. Königliches Selbstbewusstsein gegenüber der Gegnerin, jenseitsgerichtete Glaubenstreue, würdevolle Todesbereitschaft und Fürsorge für die Dienerschaft werden eindrücklich und glaubwürdig vorgetragen und sind zugleich geschickte taktische Argumente in einem Brief, der Elisabeth für sie einnehmen soll (er verfehlt diese Wirkung denn auch keineswegs). Inhaltlich fällt Marias Selbstverständnis als Frau auf, die in einer Welt von Männern den Zugang zu Elisabeth über drei Ebenen weiblicher Solidarität zu finden sucht: Schwester, Königin, Frau (175f.). Formal hält Maria auch in der Dialogführung deutlich Distanz zu Paulet, den sie in fürstlicher Überlegenheit, und nicht als arme Gefangene, darüber bescheidet, was ihre Wünsche und Absichten sind (167).

Umso mehr überrascht die Ängstlichkeit, Sorge und Bedürftigkeit, die sie dann in 209ff. zeigt. Schiller exponiert seine Heldin in einer Abfolge widersprüchlicher Bilder, die er wie hintereinander hängende Theatervorhänge hochzieht, um jeweils andere Perspektiven zu zeigen: nach Paulets buhlerischer, bösartiger Schlange die hoheitsvolle Königin, nach deren würdevoller Gefasstheit nun der bedrohte, leidende Mensch. Auffallend ist, dass Maria zweimal Angst vor einem Meuchelmord ausspricht (197; 239): Ausdruck ihrer Ohnmacht und Ausgeliefertheit? Oder betont sie den Verdacht nur deshalb, damit der redliche Paulet umso wachsamer sei? – Technisch ermöglicht die Einführung des Nebenmotivs „Königsmord“, dass Schiller schon hier die Figur der Elisabeth in widerstreitenden Bildern abhandeln kann. Während die Figur der Maria noch exponiert wird, beginnt schon die indirekte Charakterisierung ihrer Gegenspielerin.

Darüber hinaus erfahren wir weitere Einzelheiten über Marias Situation (180–208) und über das Gericht und den Prozess (216ff.); erstmals taucht auch Burleighs Name auf (244). Sorgfältig streut Schiller Keime für das Künftige aus und verfestigt nebenbei zentrale Themen: das Frauenrollenthema und das Konfessionsthema.

I,3 Es folgt eine Zwischenszene. Sie dient dramaturgisch dazu, Paulet von der Bühne zu schaffen: Man ruft ihn ab. Schiller nutzt die Gelegenheit, um den „Neffen“ Mortimer als Figur einzuführen und indirekt zu charakterisieren (256ff.).

Hinter der funktionalen Oberfläche des kurzen Dialogs herrschen Emotionen: Nichtachtung der Königin, verletzter Stolz, Unverschämtheit gegenüber der gefangenen Frau („an dem ist Eure Kunst verloren!“, 261). Aber unter den Emotionen spielt sich – vorerst unsichtbar – noch anderes ab. Mortimer spielt nur den Uninteressierten, und der geradlinige Paulet täuscht sich gründlich in ihm, dessen Herz weder „altenglisch“ geblieben noch gegen Marias Kunst gefeit ist. Die Welt dieses Dramas wird sich als doppelbödig erweisen, voller Verstellung, Schein und falschen Bildern voneinander.

I,4 Maria und Hanna sind allein. Das lastende Warten auf den Urteilsspruch wird genutzt, um das Bild der schottischen Königin zu vertiefen. Dargestellt werden ihre Vergangenheit und ihre Schuld: ihre Beteiligung an der Ermordung ihres Gatten Darnley und ihre Ehe mit dem Mörder Bothwell. (Die Folgen dieser Ereignisse in Schottland hatten 1568 Maria zur Flucht nach England gezwungen; die Fragen nach Marias Schuld, ausgelöst durch die so genannten „Kasettenbriefe“, haben seither und bis heute die Mit- und Nachwelt beschäftigt.)
Schiller wechselt mit dieser Szene erneut Tempo und Tonlage: nach den aufgeregten Auseinandersetzungen jetzt das nachdenkliche Zwiegespräch. Eine solche „Einlage“ muss motiviert werden. Schillers Kunstgriff ist im 18. Jahrhundert vertraut: die Erfindung eines Gedächtnistages als Stimmungsmittel und Anknüpfungspunkt.
Inhaltlich malt Schiller die blutigen Ereignisse in grellen Farben. Marias Schuld erscheint als schaurig; selbst der wohlmeinenden Kennedy verschlägt es die Sprache. Sie will entschuldigen und gerät dabei nur noch tiefer ins Anklagen. Auffällig ist einerseits, in welchem Maße Maria die Verantwortung für ihr damaliges Handeln übernimmt. Dass die Kirche diese Schuld längst vergeben hat, scheint für sie ohne Bedeutung. Die katholische Königin des 16. Jahrhunderts spricht auf Schiller’sche Weise von ihrem Gewissen. In Schillers Vorstellung wurzelt der Wert eines Menschen in seiner Selbstbestimmung, die sich in seiner Schuldfähigkeit zeigt. Moralität heißt bei ihm: zu den eigenen Taten stehen, den unbedingten Willen und die Fähigkeit besitzen, für das eigene Handeln auch selbst die Verantwortung zu übernehmen, wie immer es einst zustande gekommen ist. Aus solcher Verantwortung, das zeigt sich jetzt, bezieht Maria ihre überlegene Selbstsicherheit. Paulets Aggressionen und Hannas Weinerlichkeiten prallen an ihr ab, weil sie in sich selbst ruht.
Noch ist sie allerdings erst auf dem Weg zu sich. Noch spricht sie zwar von blutiger Buße (321 f.), tut aber alles, um diese Buße, die Hinrichtung, abzuwenden. Noch hängt sie am Leben und wird um ihre Befreiung kämpfen. Doch die für Schiller entscheidende Dimension der Figur, ihre „Moralität“, ist vom Autor angedeutet. Der weitere Verlauf des Stückes dient ihrer Entfaltung. – Nebenbei hat er mit dieser Szene festgelegt, dass Marias Katholizität von ihm nur als Form, nicht als Inhalt genommen wird.
Auffällig ist andererseits, wie Marias Vorleben von Hanna beschrieben wird: als dämonische Besessenheit und Fremdbestimmung, ihr von außen angetan (323 ff.;

363 ff.). Auch Maria sieht sich eher determiniert als handelnd: Es war nicht ihr Wille, schon gar nicht ihre Lust, es waren „seine Männerkraft und meine Schwachheit“ (331). Hier soll die Vergangenheit einer leidenschaftlichen und sinnlichen Frau vorgeführt werden – aber Leidenschaft und Sinnlichkeit werden entschieden abgelehnt. Keineswegs erscheinen sie als etwas, was zu Maria gehört, schon gar nicht als Glück und Befriedigung. Maria mag ihre Schuld akzeptieren, ihre Sinnlichkeit akzeptiert sie nicht; sie ist Schwachheit, nicht Kraft. Das ist hier festzuhalten, weil der Antagonismus (und die mögliche Versöhnung) von „Sinnlichkeit“ und „Vernunft“ eines der zentralen und in der Forschung kontrovers behandelten Themen des Dramas ist.

I, 5–6 Mit Mortimers Auftritt hält Schiller die nächste Überraschung bereit: Der feindselige junge Mann erweist sich als Verehrer und Freund. Schiller war die Figur wichtig; sie ist, als einzige im Drama, von ihm frei erfunden, allerdings auf bezeichnende Weise aus Partikeln historischer Realität zusammengesetzt.

Mortimers Name stammt möglicherweise aus Shakespeares *Heinrich IV.*; das Motiv seiner Liebe zu Maria stammt von Babington, der 1586 die Verschwörung anführte, die zu Marias Verurteilung führte. Nicht er, sondern Dr. jur. William Parry war in Italien zum Katholizismus übergetreten, von katholischen Priestern zu Elisabeths Ermordung, als einer Gott wohlgefälligen Tat, überredet, und im Voraus mit päpstlicher Absolution und Segen ausgestattet worden. Parry kam schon 1584 nach England und wurde 1585 hingerichtet. Auf ihn geht auch die Audienz bei Elisabeth zurück (in der der historische Parry allerdings Elisabeth zu milderer Behandlung der Katholiken zu bewegen suchte und deshalb die Mordanschläge aufdeckte). – Ungeachtet der Anleihen werden Babington und Parry im Text genannt (70; 644). Mortimers Verschwörung läge also nach dem Babington-Komplott, historisch der letzten in der stattlichen Reihe gewaltsamer Befreiungsversuche. Die fiktive Datierung bei Schiller stimmt mit den sonstigen Daten seines Dramas überein (vgl. oben, S. 37).

Dramaturgisch gesehen kommt mit der wichtigen Nebenfigur Mortimer das „erregende Moment“ ins Drama: mitten im lähmenden Warten die überraschende Aussicht auf eine befreiende Tat. Schiller unterstreicht diesen Neuanfang atmosphärisch: Nach der Besinnung auf die düstere und schuldbeladene Vergangenheit (I, 4) öffnet sich jetzt der Blick in eine mögliche helle, befreite Zukunft. Das wird mit großem verbalen Aufwand vorbereitet; erst nach über 150 Versen spricht Mortimer endlich von konkreten Befreiungsplänen (546; 556 ff.; 633 ff.).
Vom Handlungsablauf her gesehen ist Mortimers ausführliche Schilderung seiner Erlebnisse in Italien bloße „Episode“; ihre Breite hat oft Befremden erregt. Doch der Rhetoriker Schiller zielt mit ihr auf die Fantasie des Zuschauers als wichtigem (und in der Interpretation des Dramas wenig beachtetem) Moment der dramatischen Form. Mitten in der düsteren Szene des nordisch-puritanischen Kerkers weitet sich der Blick auf eine üppig ausgemalte, südliche Szenerie gelebter Freiheit. Sinnlichkeit, von Maria eben nur als schuldhafte Verstrickung der Vergangenheit erfahren, erscheint jetzt präsent, als Verheißung entzückten Glücks. Hinzu kommt, dass Mortimer nicht nur vom fernen Italien berichtet, sondern in seiner Person und Sprache Sinnlichkeit, Leben und Nähe szenisch darstellt. Auf

rakter begründet, im „Zweifelmut der Königin von England“ (981). Wenn am Ende der vorigen Szene auffiel, dass Maria die vorher durchaus genannten politischen Momente ihrer Konfrontation mit Elisabeth in der Schlussdefinition des Konfliktes eliminiert, so wird diese Entpolitisierung und Personalisierung des Konfliktes nun von Burleigh mitgetragen und verstärkt.
Später gibt Burleigh eine zweite Begründung für Elisabeths Zögern: es sei ihre Frauenrolle, die ihr die Begnadigung statt der Hinrichtung nahe lege (und zwar ihre *Rolle*, d. h. das Bild, das die „Welt“ von einer königlichen Frau in dieser Situation habe und dessen prägender, handlungsbestimmender Gewalt Elisabeth sich unmöglich entziehen könne, 1019 ff.). Auch diese Argumentation lässt alle politischen Begründungen für Elisabeths Schwanken außer Acht und argumentiert nur aus ihrer Individualität, wenn auch aus einer durch die Geschlechtsspezifik bestimmten. Der Verdacht dass politische und private Begründungszusammenhänge in diesem Stück in Spannung zueinander stehen, muss sich verstärken.
Der Aufzug endet mit einem gereimten Zweizeiler. Gereimte Verse hatte es bisher schon einmal gegeben, zur rhetorischen Unterstützung von Marias Abgang in I, 7 (971–974). Schiller verwendet den Blankvers in diesem Drama sehr frei und übernimmt an Akt- und wichtigen Szenenenden die Technik der Schlussmarkierung durch Reimbindung von Shakespeare (vgl. Kap. 4.5).

II. Aufzug

Auch der II. Aufzug ist noch Exposition; zugleich kommt in ihm die Handlung in Fahrt. Auslaufende Exposition und zum Höhepunkt hin „ansteigende Handlung“ werden von Schiller kunstvoll miteinander verschränkt.
Exponiert wird Marias „Gegenspiel“, Königin Elisabeth und ihre Welt. Schiller arbeitet den Kontrast bereits atmosphärisch deutlich heraus: dort der enge, düstere Kerker, wenige Personen, die machtlose und vereinsamte Gefangene, Streit und Gewalt – hier der königliche Palast mit weiten und hellen Räumen, die Herrscherin umgeben von glanzvollem Hofstaat, spielerische Feste und eine politisch bedeutsame Verlobung. Elisabeth hat alle Trümpfe in der Hand. Die Hochzeit mit dem jüngeren Bruder des französischen Königs wird Frankreich auf ihre Seite bringen (II, 1 und 2); der dann zu erwartende „Leibeserbe“ (1110) wird Maria von der Thronfolge ausschließen; ausdrücklich behält Elisabeth sich die Vollstreckung des Todesurteils an Maria vor (1243 f.). Schiller exponiert das Gegenspiel als offensichtlichen Triumph der Elisabeth.
Bald aber werden Schatten in diesem strahlenden Bild sichtbar. Elisabeth zögert ihr Ja-Wort hinaus (1145 ff.), zeigt Unbehagen an der geplanten Ehe (1160–1204), lässt den Brautwerber ohne feste Zusage (1213 f.). Auch wie mit Maria nun zu verfahren sei, bleibt offen: Die Berater im Thronsaal sind uneins (II, 3), Elisabeth selbst weicht der öffentlichen Entscheidung aus und sucht einen Ausweg im heimlichen Mord (II, 5). Schiller exponiert Marias Gegenspielerin als unentschlossenen, zwiespältigen Charakter. Elisabeth kämpft nicht, sondern sie taktiert. Und

sie taktiert glücklos: Beide Männer, deren sie sich zu bedienen sucht, benutzen in Wahrheit sie für die Pläne der Maria.
Nicht nur Elisabeths Charakter, auch die ansteigende Handlung entwickelt sich widersprüchlicher, als der glänzende Aktanfang vorgab. Elisabeths Zögern bringt zumindest Zeitgewinn für Maria; der Mordauftrag ausgerechnet an Mortimer setzt Maria vorerst außer Gefahr. Inzwischen entfaltet ihr Brief seine Wirkung (II,4), finden sich Mortimer und Leicester hinter dem Rücken der Elisabeth (II,7). Schließlich ringt Leicester der Königin die Zustimmung zum Treffen ab (II,9), von dem die Stuart sich alles erhofft und das Burleigh mit guten Gründen fürchtet. Am Ende des Aufzugs hat die mächtige Elisabeth sich fast im Netz der Gegnerin verfangen. Maria, die Ohnmächtige, hingegen hat aus dem Gefängnis heraus der Gegnerin im Palast ihr Spiel aufgezwungen. Entschieden ist allerdings noch nichts: Die Handlung strebt auf die angekündigte Begegnung der beiden Frauen zu, die die Entscheidung bringen muss.
Die einzelnen Szenen des II. Aufzugs führen diese Gesamtanlage stufenweise durch und reichern das Drama mit zwei zusätzlichen Themen an, „Weiblichkeit" und „Schein".

II,1 Stand im I. Aufzug Maria im Mittelpunkt, so gruppiert sich der II. um Elisabeth. Wiederum bereitet Schiller den Auftritt der Hauptfigur durch eine Nebenhandlung vor, die atmosphärisch („Festlichkeit" [1078], „Jubel des Volkes" [1107f.]) und inhaltlich auf die umworbene Königin einstimmen und den Kontrast scharf herausarbeiten soll: nach Maria in ihrem Elend jetzt Elisabeth in ihrem Glanz – „*Sie* geht / Ins Brautgemach, die Stuart geht zum Tode" (1113f.).
Der 1. Auftritt gilt zurecht als Musterbeispiel für Schillers Umgang mit der Geschichte. Das Minneturnier und die französische Brautwerbung, auf die es anspielt, sind historisch belegt. Sie fanden jedoch schon 1581 statt. Schiller verlegt sie ins Jahr 1587 ohne Rücksicht darauf, dass er damit die gesamte außenpolitische Situation Englands manipuliert (bereits 1585 hatte sich Frankreich mit Spanien gegen England verbunden). Auch weitere Details der Anfangsszene stammen aus der Geschichte: z. B. der Hosenbandorden, den Elisabeth 1572 einem französischen Marschall verlieh; der Ring, 1581 von Franz von Anjou Elisabeth überreicht (Staatsrat und Öffentlichkeit waren übrigens schon vorher *gegen* diese Heirat; auch war Elisabeth inzwischen 48 Jahre); die französische Fürbitte für Maria, 1586 durch den französischen Grafen Bellevier ausgesprochen, der eigens zu diesem Zweck nach England kam. Schiller hat diese unterschiedlichen Fakten unterschiedlichen Quellen entnommen und im Jahr 1587 zusammengeschoben.
Bemerkenswert an diesem Verfahren ist einerseits die Fülle an geschichtlich verbürgtem Stoff. Dadurch erweckt Schiller den Eindruck eines dichten historischen Bedingungsgefüges (und die Germanistik kann immer noch hoffen, für die aktenmäßig bisher nicht belegten Details des Minnespiels endlich eine Quelle zu finden). Bemerkenswert ist andererseits die Rücksichtslosigkeit, mit der Schiller über die historische Wahrheit verfügt, um sie in den Dienst der dramatischen Wirkung zu stellen. Der Dramatiker Schiller macht sich den Historiker untertan.

einmal enthalten die Bühnenanweisungen Gesten der Zuwendung: erstauntes Anschauen (389), ein huldigender Fußfall (394), eine gnädige Aufforderung, sich zu erheben (399). Zum ersten Mal in diesem Stück wird etwas von Marias verführerischer Kraft, ihrer Schönheit und erotischen Ausstrahlung deutlich.

Es ist allerdings eine seltsame Form der Sinnlichkeit, die Mortimers Worte beschwören: einerseits rauschhaft und von großer Vehemenz, anderseits hoch sublimiert. In Italien geht es vor allem um Gemälde, und in Mortimers Liebeserklärung geht es vor allem (– noch –) um die „Lust [...] Euch anzuschauen" (572). Mit Mortimers Italienerzählung wollte Schiller ein Gegenbild zum abstrakt-asketischen Puritanismus setzen, lebensvolles Bild gegen „dunkle Predigtstuben" mit ihrem „engen dumpfen Buch" (414; 457). Aber die protestantische Sinnenfeindlichkeit, gegen die die Episode sich wendet, ist in ihren Bildern und Worten weiterhin gegenwärtig. Zu einer Synthese zwischen abstrakter Vernunft und lebendiger Anschauung kommt es in Schillers Text nicht. Am Ende des Berichts fallen sie ebenso auseinander wie sie am Anfang feindlich waren: Mortimer unterwirft sich der antiaufklärerischen Gewalt fremder autoritärer Überredung; „grübelnde Vernunft" weicht nicht hellem Licht, sondern wird diffamiert zugunsten überlieferter Autorität (477ff.). Die eigene Bildungsgeschichte wird im Erlebnis des Neuen nicht etwa aufgehoben, sondern „schwindet" „vor seinem siegenden Verstand" und, vor allem, „vor der Suada seines Mundes" (ebd.). Das ist unendlich weit entfernt von Goethes Erlebnis befreiter Sexualität in seinem heidnisch-antiken Italien; wie die Forschung herausgefunden hat, ist denn auch nicht Goethes Italien-Synthese, sondern romantische Italien-Sehnsucht Anregung von Schillers Mortimer-Episode gewesen.

Die Italien-Episode hat im Kontext des Dramas nicht nur affektive, sondern auch inhaltliche Funktion: Sie führt in die politische Konfliktebene des Dramas ein. Mortimers Erzählung verdeutlicht, welche Mächte auf dem Kontinent sich gegen Elisabeth verschwören. Da ist der Kardinal von Guise, der die gegenreformatorischen Kräfte gegen Elisabeth sammelt und vorantreibt (und der sich hier kurz „selbst herabließ" [474], um den kleinen englischen Ritter umzudrehen, und der danach schnell wieder in „Amtes Pflichten" [492] entschwindet: eine genau gesetzte, kleine Binnenepisode). Da sind rührige Jesuiten und schottische Adelige, die am Umsturz in England arbeiten und mit bemerkenswertem Geschick den jungen Schwärmer auf Mord programmieren (501–548; vgl. 2511–2526). Und da sind die beiden Großmächte, Frankreich und Spanien (606; 608), die zum Kampf gegen Elisabeth bereitstehen. So erfahren wir aus Mortimers schwärmerischen, aber von Schiller kalkuliert gesetzten Worten ganz nebenbei das Ausmaß, die Rücksichtslosigkeit und die Gefährlichkeit der europäischen Verschwörung, die sich der schottischen Königin bedienen will, um die Regierung in England zu stürzen und den katholischen Glauben wieder auf der Insel einzuführen.

Maria spielt das konfessionspolitische Spiel der katholischen Partei nicht mit. Schiller legt den Konflikt nicht auf der politischen Ebene an. Wohl aber gibt die Politik den Bedingungsrahmen für das Handeln seiner Figuren, und Schiller arbeitet diesen Rahmen sorgfältig heraus. Trotz Marias Passivität, ja auch gegen ihren

Willen, stellt ihre bloße Existenz eine tödliche Bedrohung für Elisabeth dar, die letzte Hoffnung der katholischen Partei Europas, England nicht an die Reformation zu verlieren. Mortimer sagt, was das für England bedeuten könnte: dann würde „Kein Schwert in seiner Scheide müßig bleiben, / Und die Empörung mit gigantischem Haupt / Durch diese Friedensinsel schreiten" (557ff.).
Für Schillers Exposition bedeutet das: Noch ehe Mortimer berichtet, dass Marias Urteil gesprochen ist (578f.), wird aus seinen Worten deutlich, dass dieses Urteil nur *gegen* Maria fallen darf und dass Elisabeth es wird vollziehen lassen müssen, offen oder durch Mord (621ff.). Unter der Hand ist die Episode wieder in Handlung übergegangen; kunstvoll treibt Schiller Handlung und Gegenhandlung zugleich voran.
Mortimer entwickelt seinen Befreiungsplan (631ff.). Maria ist dafür nicht zu gewinnen. Vielleicht ist sie wirklich um den jungen Mann besorgt; auch schätzt sie die realen Machtverhältnisse skeptischer, aber richtiger ein. Vor allem: Sie selbst hat andere Pläne. Der Plan von Mortimers katholischer Partei war raffiniert ausgedacht, aber Marias eigener Wille war dabei nicht einkalkuliert und eine Figur wie Leicester überhaupt nicht gesehen worden. Maria zieht den Grafen jetzt wie einen Joker hervor. Nun versucht auch sie, sich ins Spiel zu mischen und ihre Befreiung voranzutreiben. Es kümmert sie wenig, dass sie mit der Botschaft an den Großen bei Hofe den jungen Liebhaber ebenso für ihre Zwecke instrumentalisiert, wie sie zum Objekt fremder Umsturzpläne gemacht werden soll. Hier treibt jeder seine eigene Sache voran, ohne Rücksicht auf den andern.
Mit dem Ende dieser Szene ist, noch mitten in der Exposition, die Handlung in Gang gekommen. Jetzt laufen zwei Befreiungsaktionen nebeneinander her, die gewaltsame Mortimers und die auf das Gespräch mit Elisabeth bedachte Marias. Im III. Aufzug scheitern sie beide in unmittelbarer Verknüpfung.

I,7 Das Handlungsgefüge von *Maria Stuart* ist komplex. Der Sache nach wird die Haupthandlung des Stückes von der Partei Elisabeths bestritten: Sie hält Maria gefangen, sie hat den Prozess anberaumt, fällt das Urteil und wird es vollziehen. Marias Partei ist eigentlich „Gegenspiel": Sie reagiert innerhalb der Bedingungen, die die andere setzt. Die Perspektive des Stückes läuft dem aber entgegen. Die Haupthandlung erscheint als „Gegenspiel", die „Gegenhandlung" als „Spiel": Mit ihr beginnt die Exposition. Deshalb haben wir bisher über die Aktionen von Elisabeths Partei nur Mutmaßungen gehört. In dieser Szene erst wird ihr entscheidender Spielzug in Szene gesetzt. Burleigh verkündet Maria das Urteil: Sie ist für schuldig befunden und soll hingerichtet werden. Erstmalig stoßen die Parteien auf der Ebene der Haupthandlung zusammen. Allerdings achtet Schiller darauf, dass dieser Zusammenstoß nicht zu wichtig wird. Noch sind wir in der Exposition; im I. Aufzug steht noch keine Entscheidung an, sie fällt erst im dritten.
Die Urteilsverkündigung ist von heftigem Streit begleitet. Er wird von Maria mit Vehemenz und einer Beredsamkeit geführt, die bis zur virtuosen Verwendung rhetorischer Bescheidenheitstopik reicht (762f.). In dem erregten Gespräch ist

eine Fülle weiterer Informationen zur Exposition untergebracht, Fakten über das Gericht, den Prozess und seine Hintergründe.

Der Streit spielt auf drei Ebenen: der juristischen, der moralischen und der machtpolitischen. Im Vordergrund steht der juristische Aspekt: die Legitimität des Prozesses. Maria bestreitet sie in zwei hintereinander gestaffelten Argumentationssträngen: Sie bezweifelt die Legitimität des Gerichtes (695–808) und sie bestreitet die Legitimität des Vorgehens (855–923). In beiden Punkten hat sie gewichtige Argumente. Das Gericht bestehe nicht aus Ebenbürtigen; als Ausländerin sei sie englischem Gesetz nicht unterworfen; die Richter seien nicht unabhängig, sondern parteiisch, wie ihr opportunistisches Verhalten in der Vergangenheit beweise – wobei Maria ganz nebenbei erneut die Hauptpunkte ihres Streites mit Elisabeth herausstellt: die Frage nach dem Thronrecht Elisabeths (779f.) und die Frage nach der Verwurzelung des evangelischen Glaubens in England (784f.). Ihre Angriffe erreichen einen ersten Gipfel in dem generellen, begründeten, Verdacht, hier gehe es unter dem Mantel der Gerechtigkeit in Wahrheit um Staatsräson (797f.).

Burleigh, vom Vorangegangenen durchaus beeindruckt (787f.), verliest, nun endlich, den Wortlaut des Urteils. Maria unterbricht ihn sofort mit ihrer zweiten Argumentationsreihe: die gesetzliche Grundlage, auf der sie verurteilt wird, sei unstatthaft, denn das angewandte Gesetz sei ad personam abgefasst; die für die Gerichtsbarkeit notwendige Trennung von Legislative und Jurisdiktion sei nicht beachtet worden; notwendige Verfahrensregeln zugunsten der Angeklagten seien übergangen, vor allem die auch nach englischem Gesetz geforderte Konfrontation von Belastungszeugen mit der Angeklagten sei nicht erfolgt – ein Punkt, der besonders prekär ist, der viel Raum einnimmt, den Maria sich extra von Paulet bestätigen lässt und auf den im folgenden Auftritt Paulet und Burleigh nochmals zurückkommen; hier auch die erste Andeutung, dass es bei den Zeugenaussagen nicht korrekt zugegangen ist (880ff.).

Das alles sind Vorwürfe von erheblichem Gewicht. Keinen von ihnen brauchte Schiller zu erfinden, sie alle standen in seinen Quellen, waren z. T. dort schon aufgelistet. Aber Schiller pointiert sie so, dass Formeln, wie die vom Gegensatz zwischen Staatsräson und Gerechtigkeit (797f.), und Forderungen, wie die nach der notwendigen Gewaltentrennung (859f.), im Kontext des Stückes erstaunlich modern klingen. Sie scheinen durchaus vom bürgerlichen Interesse des Autors aus dem 18. Jahrhundert getragen.

An dem für ihn prekären Punkt versucht Burleigh abzulenken; er wechselt auf die inhaltliche Ebene weiterer politischer Vorwürfe gegen Maria (924ff.). Nach anfänglichem Widerstand folgt ihm Maria, um zum umfassenden Gegenangriff überzugehen. Mit einer Handbewegung fegt sie die bisherige Argumentation beiseite (934ff.): es gehe hier ja gar nicht um Recht zwischen ihr und Elisabeth, sondern einzig um Macht. „Krieg“ sei, was zwischen ihnen herrsche, und im Krieg gelten eigene Gesetze, „Denn nicht vom Rechte, von Gewalt allein / Ist zwischen mir und Engelland die Rede“ (957f.).

Maria gewinnt damit ein erhebliches Maß an emotionaler Durchschlagskraft. Elisabeth ist zwar die Stärkere und kann sie vernichten, aber sie, Maria, durchschaut

das Spiel und hat nicht nötig, zu heucheln und den „Schein der Tugend“ (973) und „Gerechtigkeit“ (965) zu erwecken dort, wo es in Wahrheit um „Macht“ (964) geht. Eine solche Argumentation gibt der faktisch Unterlegenen die innere Überlegenheit der moralisch Stärkeren. Sie hat nichts mehr zu verlieren und ist mit sich selbst im Einklang. So verschafft sie sich einen glanzvollen Abgang. Die rechtlose Gefangene hat sich als durchsetzungsfähige Frau erwiesen. Auch Burleigh stellt das zu Anfang der nächsten Szene nicht ohne Respekt fest.
Doch bei aller Bewunderung darf nicht übersehen werden, welche Reduktionen Maria vornimmt, wenn sie den Streit auf den für sie günstigsten Punkt bringt. Vom Recht und von der Gerechtigkeit, um die der Dialog bis dahin kreiste, ist jetzt nicht mehr die Rede; die politischen Positionen der Auseinandersetzung, die Glaubensfrage und die Hoffnung auf eine Vereinigung von England und Schottland (804–838; vgl. dazu unten, S. 99) tauchen in dieser Zuspitzung nicht mehr auf. Und Elisabeths sachlich schwierige Position, in der sie – nicht ohne Marias Zutun – aus politischen Gründen den Rechtstitel eines Urteils gegen Maria braucht, verschwindet allemal hinter der persönlich-moralischen Diffamierung.
Noch allerdings ist völlig offen, ob diese Reduktionen, mit denen die dramatische Figur sich zur Wehr setzt, vom Autor des Dramas geteilt oder korrigiert werden.

I, 8 Der I. Aufzug endet inhaltlich nicht mit dem Triumph von Marias gloriosem Abgang, sondern damit, dass Elisabeths Partei Raum bekommt, ihre Argumente und Pläne neu zu ordnen; er schließt dramaturgisch nicht mit der theatralischen Geste, sondern mit der Weiterentwicklung der dramatischen Handlung. Burleigh bemüht sich um einen anderen Weg zur Urteilsvollstreckung als den für Elisabeth schwer beschreitbaren einer offiziellen Hinrichtung. Er versucht Paulet den staatsdienlichen Mord an Maria nahe zu legen. Der weist die Zumutung ab; Schiller zeichnet ihn als unbeirrbar rechtschaffenen „Ritter“, neben Shrewsbury die einzige redliche Figur im Sumpf der höfischen Welt. Diese Zeichnung geschieht bewusst und mit Anspruch. Paulet definiert seine Position über eine der Zentralformeln bürgerlichen Selbstverständnisses des 18. Jahrhunderts: Das eigene innere „Gewissen“ steht gegen die höfisch-feudale, nur äußere „Ehre“ (im Text „Ruf“, 1062), er beruft sich dabei auf das gerade dem Bürgertum wichtige Recht auf Unversehrtheit des eigenen Hauses (1065 ff. – vgl. Miller in *Kabale und Liebe*, dazu Herrmann / Herrmann 1987, S. 42). Der höfischen Welt des 16. Jahrhunderts unterlegt Schiller die soziale Konstellation seiner Zeit.
Der Aufzug schließt also damit, dass Widersprüche in Elisabeths Partei aufbrechen und Burleighs Hoffnungen auf einen raschen Tod der Maria vorerst vereitelt sind. Nun muss Elisabeth die Vollstreckung des Urteils befehlen. Von Marias Seite aus soll Leicester das verhindern und will Mortimer dem zuvorkommen. Der Aktschluss hat damit die klassische Doppelfunktion: Die erste Teilhandlung ist beendet, aber die in Gang gesetzten Kräfte der Haupthandlung drängen weiter.
Im Dialog der Szene ist noch ein Punkt festzuhalten. Burleigh spricht von Elisabeths Schwierigkeiten, das Urteil an Maria zu vollziehen. Erstaunlicherweise sieht er diese Schwierigkeiten nicht auf politischer Ebene, sondern in Elisabeths Cha-

1.3 Literatursoziologische Voraussetzungen

Das Konzept der „Kunstautonomie", das Schiller und Goethe in ihrer klassischen Zeit entwickelten, antwortete auf eine spezifische, als modern interpretierte Zeiterfahrung mit dem Entwurf einer Kunsttheorie, die mit eigenen, als zeitenthoben gedachten Vorstellungen vom „Allgemein-Menschlichen" und vom „Idealen" arbeitet. Die beiden Autoren machten dabei Anleihen bei der Geschichte des europäischen Idealismus seit Platon und wirkten mit ihren Vorstellungen bis weit in das 19. Jahrhundert hinein. Ihre Zeiterfahrung einer verlorenen Totalität nahm ähnliche Erfahrungen späterer Generationen vorweg; ihre idealistische Kunsttheorie und ihre normsetzenden literarischen Werke versprachen psychische Stabilisierung und ideologische Identität in den Anfechtungen der modernen Zivilisation.

Das hat dazu geführt, dass die Kategorien des Allgemein-Menschlichen und Idealen in der Kunst von den Gebildeten und von der Literaturwissenschaft des 19. und 20. Jahrhunderts als Entdeckung einer nunmehr gültigen, zeitenthobenen Wahrheit von Kunst überhaupt gefeiert und kanonisiert wurden.

Tatsächlich ist aber der klassische Kunstbegriff alles andere als überzeitlich und voraussetzungslos. Schon seiner Entstehungsgeschichte nach ist er keineswegs zwingend aus einer Entwicklungslinie Aufklärung – Sturm und Drang – Klassik hervorgegangen, wie eine idealisierende Literaturwissenschaft das lange vorgespiegelt hat. Was Goethe und Schiller vertraten, ist vielmehr in der literarischen Situation um 1795 ein durchaus einseitiges, sachlich und personell begrenztes und heftig umstrittenes Programm gewesen, ein Gegenkonzept gegen die damals vorherrschenden Vertreter der literarischen Aufklärung auf dem Theater und den sonstigen literarischen Bühnen. Mit ihnen haben Schiller und Goethe sich im so genannten „Xenienkampf" 1796 heftig auseinander gesetzt. Die „Klassiker" haben diesen Streit sehr von oben herab geführt, und die Literaturwissenschaft ist ihnen in der Wertung „hohe Kunst gegen triviale Unterhaltungsschriftstellerei" lange gefolgt. Historiker schlagen sich gern auf die Seite der Sieger. Erst in jüngerer Zeit hat eine selbstkritischer gewordene Literaturwissenschaft diesen Prozess der so genannten „Dichotomisierung", der Entzweiung von hoher und niederer Literatur im letzten Drittel des 18. Jahrhunderts, zum Gegenstand wissenschaftlicher Untersuchungen gemacht – anstatt ihn weiterhin als unhinterfragte Voraussetzung ihrer Arbeit zu nehmen.

Nun wurde wichtig, dass die *Xenien* sich keineswegs nur gegen publikumswirksame Vielschreiber wie Kotzebue und Nicolai wandten, sondern auch, und vehement, gegen Parteigänger der Französischen Revolution wie J. F. Reichhardt. Nun fiel auf, welche Kette von Trennungen und Abgrenzungen den Weg der Klassik säumen: Schiller trennte sich von Ludwig Ferdinand Huber, dem Dresdner Freund und Anhänger der Französischen Revolution; er bekämpfte in einer vernichtenden Rezension den sozialkritisch engagierten G. A. Bürger; die Klassiker hielten Distanz zu Wieland, zu Herder, zu Jean Paul; Forster wurde von ihnen verachtet und kritisiert. Bei allen gravierenden Unterschieden zwischen diesen

dieselbe. In den unterschiedlichen dramentheoretischen Abhandlungen *Über den Grund des Vergnügens an tragischen Gegenständen* (1792), *Über das Pathetische* (1793), *Über das Erhabene* (vermutlich 1795) etc. kreist sein Denken um das Paradox, dass sich im tragischen Scheitern, Leiden und Untergang des Helden eine anders nicht darstellbare, höchste Möglichkeit des Menschen zeige, seine Fähigkeit, unabhängig zu sein, sich selbst zu bestimmen (vgl. hierzu jetzt den zusammenfassenden Aufsatz von Klaus L. Berghahn über „Das Pathetisch-Erhabene [...]", in: Berghahn 1986) Dadurch bekommt das ästhetische Vorführen solch quälender Ereignisse seinen erhebenden Sinn: Es gibt Trost und Hoffnung (‚So groß kann der Mensch sein') wie erziehenden Ansporn (‚So groß sollte auch ich sein').

Schiller hat Anfang der 90er Jahre im Hinblick auf die spezifischen Inhalte der dramatischen Kunst die Darstellung tragischer Gegenstände, besonders den Aspekt heroischer Zwang- und Triebüberwindung herausgestellt: dass der Mensch „eine Gewalt, die er der Tat nach erleiden muss, dem Begriff nach zu vernichten fähig ist" (*Über das Erhabene*, NA XXI, S. 39). Er hat jedoch später im Hinblick auf die ästhetische Form von Kunst überhaupt, aber auch im Hinblick auf den möglichen Übergang einer Tragödie in die Idylle eher den Aspekt eines glückhaften Ausgleichs zwischen „Trieb" und „Freiheit", „Sinnlichkeit" und „Vernunft" betont. Die großen philosophischen Abhandlungen: *Briefe über die ästhetische Erziehung des Menschen* (1794/95) und *Über naive und sentimentalische Dichtung* (1795/96) sind zu lesen als Versuche, den Gegensatz zu überwinden. Der Unterschied zwischen beiden Konzepten ist festzuhalten. Gerade im Hinblick auf die Interpretation von *Maria Stuart* wurde in jüngster Zeit gegen die „Tradition einer gesellschaftsflüchtigen Geisteswissenschaft", die Marias Tod als Ausdruck tragischer Erhabenheit deutet, „jene wirklichkeitszugewandte Theorie Schillers" in Anspruch genommen, die mit Begriffen wie „schöne Seele", „ästhetischer Staat" und „Idylle" den von Descartes und Kant übernommenen Gegensatz von Sinnlichkeit und Vernunft versöhnend zu überwinden versucht (Sautermeister 1979, S. 212, Anm. 61 und passim). Das ist im Einzelnen unten bei der Interpretation des fünften Aktes zu besprechen. Festzuhalten ist hier, dass auch das heroische Konzept eines tragisch-erhabenen Todes in Schillers Denken rückgebunden bleibt an die wirklichkeitsbezogene, individuelle wie soziale Existenz des Rezipienten, dass beide, Tragödie wie Idylle, in Schillers klassischem Kunstprogramm wirkungspoetische Funktion haben: Indem sie den Zuschauer und Leser in ein autonomes, ästhetisches Reich jenseits der Wirklichkeit entführen, sollen sie ihm eine sinnlich anschauliche Vorstellung davon geben, zu welchen Möglichkeiten an Größe, Freiheit und Schönheit der Mensch fähig ist – Möglichkeiten, für die der Bürger des späten 18. Jahrhunderts in seiner sozialen und politischen Gegenwart keine Entsprechung finden würde, an deren normative Geltung er jedoch glauben, auf deren regulative Kraft er jedoch hoffen sollte.

ineinander umschlagen, gehört zu den Entdeckungen der von der deutschen Klassik entwickelten Ästhetik. Sie unterscheidet sich darin von dem bis ins 18. Jahrhundert vorherrschenden „rhetorischen" Kunstbegriff und hat, in diesem Punkt, ihre Gültigkeit bis heute behalten.

Was die poetologische Form von *Maria Stuart* anlangt, fällt Schillers Bindung an die Regeln der klassizistischen Dramaturgie, der Abstand des Dramas zur shakespearisierenden „offenen" Dramatik des Sturm und Drang ins Auge. *Maria Stuart* ist eine „Tragödie" in fast schulmäßig regelgerechter Anlage; der Handlungsaufbau ist derart musterhaft, dass Gustav Freytag in seinem Regelbuch über die *Technik des Dramas* kein Werk so häufig zitiert wie *Maria Stuart*. Die Annäherung an die klassizistischen Regelnormen bedeutet allerdings nicht deren sklavische Nachahmung und nicht die Unterwerfung unter die Macht einer einst bekämpften literarischen Tradition mit ihren weltanschaulichen Voraussetzungen. Schiller handhabt in *Maria Stuart* den klassischen Regelkanon mit großer Freiheit und Souveränität und sucht eine Synthese zwischen Stilisierung und Formenvielfalt (vgl. Kap. 4.5). Er hat während der Arbeit zwar Corneille und Racine erneut gelesen, daneben aber auch Aischylos und Shakespeare, und er hat vor allem bei Corneille eine „enorme Fehlerhaftigkeit" gefunden (an Goethe, 31. 5. und 14. 6. 1799). Die grundsätzliche Ablehnung der „französischen Manier" bleibt.

Schillers Hinwendung zur Formstrenge entspringt der Suche nach *eigenen*, für die Gegenwart verbindlichen Produktionsmaßstäben. Bereits die Form des Dramas soll dessen Autonomie, seine Freiheit von allen Zwängen alltäglicher und historischer Wirklichkeit demonstrieren. Die Form wird damit zum eigentlichen Inhalt: die Verwandlung alles Empirisch-Realen, alles nur Stofflichen in die reine, geistige Gestalt des Kunstwerks sei dessen Sinn und Botschaft. Schiller spricht in den Briefen dieser Zeit in immer neuen Wendungen von der Verwandlung, ja „Vernichtung" des empirischen Stoffes durch den poetischen Geist und kritisiert Rezipienten, die ein zu „stoffartiges" Interesse an seinen Dramen hätten, nämlich sich mit ihren Figuren identifizierten.

Die Aufhebung der empirischen Realität in die eigengesetzliche Freiheit der Kunst gilt für alle Ebenen des Dramas. In Bezug auf die im Drama vorherrschenden Handlungsstrukturen muss der Autor „den poetischen Kampf mit dem historischen Stoff [...] bestehen", um „der Fantasie eine Freiheit über die Geschichte zu verschaffen" (an Goethe, 19. 7. 1799); in Bezug auf die Personen gilt die Erkenntnis, dass „alle poetischen Personen symbolische Wesen", dass insbesondere die „Charaktere des griechischen Trauerspiels", also des normgerechten Dramas, „mehr oder weniger idealische Masken und keine eigentliche Individuen sind" (an Goethe, 24. 8. 1798 und 4. 4. 1797). Und auch der Vers unterwirft, gegenüber der Prosa, die Sprache „einer ganz anderen Gerichtsbarkeit" (an Goethe, 24. 11. 1797): Auch für die Sprache im Drama gilt ein „höheres poetisches Gesetz [...], welches [...] Abweichung von der Wirklichkeit fordert" (an Goethe, 24. 8. 1798). Wichtig ist, dass bei all solchen Überlegungen nicht die Entfernung von der Wirklichkeit schlechthin angestrebt wird, kein l'art pour l'art gemeint ist, sondern **„Idealisierung"**, also eine Reinigung des Wirklichen von allem Zufälligen und nur

Individuellen, seine Umwandlung in ein Allgemeines und Gesetzmäßiges, von dem der philosophische Idealismus der Klassiker glaubte, dass es allen einzelnen Erscheinungen der Wirklichkeit zugrunde liegt. So sind die poetischen Personen in Schillers Verständnis deshalb „symbolische Wesen", weil sie „als poetische Gestalten, immer das allgemeine der Menschheit darzustellen und auszusprechen haben" (an Goethe, 24. 8. 1798). Und so sind die dramaturgischen Detailregeln, die Schiller befolgt, Ableitungen aus den „allgemeinen poetischen Gesetzen", die den Charakter der Kunst überhaupt und den der einzelnen Dichtungsgattungen insbesondere ausmachen (*Über Epische und Dramatische Dichtung*, Beilage zu Goethes Brief vom 23. 12. 1797).

Das Nachdenken über die Gattungsgesetze von epischer und dramatischer Dichtung, das beide Autoren zwischen 1797 und 1799 intensiv betreiben, ist in Schillers Selbstinterpretation ein „Geschäft [...] von höchster Bedeutung" (an Goethe, 29. 12. 1797). Es verbindet die Probleme des poetologischen Handwerks mit den philosophischen Grundfragen der Epoche, der Neubegründung der (bürgerlichen) Kultur aus den Bedingungen der Gegenwart. Wenn sich für die „Vernunft", die die Wirklichkeit durchdringende und formende Kraft des Menschen, in der sozialen und politischen Realität der Gegenwart kein überzeugender Ansatzpunkt bot, so sollte die Poesie der Ort sein, in der diese Kraft exemplarisch zur Geltung gebracht werden könnte: als Gesetzmäßigkeit des schönen Kunstwerks.

Zur bildenden Aufgabe der dramatischen Kunst trägt nicht nur ihre ästhetische Form bei, sondern auch ihr (tragischer) Inhalt. Schiller hat seit seinen Anfängen in Mannheim über die Wirkung der dramatischen Kunst nachgedacht und diese Wirkung immer im Zusammenhang mit den gesellschaftlichen, den moralischen und politischen Aufgaben seiner Zeit gesehen. In dem frühen Aufsatz über *Die Schaubühne als eine moralische Anstalt betrachtet* [1784] hat er diese Wirkung noch als unmittelbare Einflussnahme bestimmt. Hier kann „die Bühne [...] nach seiner Meinung noch unmittelbar in die Krisen der eigentlichen Zeit eingreifen und damit an der Erneuerung der Gesellschaft mitwirken" (von Wiese 1959, S. 111). Der klassische Schiller hält am gesellschaftlichen Bezug auch der dramatischen Kunst fest, lehnt aber für sie den unmittelbaren „Auftrag", „den Menschen moralisch auszubilden" und z. B. „Nationalgefühle in dem Bürger zu entzünden", als zu vordergründig ab. Die Wirkung der Tragödie beruhe „keineswegs auf dem Interesse der Vernunft, daß recht gehandelt *werde*, sondern auf dem Interesse der Einbildungskraft, daß recht handeln *möglich sey*" (*Über das Pathetische* [1793], NA XX, S. 219 f.).

Diese *Möglichkeit* zeigt die tragische Kunst, indem sie vorführt, zu welchem Maß an Selbstbestimmung der Mensch auch in Grenzsituationen der Schuldverstrickung, des Leidens und der Todesbedrohung fähig ist. Denn „recht handeln" setzt in Schillers Menschenbild, das immer vom Einzelnen ausgeht, im Menschen eine unbedingte Instanz voraus, die die Fähigkeit besitzt, sich allen Fremdbestimmungen durch äußeren Druck und durch eigene Lebens- und Gefühlsinteressen zu entziehen. Der Name, den Schiller dieser Instanz gibt, wechselt: „Person", „Freiheit", „Geist", „absolut moralisches Vermögen" oder „Wille"; die Sache ist immer

II, 2 Nach der durch Botenbericht referierten Huldigung erscheint nun Elisabeth in ihrem Glanz auf der Bühne. Dabei fügt sich ihre zögerliche Behandlung des französischen Heiratsbegehrens in das Bild, das Burleigh vorher vom „Zweifelmut" (981) der Königin entworfen hatte. Erstaunlich ist jedoch die Begründung, die Elisabeth ihrer Zurückhaltung gibt. Sie argumentiert mit Problemen ihrer Frauenrolle. Ihr Wunsch nach einem Grabstein, der auf ihre Jungfräulichkeit hinweist, ist überliefert. Schiller benutzt dies zu einer grundsätzlichen Reflexion seiner Heldin über den Zwiespalt zwischen Frauenrolle und Königinnenamt, an dem sie leidet: als Frau wisse sie sich dem „Naturzweck", Kinder zu bekommen, unterworfen, als Königin hätte sie gehofft, dieser Pflicht enthoben zu sein (1155–1184). Das hat grundsätzliche Bedeutung im Hinblick auf das Frauenbild der deutschen Klassik (s. unten, S. 108 f.); konkret im Drama skizziert Schiller damit eine Ebene möglicher Tragik der Elisabeth: Als Herrscherin ist sie zu einer Freiheit und Selbstbestimmung befähigt, die sie als Frau nicht durchhalten kann.
Wie weit Schiller das Thema ausführt, muss die weitere Interpretation des Stückes zeigen. Zumindest im II. Aufzug taucht das Weiblichkeitsthema auch weiterhin auf: Elisabeth wehrt sich in II, 3 gegen das männliche Klischee vom schwachen Weib (1374) und beklagt sich in II, 9 gegenüber Leicester, dass ihre Einbindung in die Herrscherrolle ihr nie erlaubt habe, selbstbestimmt ihrem weiblichen Herzen zu folgen. Maria hingegen habe immer tun können, was sie wollte. Hier ist es plötzlich umgekehrt die Weiblichkeit, die Selbstbestimmung ermöglichen könnte, während „Königspflichten" dies verhindern – aber die Weiblichkeit wird gleichzeitig diffamiert durch den Hass auf Maria und einen Ausfall auf die billigen Rollenerwartungen der Männer („So sind die Männer. Lüstlinge sind alle!", 1988).
Das Thema vom Leiden und vom Selbstwert der Frau scheint Schiller wichtig, aber offensichtlich wird es von ihm vorerst auf widersprüchliche Weise behandelt.

II, 3–4 Auf den öffentlichen Staatsakt folgt die Beratung im engsten Mitarbeiterkreis: Elisabeth wird in ihren verschiedenen Wirkungsbereichen vorgeführt. Zugleich soll über den Vollzug des Todesurteils entschieden werden.
Burleigh, der Staatsmann, argumentiert politisch, wie schon in I, 7, dem Prinzip der Staatsräson folgend. Talbot, der Rechtliche, argumentiert moralisch und appelliert an persönliche Werte: Ruhm, Recht, Nachruf, Milde. Leicester, der Höfling, argumentiert taktisch, scheinbar staatsklug, tatsächlich nur auf Zeitgewinn aus. Schiller gründet die drei Argumentationsweisen auf drei verschiedene Charaktere.
Inhaltlich fasst Burleigh noch einmal die Bedrohungen zusammen, die von Maria ausgehen: die konfessionspolitische, (1260 ff.), die außenpolitische (1266 ff.) und die dynastische (1290 ff.). Talbots Appell an Elisabeths Herz führt ihn unversehens zur Geschlechterrollenthematik; sein Versuch, Maria und Elisabeth zu kontrastieren, bringt Informationen zu Elisabeths Charakter (1377 ff.), verfängt sich aber in Widersprüchen und wird von der Königin empört abgebrochen. Das damit angeschlagene Thema, Maria, die Weibliche, Elisabeth, die Strenge, bleibt von nun an im Spiel: Mortimer vertieft es (1645 ff.), Leicester bewegt sich in seinem

Rahmen (1947ff.; 2000ff.), Elisabeth selbst greift es auf und interpretiert sich und ihre Rivalin im Rahmen dieses Gegensatzes (1970ff.; 1995ff.). In der von männlichen Mitspielern und männlichen Werten bestimmten Welt hat die abwesende Maria der englischen Königin ihren Maßstab von Weiblichkeit aufgezwungen. In diesem Spiel ist Elisabeth hoffnungslos unterlegen. Auf fast beschämende Weise wird sie hintergangen, zuerst von Mortimer (II,6), dann von Leicester (II,9). Am Schluss des Aufzugs hat sie sich als Frau ausgerechnet den beiden Liebhabern der Gegnerin ausgeliefert und ist von Leicester in einen Wettstreit der Weiblichkeit gejagt worden, den sie nur verlieren kann. Elisabeths Versuch, Herrscherin und Frau gleichzeitig sein zu wollen, scheint zum Scheitern verurteilt.
Vom dramaturgischen Ablauf her bringt diese Szene – neben aufschiebender Spannung – Marias Brief ins Spiel. Der erstaunlich heftige Gefühlsausbruch, mit dem Elisabeth seine Lektüre quittiert (1528ff.), dürfte ebenfalls vorwiegend dramaturgische Funktion haben. Der Brief ist Marias spielentscheidender Zug; er musste deutliche Wirkung bei der Gegenseite zeigen, wenn er den Höhepunkt des Dramas im III. Aufzug herbeiführen sollte. Deshalb lässt Schiller Elisabeth mit Tränen und Emotionen reagieren, sorgt allerdings, um der Glaubwürdigkeit der Figur willen, dafür, dass sie eher dem allgemeinen Schicksal der Menschheit (1540f.) gelten als der konkreten Rivalin.

II,5–7 Die folgenden Szenen gehören einerseits noch zur Exposition von Elisabeths Charakter und Welt. Schiller zeigt, zu welch mörderischem Ränkespiel die Königin von England fähig (II,5) und welch taktische Vorsicht am Hof geboten, welch abrupter Glückswechsel immerhin möglich ist (II,7). Andererseits wird die Handlung weitergeführt, und zwar in raffinierter Tiefenstaffelung. Während auf der Oberfläche die Bemühungen um Urteilsvollstreckung oder -verhinderung (durch die geplante Begegnung) ablaufen, steht Mortimer für die noch verdeckte Handlung im Hintergrund, die auf gewaltsame Befreiung zielt. Beide Handlungsstränge zeigen, mitten in Elisabeths Akt, die Stärke ihrer Gegnerin.
Inhaltlich führt Schiller in diesen Szenen ein weiteres zentrales Thema ein, das des (höfischen) *Scheins*.
Schon der erstaunliche Mordplan, den Elisabeth im 5. Auftritt entwickelt, zeigt an, um was es dabei geht. Eben noch war umständlich über Maria verhandelt worden, hatte Elisabeth Rat erbeten, Abwägung zugesagt, sich Entscheidungen vorbehalten. Nun aber zeigt sich, dass sie längst über Maria entschieden hat, dass sie ihren Tod will. Die Kronratssitzung enthüllt sich plötzlich als bloße Spielebene, bloßer Schein; ihr wahres Verhältnis zu Maria offenbart Elisabeth erst jetzt. Burleigh gegenüber hatte sie behauptet, sie wolle keine „Weisheit, welche Blut befiehlt“ (1298); aber in Wahrheit ist es gar nicht das Blut, das sie fürchtet, sondern nur der Anblick und der Geruch des Blutes an ihrer Hand, die sie um jeden Preis „rein behalten“ (1593) will. Sie sagt es selbst: „Ich kann den Schein nicht retten, / Das ist das Schlimmste“ (1598f.). Warum es „das Schlimmste“ sei, sagt sie nicht. Nahe liegend wäre: der politischen Folgen wegen, die die Hinrichtung einer Königin mit sich bringen müsste, aber davon spricht sie überhaupt nicht. Sie spricht

nur, in sehr vagen Wendungen, von einer allgemeinen Öffentlichkeit, deren Urteil sie fürchtet.
Mortimer, anders als die Königin stets mit sich selbst identisch, kann ihr Dilemma nicht begreifen. Für ihn ginge es darum, eine „gerechte Sache“ gegen einen „bösen Schein“ durchzusetzen (1600), für sie jedoch geht es darum, trotz der bösen Sache einen gerechten Schein zu wahren. Sie will anders scheinen (nämlich unblutig), als sie tatsächlich ist (nämlich entschlossen, Maria zu beseitigen). Deshalb verfängt sie sich hoffnungslos zwischen „scheint“ und „ist“ (1601 ff.), deshalb fürchtet sie sich zu Recht vor ihrer „Taten doppelter Gestalt“ (1606): Was sie sind, sollten sie nicht sein, was sie scheinen sollen, sind sie nicht.
Ein solches Dilemma geht tiefer, als es Mortimers Urteil „falsche, gleißnerische Königin“ (1632) mit seiner moralischen Wertung erfasst und das ihm die Sekundärliteratur willig nachgesprochen hat. Hier werden vielmehr zwei unterschiedliche Persönlichkeitskonzepte sichtbar. Eines, das sich an Werten („gerechte Sache“, 1600) misst und vor allem auf Selbstidentität aus ist („Seh ich aus wie ein Mörder?“, 1635), und ein anderes, das in öffentlichen Rollen private Interessen zu verwirklichen sucht und im Konfliktfall zwischen beiden hilflos hin und her taumelt.
In der nächste Szene bringt Paulet den Gegensatz auf den Schiller'schen Begriff: Er warnt seinen Neffen vor dem „Hof“ und verweist ihn an sein „Gewissen“ (1669; 1672). *Gewissen* als Instanz von Selbstbestimmung, Moralität und Selbstidentität („*unseres* Hauses Ehre“, 1670); der *Hof* („ein schlüpfrig glatter Grund“) als der Ort von „Gunst“, „Ehrgeiz“, „Schmeichelrede“ (1664; 1667; 1675), Ort eines rücksichtslosen Kampfes aller gegen alle mit allen Mitteln um das eigene Überleben: Der Gegensatz von Gewissen und Hof ist für die Literatur der deutschen Aufklärung und Klassik der Gegensatz von Selbstverwirklichung und Selbstentfremdung. Im Bild des Hofes überlagern sich für die Literaten dieser Zeit politische Erfahrungen mit dem deutschen Absolutismus und wirtschaftliche Erfahrungen mit der beginnenden Konkurrenzgesellschaft (vgl. dazu oben, S. 26 ff.)

II, 8 Konkurrenz ist das Prinzip, unter dem sich Mortimer und Leicester in der nächsten Szene begegnen. In dieser Welt des Scheins, in der jeder notwendig mindestens „zweierlei Gesichter“ (1703) zeigt, kommt alles darauf an, die wahren Absichten des anderen zu erforschen. Das führt zu einer vertrackten Dialektik. Jeder braucht den anderen, jeder kommt nur weiter, wenn er ihn zum Mitspielen bewegen kann, aber dazu muss er selbst die Maske etwas lüften, ohne Trümpfe aus der Hand zu geben. Wie die beiden da umeinander herumschleichen, sich gegenseitig abtasten, Geheimwissen über den anderen vorsichtig einbringen, um allmählich, Zug um Zug, miteinander ins Geschäft zu kommen – das ist von Schiller mit großer Kunst dargestellt.
Leicester erweist sich dabei als der schwierigere Charakter: einerseits ein aalglatter, geschickter Höfling, andererseits ein schwacher Mensch mit einem empfindsamen Herzen, aus enttäuschter Ehrsucht beleidigt, die königlichen Geliebten wechselnd. Fast schon peinlich, wie hier sein Herz mit ihm durchgeht (1755 ff.); aber seine bewegten Klagen über sein Leiden sind nicht nur Ausdruck eines ver-

letzbaren Charakters, sie sind zugleich doppelt funktional. Nur als Fühlender, als ein trotz aller Hofgeschicklichkeit menschlicher Mann kann er neben Mortimer als ernsthafter Konkurrent um die Liebe Marias glaubhaft sein. Und erst seine Ängstlichkeit, die realitätsgerechter ist als die erfrischende Kühnheit Mortimers, zeigt die Schwierigkeit, wenn nicht Aussichtslosigkeit eines gewaltsamen Befreiungsversuchs, wie Mortimer ihn plant.

Bleibt zu dieser Szenengruppe noch nachzutragen, dass auch Mortimers „Liebe" zu Maria, seine Leidenschaft, sein Besitzdenken, sich erst langsam im Fortgang des Dramas entwickeln. Sie sind mit seinem Charakter ermöglicht, aber noch keineswegs gesetzt. Sie zu entfalten, dient der Monolog (II, 6).

II, 9 Der letzte Auftritt des Aufzugs hat eine wichtige Handlungsfunktion. Leicester erreicht Elisabeths Zustimmung zum Treffen. Damit ist der Weg geöffnet zum Höhepunkt des Dramas.

Wie es zu dieser Entscheidung kommt, lohnt einen Augenblick Aufmerksamkeit. Als selbstbeherrschter Hofmann überspielt Leicester seine Überraschung durch die eintretende Elisabeth auf geradezu virtuose Weise (1946 ff.). Skrupellos gehen ihm die lügnerischen Schmeicheleien vom Mund, rücksichtslos nutzt er die Gunst der Stunde, um seinen Zweck zu erreichen. Er fasst Elisabeth bei ihren geheimen Wünschen und macht sie glauben, sie habe das Heft dabei noch in ihrer eigenen Hand (2051 f.; 2064 f.).

Elisabeth hält im höfischen Spiel durchaus mit. Sie wird zwar von Leicester manipuliert, aber sie folgt dabei ihren eigenen Interessen, Neugier und Eitelkeit (1995 ff.), und sie hält sich einen Ausweg offen, die Verantwortung für ein Misslingen notfalls auf Leicester abzuwälzen (2065 ff.). Ihre Schlusssentenz (2070 ff.) ist voll hintergründiger, ihr selbst unbewusster Ironie. Ihre zärtliche „Neigung" gilt zwar einem Mann, der sie mit seinem „Wunsch" (2067) gerade verraten will; aber auch ihre Bereitschaft, auf seine „Grille" (2070) einzugehen, verdankt sich weniger dem Mitgefühl mit seiner männlichen Verletztheit als dem Neid auf die andere Frau. In dieser Welt des Hofes täuscht jeder den anderen und ist keiner vor Selbsttäuschung sicher.

III. Aufzug

Nach „Exposition" und „steigender Handlung", die im I. und II. Aufzug ineinander übergehen, bringt der III. den entscheidenden Zusammenstoß der Protagonistinnen und mit ihm den Umschwung der Handlung, die dann, mit Verzögerungen, zum tragischen Ende hin „abfällt", weil die Auseinandersetzung im Prinzip entschieden ist.

Schiller gestaltet diese „Peripetie" dramaturgisch in einer großen Höhepunkt-Szene („Klimax"), die er technisch und inhaltlich zur Achse des ganzen Dramas macht. Entsprechend sorgfältig hat er sie vorbereitet und ausgeführt. Seit dem 2. Auftritt des I. Aufzugs ist die persönliche Begegnung der Königinnen im Gespräch. Jetzt wird sie durch technische Mittel noch einmal hervorgehoben:

durch eine lange Einleitung (III, 1–3), eine exzeptionelle Kulisse (freie Natur; alle anderen Akte spielen in geschlossen Räumen) und einen großen personellen Rahmen (das jeweilige Gefolge beider Damen, beide interessierten Männer, Shrewsbury als Vertreter des Kronrates). Auch der Ablauf des Gesprächs selbst wird nach dramaturgischen Gesetzen gestaltet, als groß angelegte Steigerung mit einem überraschenden, von keinem der Beteiligten gewollten Höhepunkt, dem ein rasanter Absturz folgt (III, 6–8). Mit dem III. Aufzug ist Marias Schicksal entschieden.
Die Begegnung der Königinnen ist dichterische Erfindung; in Wahrheit haben sich die beiden nie gesehen. Schillers Erfindung ist sie allerdings nicht; den Einfall hatten bereits andere Autoren vor ihm gehabt (vgl. oben, S. 30). Schiller hat die Ausführung der Begegnung als Herausforderung an seine dichterische Gestaltungskraft verstanden. Dem entspricht, dass er 1799 die Arbeit am Stück bis hierhin in einem Zug durchgeführt, aber dann unterbrochen hat (vgl. oben, S. 9).

III, 1–3 „Gegend in einem Park. Vorn mit Bäumen besetzt, hinten eine weite Aussicht" (vor 2073). Höchst wirkungsvoll führt Schiller seine Heldin hinaus ins Offene. Maria nutzt den weiträumigen Park nicht nur als willkommenen Bewegungsraum; ihre freiheitssüchtige Seele formt sich den Naturprospekt ins Symbolische. Sie träumt sich mit Wolken, Fischerkahn und Hifthorn in die „ungemessnen Räume" (2093) hinaus, nach Frankreich, in die Freiheit, nach Schottland. Else Graham hat gezeigt, wie sehr Marias Persönlichkeit sonst in Bildern des Kerkers ausgelegt wird (vgl. unten, S. 123). Die lyrischen Fantasien dieser Verse öffnen – wie schon Mortimers Italienbericht – die Szene zum Gegenbild einer Freiheitsvision. Sie zeigen zugleich, unter welchem Leidensdruck Maria durch ihre jahrelange Inhaftierung steht. Schiller unterstreicht den Eindruck großer seelischer Energien, die sich hier fast gewaltsam Raum schaffen, auch dadurch, dass er sie die Sprache umformen lässt. Die strenge Form des dramatischen Verses wandelt sich zum unmittelbaren lyrischen Ausdruck (variable Versmaße mit Endreimen, dreimal achtzeilige gereimte Strophen mit vierfüßigen Daktylen).
Doch die Naturszenerie dient nicht nur als Projektionsfläche für Marias Sehnsucht, sie ist zugleich der von Schiller gewählte Schauplatz für die folgende Zentralszene des Dramas. Schiller vermeidet die beiden Königinnen in einem geschlossenen Raum aufeinander treffen zu lassen, der ja immer ein gesellschaftlich geprägter Raum wäre, Rollen- und Machtverhältnisse darstellend. Stattdessen führt er sie aus Palast und Kerker hinaus in die Natur, in einen gesellschaftlich weniger determinierten Raum, dorthin, wo jede von beiden unmittelbarer sie selbst sein kann. Nicht als Königinnen, sondern als Menschen sollen beide Frauen einander begegnen. Das hat dramaturgischen Sinn: Nur als „Mensch" konnte Maria eine Chance gegen die mächtige Elisabeth haben, die ihren Tod wollte; jedes Zimmer, jeder Saal in England hätte Elisabeths Macht demonstriert. Das szenische Arrangement hat damit philosophische Bedeutung. Schiller entfaltet in ihm eine komplexe Dialektik von Menschlichem und Politischem und damit das Zentralthema seines Werkes.
Handlungstechnisch bringen der 1.–3. Auftritt die dramaturgische Vorbereitung

der Gesprächsszene. Maria Stuart wird mit der Erfüllung ihrer Bitte konfrontiert und zeigt sich überrascht. Überhaupt erscheint sie in diesen Szenen in einem eigentümlichen Licht. Wie im Taumel entfernen sich ihre „verlorenen Wünsche" (Kennedy, 2115) im Laufe des 1. Auftritts immer mehr von der Realität. Sie verliert völlig aus dem Blick, dass ihre freiheitsvollen Fantasien Wunschvorstellungen sind, „Wahn" (2090) gegenüber der fortdauernden Wirklichkeit ihres „Kerkers", und hält die gewährte „kleine Gunst" (2121) für das erste Anzeichen ausstehender Begnadigung und diese für das Werk des geliebten Leicester (2124).
Der Zuschauer wundert sich doppelt: über die groteske Verkennung der realen Situation (was zu zeigen Schillers Absicht war) und über die Regression, in der die schottische Königin alle politischen, konfessionellen und dynastischen Implikationen ihres Konflikts einfach vergisst und dem Mann ihrer Träume entgegenzittert (was darzustellen, Schiller kaum gewollt haben kann). Ihre Illusion wird durch Paulets rührenden Stolz, an der Veränderung der Situation mitgewirkt zu haben, nur vorübergehend irritiert (2144 ff.; 2148 ff.); umso glücklicher ist sie dann, als Shrewsbury ihr bestätigt, das alles sei doch Leicesters Werk (2221). Kaum fällt sein Name, hat sie nichts mehr im Kopf und im Herzen als ihn und vergisst darüber die simpelste politische Vorsicht (2223). Was ist das für ein „Menschliches", das sich offenbar nicht in Übereinstimmung mit den gesellschaftlichen Rollen der Figur zeigt, sondern nur in Abstraktion von ihnen?
Schillers Absicht mit diesen Szenen war allerdings vordergründiger. Der Dialog mit Shrewsbury in III, 3 zeigt, dass ihm vor allem daran lag, Maria als verletzlich, verwirrbar, ja als schwach zu zeigen (vgl. auch ihre Ohnmacht zu Beginn des 4. Auftritts), also als einen Menschen, der im Widerspruch der eigenen Gefühle ratlos ist und Hilfe braucht und der seine Gefühle, Hass wie Hilflosigkeit, auch unverstellt zeigen darf.
Es steht nicht im Widerspruch zum Selbstbild Marias und zum Heldenbild Schillers, widersprüchlich, gefühlsbetont und ratlos zu sein. Schiller steht damit in historischen Zusammenhängen. Seit Lessing ist dies die eigentliche Tugend der bürgerlichen Helden (im Gegensatz zum höfischen Helden der französischen Klassik und des deutschen Barockdramas): Schwächen zu haben, emotional zu sein und dies auch zeigen zu dürfen, weil es menschlich ist (vgl. auch Shrewsbury über Elisabeth: „Nein, sie ist nicht gefühllos", 2209). Bei der Hilflosigkeit bleibt Schiller dann allerdings nicht stehen. Er, dem es immer auf Kontrast und Steigerungsmöglichkeiten ankommt, braucht hier die Schwäche und Verzweiflung seiner Heldin auch deshalb, um sie wenig später zu umso größerer Seelenstärke führen zu können.

III, 4 Die Anlage der Zentralszene des Dramas zeigt die ordnende Hand des klassischen Autors. Eine Einleitung, dann drei deutliche Abschnitte (Marias Kniefall, 2241 ff.; der eher politische und der eher persönliche Teil der Auseinandersetzung, 2279 ff. und 2403 ff.): ein klarer tektonischer Aufbau, der den durchlaufenden dramatischen Steigerungsbogen zugleich gliedert und abstützt.

1. Die Einleitung wird von Elisabeth als große Schau inszeniert. Wie der Landsitz heiße, wer die Lady sei, wer ihr das angetan habe: alles nur Scheinfragen und höfische Verstellung, um sich nichts zu vergeben und sich taktische Vorteile zu sichern. Sie hat diese Begegnung nicht nötig, sie leidet keinen Mangel (2229–2231) und lässt sich nur auf Bitten und Drängen herbei: Auch das ist nicht wahr, aber wirkungsvoll. Elisabeth redet viel, Maria nur einen Satz: „O Gott, aus diesen Zügen spricht kein Herz!“ (2232). Damit nimmt Schillers Figur eine „Rollendefinition“ vor, eine Charakterisierung der Gegenspielerin auch nach außen. Denn Leser und Zuschauer glauben der schottischen Königin diese Charakterisierung sofort: Bereits in der Eröffnung vollzieht Schiller eine eindeutige Sympathiezuweisung zugunsten Marias. Er legt damit den Dialog von vornherein auf zwei Ebenen an, einer Ebene der inhaltlichen Aussagen und einer Ebene des psychischen Geschehens zwischen den Personen, der Urteile und Wertvorstellungen. Und er sorgt dafür, dass die inhaltliche Ebene durch Elisabeths hochfahrende und taktierende Rede abgewertet wird, dass das „eigentliche“ Geschehen sich auf derjenigen Ebene abzuspielen scheint, auf der Maria urteilt und agiert und der Schiller zusätzlich Gewicht gibt durch die Wortwahl der langen Bühnenanweisung mit ihrer Betonung starker, elementarer Affekte („schaudert zusammen“, „schaudernd“ usw.): Marias stummes Spiel fungiert als Wahrheitsbeweis.
Marias langer Kampf mit sich selbst wird durch die von der politischen Klugheit gebotene Unterwerfungsgeste beendet: „Sie fällt vor ihr nieder“ (nach 2252). Sie vollzieht sie sehr widerstrebend (2246 ff.), durchaus mit Vorbehalten (2252) und unterläuft sie sehr schnell mit dem Anspruch auf Gleichrangigkeit (2253 ff.). Elisabeth hat also richtig beobachtet: Das ist gar keine „Tiefgebeugte“, sondern eine „Stolze“, die den Kniefall als politische Pflichtübung absolviert, um desto entschiedener ihre Ebenbürtigkeit einzuklagen. Als Elisabeth, statt Gnade zu üben, ihren Triumph betont, wird Maria dringlicher: „O Gott im Himmel! / Steht nicht da, schroff und unzugänglich, wie / Die Felsenklippe [...] Wenn Ihr mich anschaut mit dem Eisesblick [...]“ (2268–2278) Das geht ans Herz des Zuschauers. Wer sollte nicht Mitleid haben mit der, die so bildkräftig um Zuwendung bittet; wer wollte nicht diejenige abscheulich finden, die da kalt und streng bleibt und die einfachste mitmenschliche Geste verweigert. Eindrücklich legt Maria wiederum die Auseinandersetzung aufs „Menschliche“ (2261) fest.
Dieses Menschliche aber ist eine Abstraktion. In Wahrheit stehen sich zwei Königinnen gegenüber; ihr Streit geht um Thron, Konfession und Macht und entscheidet über das religiöse und politische Schicksal zweier Völker. Von dieser inhaltlichen Ebene zu abstrahieren und nur vom „Menschlichen“ zu sprechen, mag für Maria nicht ungeschickt sein; für Elisabeth ist es nicht akzeptabel. Denn Marias Ansinnen, sie als „Schwester“ (2253) und das „Blut der Tudor“ (2267) als Verständigungsbasis zu akzeptieren, hieße für Elisabeth, den Anspruch der Rivalin auf den englischen Thron anzuerkennen. Sie darf dem Appell an das Menschliche gar nicht folgen, sie muss die inhaltliche, die politische Ebene der Auseinandersetzung reklamieren, die Maria mit ihrem Rekurs aufs Menschliche nur verdeckt: „Was habt Ihr mir zu sagen, Lady Stuart?“ (2279)

2. An der politischen Thematik hält Elisabeth die folgenden 120 Verse hindurch fest. Sie lastet Maria all die feindseligen Akte an, deren sie sich hat erwehren müssen: Mordpläne gegen ihre Person, Marias Ansprüche auf den englischen Königstitel, die Übergriffe der katholischen Partei aus Frankreich nach England (2333 ff.). Mag die Beteiligung Marias daran z. T. umstritten sein: Insgesamt weiß Elisabeth, wovon sie redet, und der Zuschauer weiß es auch (vgl. oben zu I, 6). Der Hinweis auf die Bartholomäusnacht (2352 ff.) tut ein Übriges, bewusst zu halten, gegen welchen Gegner Elisabeth um ihr Überleben kämpft.

Es steht außer Frage: Die englische Königin hat allen Grund, Marias Flehen gegenüber auf der Hut zu sein und die politischen Implikationen von Marias „menschlichen" Appellen bewusst zu halten. In der Rezeption des Textes tritt aber dieser Aspekt, tritt das sachliche Gewicht von Elisabeths Ausführungen erstaunlich zurück. Die Forschung beginnt erst in neuerer Zeit, Elisabeths politische Aussagen überhaupt ernst zu nehmen und inhaltlich zu verwerten (Frommer 1981). Auch der Leser oder Zuschauer wird den Eindruck registrieren, dass Maria stärker, lebendiger, „wahrer" wirkt als Elisabeth. Kunstvoll versteht es Schiller, die Sympathie und die Aufmerksamkeit des Rezipienten, gegen den Wortlaut des Textes, ganz auf die eine der beiden Figuren und ihre Definition der Auseinandersetzung zu konzentrieren.

Schiller erreicht diese Parteinahme mit einer unterschiedlichen Dialoggestaltung. Maria spricht ständig von sich, Elisabeth meist von ihren Rollen und Rollenzusammenhängen. Maria gibt sich unverstellt und unmittelbar, Elisabeth reserviert; Maria spricht vom Leiden, Elisabeth von ihren Pflichten; Maria wirbt, Elisabeth stößt zurück; Maria gibt sich großmütig (2307 ff.), Elisabeth rechnet auf; Maria kämpft um ihr Leben, Elisabeth nur um Thron und Macht. Die Vergleichsliste ließe sich verlängern. Schillers Dialogführung rechnet mit einer emotionalen Disposition beim Rezipienten, die auf diese rhetorischen Unterschiede mit Wertungen reagiert, von der größeren Unmittelbarkeit, Ich-Nähe und Leidenschaftlichkeit Marias beeindruckt ist und sich mit ihr, nicht mit Elisabeth identifiziert.

Sieht man genauer hin, erkennt man, dass Marias scheinbar unmittelbare, aufs Menschliche bezogene Rede in Wahrheit voll politischer Implikationen ist (Beispiele 2296, 2307 f., 2316 f.), die sie geschickt verbirgt. Am auffälligsten ist das in den Versen 2363–2369: Maria argumentiert auf zwei Ebenen, explizit auf der Ebene mitmenschlicher Beziehungen („Argwohn", „Feindin", „Fremdlingin", „Dankbarkeit", „Liebe" usw.), implizit aber auf der Ebene der politischen Auseinandersetzung, denn ihre Rede transportiert zugleich ihren Anspruch auf den englischen Thron. Elisabeth reagiert auf das Reizwort „Erbin" (2371 f.) und bestätigt durch ihre Empörung Vorhandensein und Brisanz dieser Argumentationsebene, die die Stuart so geschickt in ihrer Rede versteckt hatte.

Diese Doppelbödigkeit ist nicht Heuchelei, sondern Marias Charakter. Sie erfährt ihre Person als identisch mit ihrer Königinnenrolle und verteidigt die eine mit der anderen. Darin ist sie naiv. Sie begreift weder, welche Zumutungen ihre Reden für Elisabeths Selbstverständnis darstellen, noch, wie sehr sie sich mit ihnen der Verantwortung für ihr politisches Handeln entzieht (worauf Elisabeth 2369 ff. auf-

merksam macht). In dieser Naivität liegt die Kraft ihrer Leidenschaftlichkeit, mit der sie der Gegnerin Widerstand leistet und mit der sie den Zuschauer für sich einnimmt. Auf der anderen Seite vertritt Elisabeth keineswegs blank das politische Kalkül. Auch sie argumentiert emotional, mit großem Hass (z. B. 2330). Der Unterschied liegt darin, dass bei Maria die private Leidenschaftlichkeit vorherrscht und das Politische in sich aufgesogen hat, während bei Elisabeth offensichtlich das politische Kalkül vorherrscht und die private Leidenschaft ihm dient.
Das Bild solch scheinbar klarer Spiegelbildlichkeit verschiebt sich allerdings am Ende des Dialogabschnitts und schlägt um im nächsten. Auf Elisabeths anhaltende Verweigerung reagiert Maria doch politisch: Sie verzichtet auf Thron und Anerkennung und will nur noch die Freiheit (2379). Dieser politische Akt wird von ihr zwar wieder nicht als politische, sondern als persönliche Niederlage dargestellt (2382 ff.) und auf der persönlichen Ebene anschließend gleich widerrufen durch eine erneute Vision der Gleichrangigkeit (2386 ff.), ja der hyperbolischen Umkehrung der gegenwärtigen Situation (2400–2402). Aber auf der politischen Ebene enthält ihre Tirade eine eindeutige Aussage.
Damit scheint eine Wende im Gespräch erreicht, Elisabeth scheint gesiegt zu haben. Ihre Definition der Auseinandersetzung als ein vorwiegend politischer Konflikt hat sich offenbar durchgesetzt. Der weitere Verlauf des Dialogs wäre damit vorgezeichnet. Elisabeth müsste diesen Thronverzicht sofort politisch aufgreifen. Sie müsste, z. B., seinen förmlichen Charakter herausstellen und versuchen, ihn zu einer vertraglich abgesicherten Verzichtserklärung zu erweitern. Sie müsste ihn benutzen, um Maria politisch kaltzustellen. Ob Maria darauf einginge, hinge von Elisabeths argumentatorischem Geschick ab. Ob Maria damit wirklich aus dem politischen Spiel heraus wäre und Elisabeth ihr dann vielleicht sogar das Leben schenken könnte, müsste der Fortgang des Dialogs und des Dramas zeigen. Aber der Weg müsste in dieser Richtung beschritten werden. Mit Marias politischem Verzicht, so persönlich verbrämt er auch ausgesprochen wird, ist Elisabeth politisch, ist sie als Königin gefordert. Hätte Schiller den Dialog in dieser Weise fortgeführt, so hätte er damit die beschriebene Zwiespältigkeit zum eigentlichen Thema der Auseinandersetzung gemacht. In dieser Szene, und damit im Stück überhaupt, ginge es dann um den Konflikt zwischen privater und politischer Sphäre, zwischen Menschlichkeit und Staatsräson. Dass dieser Konflikt sich offensichtlich hinter dem Rücken der Personen abspielt, dass sie selbst mit ihm nicht umgehen können und beide Ebenen in beiden Figuren vermischt erscheinen, hätte das Bild nur komplexer gemacht, das Thema vertieft.

3. Doch Schiller führt den Dialog nicht in dieser Weise fort. Seine Elisabeth reagiert nicht königlich, sondern als weibliche Rivalin. Sie baut nicht den politischen Sieg aus, sondern sie genießt den privaten Triumph (2403). Je länger sie redet (2407 ff.), desto tiefer verstrickt sie sich in einer Argumentation, die Maria durch Anspielungen auf ihre Weiblichkeit persönlich zu demütigen sucht. Nach Marias Einwurf (2411 ff.) wird vollends deutlich, dass Elisabeth die politische Ebene verlassen hat und es ihr nur noch darum geht, Maria als weibliche Nebenbuhlerin zu vernichten, ihre verhassten Reize zu diffamieren – und das ausdrücklich vor dem anwesenden Mann (2413).

Es ist daran zu erinnern, dass diese Ebene der Auseinandersetzung für den Zuschauer nicht völlig überraschend kommt. Am Ende des II. Aufzugs hatte Elisabeth gezeigt, wie sehr sie die Konfrontation mit Maria auch als Auseinandersetzung mit deren viel gepriesener Weiblichkeit begreift, durch die sie sich bedroht fühlt. Elisabeths Gesprächsführung bis jetzt hatte aber diesen Aspekt zurücktreten lassen; dass er nun derart dominiert, war nicht zu erwarten.

Für die Interpretation ist beides wichtig: wichtig, wie breit Schiller Elisabeth bisher die politische Ebene ausagieren ließ, und wichtig, wie entschieden er sie jetzt überwechseln lässt in den nur noch privaten Streit. Das eine führt dem Zuschauer vor Augen, wie bedeutend die Sachprobleme dieser Auseinandersetzung sind; das andere, wie wenig *beide* Königinnen an diesen Sachproblemen interessiert sind, wie sehr der eigentliche Konflikt für beide Frauen auf einer persönlichen, privaten Ebene abläuft, die geschieden ist von der Ebene ihrer politischen Rollen. Das aber zeigt, dass auch dem Autor die politische Ebene weniger wichtig ist, als die breite politische Argumentation auf den ersten Blick vermuten lässt – dass ein Konflikt zwischen politischer und privater Ebene von ihm gar nicht intendiert war und der Widerspruch zwischen beiden, wie ihn die Analyse zutage fördert, ohne seine Absicht in den Dialog und das Drama hineingekommen ist.

Die Interpretation darf solche Diskrepanzen zwischen der objektiven Gestalt des Dramas und der subjektiven Gestaltungsabsicht des Autors nicht verschweigen, sondern muss sie offen legen. Die bisherigen literaturwissenschaftlichen Deutungen des Dialogs und des Dramas haben weitgehend Schillers Selbstanspruch zum Maßstab der Interpretation gemacht und dementsprechend seinen Begriff eines Allgemeinmenschlichen als Leistung gefeiert. Erst die unvoreingenommene Analyse macht deutlich, wie hoch die Kosten sind, die Schiller für seinen Begriff eines „Menschlichen" jenseits aller politischen und sozialen Rollenfixierung des Menschen zahlt (s. unten, Kap. 4.2).

Für Elisabeth bringt der Rollenwechsel keine Vorteile. Hier, wo sie nicht mehr ihre politische Macht ausspielen kann, sondern sich auf gleichem Feld wie die Rivalin bewegt, ist Maria ihr überlegen. Maria nimmt die Provokation auf, lässt alle politische Vorsicht fahren und schlägt zurück.

Es folgt derjenige Teil des Gesprächs (2421 f.), der der Szene ihren schlechten Ruf eingetragen hat. Goethe sprach von „den zwei Huren", Schlegel vom „Gezänk zweier Weiber", Brecht schrieb die Szene um in den Streit zweier Fischweiber. Für ein solches Urteil braucht es keinen bösartigen Blick, sondern nur etwas weniger Klassikerverehrung als in der deutschen Literaturwissenschaft üblich. Die Lesart ist vom Text gedeckt: Eine Königin, die eine andere Königin „Hure" schimpft, worauf diese mit „Bastard" antwortet. Die politische Auseinandersetzung zweier europäischer Fürstinnen in einer Situation von welthistorischer Bedeutung, die auf solcher Ebene ausgetragen und entschieden wird: Das ist eine Zumutung.

Die Zumutung liegt darin, dass hier offen sexuell argumentiert wird und das von zwei Frauen, die so etwas angeblich nicht tun, oder wenn, dann nicht in der Hohen Tragödie. Dieses Tabu zu durchbrechen, war sichtlich Schillers Absicht. Die Zumutung liegt aber auch darin, dass in der Demontage der Elisabeth Züge eines fatalen Frauenbildes sichtbar werden – dies ohne Absicht des Autors. Politik, sagt diese Szene, ist für eine Frau als Königin nicht ihr Interesse und nicht ihr Metier. Die beachtliche Rolle, die sie in ihr spielt, ist Folge einer widernatürlichen, durch Schicksal und Religion erzwungenen Verzichtleistung (vgl. 1377–1387); sie kann diese Rolle nicht durchhalten; der erzwungene Verzicht hat ihren natürlichen Charakter verbogen, ihre Menschlichkeit zerstört. Denn die Bestimmung der Frau ist der Mann, nur in ihm kann sie sich selbst erfüllen.

Es scheint uns wichtig, festzuhalten, wie diffamierend Schiller in der Figur der Elisabeth mit Frauen umgeht. Der Gegensatz Menschlichkeit – Politik ist ja mit Elisabeths Absturz ins Allzumenschliche nicht aus dem Drama herausgenommen, sondern im Antagonismus Burleigh – Maria weiterhin präsent. Gerade das ist bezeichnend: Nicht die Frau, nur der Mann kann den Sachanspruch und die Strenge des Politischen angemessen repräsentieren.

Allerdings: Auch wenn diese Lesart, wie gesagt, vom Text gedeckt ist, Schillers Lesart ist es nicht. Die diffamierenden Züge seines Frauenbildes waren ihm nicht bewusst (vgl. unten Kap. 4.4). Elisabeth wird deshalb negativ gezeichnet, weil er Maria gut stellen will. Lässt man sich auf diese Absicht Schillers ein, muss die bisherige Lesart der Dialogpassage differenziert werden. Elisabeth ist nicht nur ein keifendes Weib, sondern auch eine verzweifelte Frau, die mitansehen muss, dass die Verzichtleistung ihres gesamten Lebensentwurfs vor dem bloßen Naturdasein der anderen hinfällig zu werden droht. Und Maria ist nicht nur das von Glück und Schicksal begünstigte Naturwesen, sondern der bewusster lebende Mensch, der die ungewöhnliche Kraft seiner Selbstidentität gerade aus der Ablehnung aller Rollen gewinnt, in die Elisabeth sich so widersprüchlich verstrickt.

Auch hier macht Schiller die Bühnenanweisungen zum wichtigen Qualifikationsträger: „mit einer edlen Würde“ (nach 2420) soll Maria das nun Folgende sprechen. Inhaltlich greift ihre Rede das zentrale Schein-Sein-Thema der vorangegangenen Akte wieder auf (2421–2429). Trotz ihrer Verfehlungen weiß sie sich moralisch der Gegnerin überlegen, denn sie hat ihre Verführbarkeit nie verborgen. Elisabeth jedoch habe ihren wahren Charakter, die „wilde Glut verstohlener Lüste“ (2429), hinter einem täuschenden „Ehrenmantel“ (2428) vor der Welt versteckt.

Das ist eine für Schillers Menschenbild zentrale Denkfigur. Sie sagt: Die eigentliche Moralität des Menschen liegt nicht in der Erfüllung ethischer und sexueller Normen, sondern bewährt sich im Umgang des Menschen mit sich selbst, in der ehrlichen Einstellung zu seiner Triebnatur im Hinblick auf die (vorhandenen und notwendigen) Normen. Offene Ehrlichkeit und Selbstidentität sind wertvoller als bloße Regelbefolgung, denn bloße Regelbefolgung spaltet die eigene Person auf in öffentliche Rolle und heimliche Triebhaftigkeit und zerstört damit den Kern der moralischen Persönlichkeit. In Marias leidenschaftlichen Sätzen beschwört Schiller gegen die verklemmte Triebunterdrückung von Elisabeths Puritanismus seine

idealistische Vision eines mit seiner Triebnatur versöhnten, darin mit sich selbst identischen und deshalb wahrhaft moralischen Menschen. Schiller beschwört diese Vision nicht nur: In der Sicherheit, mit der Maria aus ihrer Selbstidentität die Kraft zu Verteidigung und Angriff zieht, wird Schillers Vision in seinem Drama ästhetisch realisiert und nicht nur als utopisches Ziel, sondern als mögliche Gegenwart ästhetisch vorgestellt. Die Reduktion des politischen Gegensatzes zwischen den Königinnen auf einen nur menschlichen ist von Schiller vorgenommen worden, weil ihm eine andere Entgegensetzung viel wichtiger war: der Gegensatz zwischen dem in Einheit mit sich selbst lebenden und dem in Rollenschein und Triebnatur aufgespaltenen Menschen (vgl. unten, Kap. 4.4).
Um diese Rückführung auf den, in Schillers Augen allein wichtigen, Kern der Auseinandersetzung zu leisten, nimmt der Text viel in Kauf: die Auslöschung aller politischen Inhaltlichkeit wie den Weg über ein hemmungsloses Freisetzen weiblichen Sexualneides und Hasses. Dieses Letztere geschieht nicht nur auf Seiten Elisabeths: „mit einer edlen Würde", das ist nur eine Seite von Marias Auftrumpfen in dieser Szene; „von Zorn glühend" ist die andere. Von dem intendierten Zielbild eines glückhaft mit sich selbst versöhnten Menschen ist Maria noch weit entfernt, noch tritt sie mit verzerrtem Gesicht auf. Dazu gehört sowohl die hemmungslose Emotionalität, der sie sich hingibt – eine ihrerseits vor keiner Diffamierung der Gegnerin zurückschreckende Vernichtungswut –, wie auch der erneute Anspruch auf eine politisch-gesellschaftliche Rolle, die sie aus ihrer moralischen Überlegenheit ableitet (2450 f.). Vom Affekt wie vom Rollenanspruch wird sie sich im weiteren Verlauf des Dramas „reinigen", um endgültig in Harmonie mit sich selbst zu kommen und zur „schönen Seele" in der Definition Schillers zu werden. Hier, in der Mitte des Stücks, braucht Schiller ihren wütenden Ausdruck nicht nur, um zu zeigen, welch weiten Weg die Stuart noch zurücklegen muss. Er braucht ihn zugleich, um der Zentralszene dramaturgisch den wirkungsvollsten Abschluss zu geben, durch die Freisetzung möglichst großer Affektenergien.
Dieser Abschluss (2435 ff.) ist von Schiller kunstvoll inszeniert. Sieben Zeilen lang darf Maria ausfantasieren, was sie gleich tun will, nämlich, die andere vernichten: ein sorgsames, sich selbst berauschendes Hochpumpen der eigenen Energie (2437–2443). Dann eine Unterbrechung, Männer treten in den Weg, eilen geschäftig über die Szene und versuchen die Gegnerin zu retten; die aber steht inmitten des Gewühls der Maria gegenüber, bereits gebannt von deren Gewalt: ein Blickduell, „sprachlos" in der eisigen Luft der beiden weiblichen Giganten; dann schlägt Maria zu und schießt ihre Wortpfeile ab: „Bastard", „listige Gauklerin", „ihr [...] im Staube", „ich [...] König".
Und siehe da: Wo eben noch der Feind stand, ist nichts mehr. Die Königin ist ganz „schnell" weg, das Gefolge kurz darauf ebenfalls. Das hat funktioniert wie im Traum. Der Gegner ist nicht nur vernichtet, er ist verschwunden. Auf dem Platz ist nur noch das siegreiche, alles überragende Ich. Welch ein Triumph für die Spielfigur und den sich identifizierenden, mitgerissenen Zuschauer!
Was Schiller hier inszeniert, ist eine fantasierte Wunscherfüllung. Jeder kennt sie, die großmächtige Potenzfantasie, in der der Feind mit bloßen Blicken und

Worten vernichtet wird und auf einen Schlag alle erlittenen Beleidigungen gerächt sind. Schiller erlaubt sich und seinem Zuschauer, einmal diesen Traum in einer wirklichen (Spiel-)Figur auszuagieren, statt ihn immer nur in der eigenen Wunschwelt verschlossen zu halten.
Schiller wäre nicht Schiller, und der Traum vom allmächtigen Ich wäre öffentlich nicht akzeptabel, wenn es dem Autor nicht gelänge, die bloße Überlegenheitsvision noch zu steigern, sie moralisch zu begründen: „regierte Recht, so läget *ihr* vor mir im Staube jetzt, denn *ich* bin euer König!" (2450f.) Nicht „Königin", sondern „König": Maria sieht sich erhoben bis zur Inanspruchnahme des Gattungsnamens. Ironie der Sprache, dass sie damit auch ihre Weiblichkeit hinter sich lässt.
Für das Bild der Maria bedeutet diese Passage viel. Sie, die das ganze Drama hindurch bisher eher reaktiv erschien, eine Spinne im Netz, vor der alle sich fürchten, die aber von sich aus kaum handelt: Sie ergreift nun die Initiative. Einmal im Stück kann sie die Macht ihrer Persönlichkeit ausspielen, als Königin wie als Frau. Und sie kann zeigen, warum sie so gefürchtet wird: Kaum lässt man sie aus dem Kerker heraus, ist sie bereits souverän Herrin der Szene.
Allerdings, der Glanz und die affektive Kraft des Auftritts können die Zwiespältigkeit des Vorgangs nicht verdecken. Marias Triumph bedeutet zugleich den Weg zum Schafott. Äußeres und inneres Schicksal der Figur treten in dieser Szene endgültig auseinander. Schiller liebt in der Mitte seiner Dramen solche Szenen, in denen Figuren auf eine emotionale und geistige Höhe geführt werden, die vom realen Verlauf nicht eingelöst wird (vgl. *Don Carlos, Wallenstein I.*). Sollte der Zuschauer diesen Aspekt vergessen haben, bringt ihn die Kennedy im nächsten Auftritt in Erinnerung (2452f.), ohne allerdings ihre Herrin damit zu erreichen.

III,5 In Schillers Affektdramaturgie bedeutet die kurze Zwischenszene einen Augenblick des Atemholens zwischen dem Triumph und dem Absturz der Maria. Maria jubelt über den Sieg, aber die Kennedy warnt vor der Rache der beleidigten Elisabeth und rückt dabei den wichtigen Aspekt ins Blickfeld, dass die Auseinandersetzung von beiden auch als Kampf um den begehrten Mann, als Balzgehabe geführt wurde. Maria bestätigt es: „Vor Leicesters Augen hab ich sie erniedrigt!" (2464) Damit ist der Übergang zu Mortimers Auftritt vorbereitet.

III,6 Mit Mortimers Erscheinen ist Marias Triumph vorbei. Noch ehe er das erste Wort mit ihr wechselt, tritt er als Herr der Szene auf („Ich hörte alles.", 2468) und schickt die Kennedy fort, als sei sie *seine* Magd. Maria ist wieder fremdem Willen ausgeliefert. Jetzt ist es nicht die hassende Feindin, sondern der liebende Mann, dessen sie sich erwehren muss.
Ihr wird dieser Situationswechsel erst allmählich bewusst. Während Mortimer ihr schon mit verbalen Zudringlichkeiten auf den Leib rückt, hängen ihre Gedanken noch an dem imaginären Leicester. Erst als der anwesende Mann unüberhörbar die Stelle des abwesenden beansprucht (2492), nimmt Maria ihn überhaupt wahr: „Ach, was vermögt ihr!" (2493) Ihrer Geringschätzung setzt er die Aussichtslosigkeit ihrer Lage und die „Kühnheit" (2498) seines Planes entgegen. Daraufhin hört

sie ihm wenigstens zu, zwiespältig zwischen letzter Hoffnung auf Errettung und Schrecken über die geplanten Ungeheuerlichkeiten. Mortimer nimmt ihre Distanz nur als Widerstand auf, an dem er sich weiter entzündet. Er hatte schon das Streitgespräch so erlebt, wie es seinem Begehren dienlich war, Marias Selbstbehauptung als Entfaltung erotischer Reize gesehen (2476ff.), den Bruch mit der Königin als Auslieferung der Geliebten an ihn (2495ff.). Er nutzt jetzt ihre Desorientiertheit rücksichtslos für sich selbst aus, von der direkten Liebeserklärung (2528–2533) über den Umarmungsversuch (2539) und die sexuellen Berührungsfantasien (2554–2563) bis zur körperlichen Attacke (2580) und dem Ausspielen jener unsäglichen, männlichen Rollendominanz, in der Sexualität und Besitzwillen eine selbstsüchtige Allianz eingehen (2547f.), die die Beziehung jeder Individualität entkleidet (2582ff.) und die Frau zum Objekt, der Lust wie der männlichen Willkür, erniedrigt: „Erzittern sollst du auch vor mir!“ (2591)
Hatte Mortimers begeisterte Schilderung von Marias großem Auftritt zu Beginn der Szene (2469–2479) noch etwas von ihrer schönen und stolzen Erscheinung zum Leuchten gebracht, so haben seine Worte jetzt mit ihr selbst nichts mehr zu tun, versucht er nur noch, sie sich untertan zu machen. Innerhalb der einen Szene ist Maria von der strahlenden Siegerin zum ohnmächtigen Spielball fremden Willens geworden. Ihr bleibt nur noch die Flucht. Im richtigen Moment, im Augenblick des gewaltsamsten Anspruchs, kippt die Szene durch Eingriff von außen um (2592). Mortimer wird abgelenkt, Maria erhält Gelegenheit zur Schlusssentenz und zum Abgang. Die weitere rasante Verschlechterung ihrer Situation wird in ihrer Abwesenheit vorgeführt.

III,7–8 Nach dem Höhepunkt Schiller'scher Affektdramaturgie folgt ein Höhepunkt seiner Handlungsdramaturgie. Die Figuren haben auf der Bühne leidenschaftlich ihre Pläne gegeneinander verfolgt, aber im Hintergrund hat sich bereits die Geschäftsgrundlage geändert. Plötzlich erfahren sie, dass die Herrschaft über das Geschehen schon längst nicht mehr in ihrer Hand liegt. Der Umsturzversuch ist erstens bereits ohne Mortimer abgelaufen und zweitens bereits misslungen, die Verschwörung zerschlagen.
Die plötzliche Information einer Handlungspartei über die Diskrepanz zwischen ihrem bisherigen Wissen und der Wirklichkeit heißt „Anagnoresis“; sie gilt, seit Aristoteles, in der klassischen Dramaturgie neben der „Peripetie“ als konstituierendes Moment dramatischer Handlungsführung. Mit ihr ist die endgültige Wendung des Dramas vollzogen.
Alle Pläne zur Rettung Marias sind gescheitert, ihr eigener, von Leicester vorangetriebener Plan einer Versöhnung mit Elisabeth ebenso wie der von Mortimer betriebene einer gewaltsamen Befreiung. Beide Pläne haben nicht nur ihr Leben nicht retten können, sondern fördern, tragische Ironie, nun endgültig ihren Tod. Denn mochte Elisabeth vorher noch gute Gründe für ihr Zögern gehabt haben, nach Streit und Attentat muss nun auch sie die Ausfertigung und die Vollstreckung des Urteils betreiben. Mortimer weiß es: „Jetzt, ja, jetzt musst du sterben, / Dein Engel selbst bereitet deinen Fall.“ (2634f.)

Zwei Bemerkungen noch zum Aufbau der Szenen. Man hat Erwägungen darüber angestellt, ob Schiller hier nicht dem Zufall zu viel Raum eingeräumt habe, und diesen Einwand mit dem Hinweis auf die sorgfältige Motivierung des Geschehens entkräftet. Uns scheint die Argumentation schief. Es gehört zum dramaturgischen Handwerk, dass der Inhalt des turbulenten Geschehens vom Autor ausreichend motiviert wird; dem widerspricht gerade nicht, dass der Zeitpunkt, zu dem die Ereignisse geschehen, oder der, in dem sie bekannt werden, vom Zufall bestimmt ist. Der Interpret sollte diesen Zufall herausstellen, statt ihn zu verdecken. Denn ohne ihn wäre einer noch größeren Intelligenz die Berechnung der Ereignisse möglich gewesen. Das aber will Schiller ausschließen. Die Handlungen seiner Figuren setzen Geschehensabläufe in Gang, deren Zusammenspiel von keinem der daran beteiligten Einzelnen mehr zu kontrollieren ist.

Zum anderen: Das Ziel dieser Szenenfolge ist klar, Absturz der Handlung von Marias Triumph zur Hoffnungslosigkeit der realen Situation. Angesichts dessen erstaunt der Zickzackkurs des Weges: Warum erst das (falsche) Gerücht von Elisabeths Ermordung und dann erst die vernichtende Nachricht vom raschen Scheitern des Aufstands? Offensichtlich lag Schiller daran, auch den Zuschauer in ein Wechselbad von Hoffnungen und Enttäuschungen zu versetzen, um ihm das Scheitern sinnlich erfahrbar zu machen. Ein bloßer Bericht über das Misslingen des Anschlags wäre zu Lasten der Spannung gegangen. Die Falschnachricht lässt Figuren und Zuschauer für einen Augenblick die Turbulenz des Anschlags selbst nachempfinden. Der Zuschauer muss so die Position des Besiegten selbst mit einnehmen, statt aus der sicheren Position des Siegers den Betroffenen auf der Bühne verzweifeln zu sehen.

Eigenartig bleibt am Anfang des 8. Auftritts Mortimers Reaktion (2605–2610). Es ist verständlich, dass er Zeit braucht, die unerwartete Situation zu verarbeiten. Aber warum ist das, was er doch wollte, jetzt, da es eingetreten ist, „grässlich"? Wird ihm bewusst, dass das Gelingen des Überfalls bedeutet hätte, dass Maria den Thron bestiegen und möglicherweise sich seinem Willen, sie als Mann zu besitzen, entzogen hätte? Schiller gibt keine Antwort und lässt kaum Zeit für die Entfaltung der Frage. Okellys Auftritt bringt den erneuten Umschwung: Sachbericht und tiefste Enttäuschung (Mortimers zweimaliges „Sie lebt!", 2619 ff.) strudeln durcheinander, dann noch einmal ein „langes Stillschweigen", in dem Mortimer (mit ihm der Zuschauer) sich sammeln kann; dann die Beschreibung der hoffnungslosen Endsituation.

Die Peripetie des Dramas ist damit abgeschlossen, die Handlung unter großem affektiven Aufwand so weit abgestürzt, dass Spannung im Folgenden nur noch durch kunstvolle retardierende Momente aufkommen kann. Der Zuschauer kann und soll sich nun auf das Wie der Urteilsausfertigung (IV) und das Wie von Marias Sterben (V) konzentrieren.

IV. Aufzug

Der IV. Aufzug zieht die Konsequenzen aus der doppelten Katastrophe des III. (Scheitern des Versöhnungsgesprächs und Scheitern des Attentats). Er lebt von der Spannung, wann und wie das Urteil an Maria nun vollstreckt werden soll. Im IV. Aufzug verschlechtert sich Marias Situation weiter: Der französische Botschafter muss außer Landes, Mortimer tötet sich, Leicester wechselt zu Elisabeth. In diese „fallende" Handlung ist ein „retardierendes Moment" eingebaut: Elisabeths Unentschlossenheit zögert die Entscheidung über die Urteilsvollstreckung bis zum Ende des Aufzugs hinaus. Die Zeit bis dahin ist angefüllt mit Auseinandersetzungen im zweiten Glied, Burleigh gegen Leicester, Leicester gegen Mortimer, Burleigh gegen Shrewsbury.
Nach Marias Akt (I) und Elisabeths Akt (II) ist dies der Akt der männlichen Nebenfiguren. Sie streiten um Einflussnahme auf Elisabeths Entscheidungen. Damit enthält der IV. Aufzug ein zentrales inhaltliches Thema: Schillers Vorstellung von politischem Handeln und dessen Verfallensein an Schein und Unfreiheit.

IV, 1–2 Drei Repräsentanten artikulieren die allgemeine Bestürzung des englischen Hofes über den Attentatsversuch (2641–2648); in der allgemeinen Verwirrung erscheint Burleigh. Der Mann mit den „tausend Augen" (2972) hat in der Zwischenzeit Material gegen seine Gegner gesammelt. Dies ist seine Stunde. Er nutzt sie und treibt zielbewusst die Handlung voran: Der Hinrichtungsbefehl muss unterschrieben (2648 ff.), die Gegenspieler müssen ausgeschaltet werden. Zuerst ist der französische Botschafter an der Reihe. Burleigh zeigt sich als Meister des politischen Handwerks. Sukzessive blättert er dem ahnungslosen Aubespine hin, was er, Burleigh, inzwischen weiß und wovon Aubespine (wie die anderen) keine Ahnung hat, dass Burleigh es weiß: Beweise der Mittäterschaft am Komplott. Die Szene endet mit einer verdeckten Kriegserklärung zwischen England und Frankreich und mit großer Souveränitätsgeste Burleighs (2695). Der Zuschauer weiß, dass der Krieg zu Englands Sieg über die Armada führt.

IV, 3 Die nächste Runde, gegen Leicester, verläuft nicht so glatt. Leicester, der eben Burleighs Machtwissen vorgeführt bekam, versucht eine Vorwärtsverteidigung und greift Burleigh an. Der schlägt zurück. Er kennt inzwischen Leicesters Komplizenschaft mit Maria (ein verräterischer Brief Marias wurde von ihm abgefangen, vgl. 2779 ff. – weiterhin 2858, 2876, 2923 ff.). Schon seine Andeutungen darüber müssen Leicester aufs Höchste alarmieren („Weh mir, wenn er Beweise hat", 2743; vgl. auch 2702 f.). Burleigh allerdings gönnt, allzu selbstsicher, Leicester eine Atempause (2739 f.). Der Graf, nicht weniger geschickt im politischen Ränkespiel als sein Gegner, weiß sie zu nutzen. So erreicht Burleigh sein politisches Ziel später nur auf Umwegen – nicht, indem er Leicester einfach ausschaltet, sondern nur, indem er ihn in sein Lager hinüberzieht.

IV,4 Wurde bisher politisches Handeln am Hof nur vorgeführt, so wird es jetzt thematisiert, in Leicesters Selbstreflexionen, wie in der Figurenkonstellation Leicester – Mortimer.
Im Monolog nimmt Leicester das Thema „Schein“ aus dem II. Aufzug ausdrücklich wieder auf. Nicht, was er tatsächlich gewollt hat, macht ihm zu schaffen, sondern einzig, in welchem Licht er nun vor Elisabeth „erscheint“ (2747; 2752). Von diesem Schein hängt seine (höfische) Existenz ab, um derentwillen er sich nun aus allem wieder herausziehen wird, in das er sich bisher vorsichtig eingelassen hatte. Zufall, Glück und Skrupellosigkeit werden ihm dabei helfen.
Just in diesem Moment kommt Mortimer ihm in den Weg, will ihn zur letzten Rettungsaktion bewegen und liefert ihm dabei die Informationen (2775ff.), die Leicesters Einsatz für Maria endgültig illusorisch machen und ihn damit zum schnellen Frontwechsel gegen sie bewegen. Die Verhaftung Mortimers ist ein Vabanque-Spiel: Sollte Mortimer nach der Verhaftung geständig sein, könnte Leicester nur auf seine größere Glaubwürdigkeit bauen. Der jugendliche Held enthebt ihn allerdings solcher Sorgen und tötet sich selbst. Schiller gibt keine Auskunft darüber, ob Leicester diese gradlinige Reaktion vorausberechnet hat.
Dem in den höfischen Schein, die politische Macht- und Selbstbehauptung verstrickten Leicester wird in Mortimer ein Charakter entgegengestellt, der in der Situation des Scheiterns nicht nach Auswegen sucht, sondern sich auf sich selbst besinnt, auf die Inhalte und Werte seines bisherigen Lebens, die er höher schätzt als sein Leben selbst. Psychologisch eindringlich (und sachlich bedenklich) verquickt er noch einmal seine erotischen Wünsche und seine religiösen Hoffnungen miteinander (2819f.), aber er gewinnt den für Schillers Menschenbild höchsten Wert zurück, die Fähigkeit zur Selbstbestimmung, zur Unabhängigkeit gegenüber allen politischen Zwängen und selbstsüchtigen Überlebenswünschen, kurz: Freiheit (vgl. 2806f.; 2809f.).

IV,5 Dann wechselt Schiller mitten im Aufzug den Schauplatz. Der harte Schnitt (es gibt ihn in diesem Drama nur noch ein weiteres Mal, nach Marias Tod im V. Aufzug) unterstreicht Bedeutung und Wirkung des Selbstmordes.
Der zweite Teil des IV. Aufzugs spielt in Elisabeths Gemächern und bringt die endgültige Ausfertigung des Todesurteils. Leicester, um sich von Burleighs Verdacht zu reinigen, fordert jetzt selbst die Unterschrift (IV, 5 und 6); auch das Volk drängt Elisabeth, was aber bei ihr eher Widerstand wachruft, den Shrewsbury unterstützt („retardierendes Moment“, IV, 7–9). Ihr Monolog scheint noch einmal alles in Schwebe zu bringen, dann erst entschließt sie sich zur Unterschrift (IV, 10); erneute Verzögerung („Moment der letzten Spannung“), als Elisabeth die Entscheidung zur Weitergabe auf Davison abwälzt (IV, 11); doch dann reißt Burleigh ihm das Urteil aus den Händen und wird die Vollstreckungsbefehle erteilen (IV, 12). Damit ist der Spannungsbogen am Ende. Der V. Aufzug ist nur noch Vollzug. Die einzelnen Szenen dieses Handlungsablaufs werden mit inhaltlichen Themen angereichert; das sichert der abfallenden Handlung weiterhin Interesse.

IV,5–6 Die beiden Szenen zeigen Leicesters Rückkehr in die Partei Elisabeths. Schiller arrangiert sie als Sieg taktischer Intelligenz über den Gegner und als Sieg männlichen Selbstbewusstseins über weibliche Hilflosigkeit.
Elisabeth ist durch Burleighs Bericht in die Hölle der Enttäuschung gestürzt worden. Hass auf den immer noch geliebten Mann, wilde Rachefantasien gegen ihn und die Rivalin (2844f.), Selbstzweifel und Verunsicherung (2837) bilden eine höchst labile psychische Mischung, die prompt umschlägt, sobald der Mann im richtigen Moment von fern sich zeigt (2871). Es ist die stereotype Rollenverteilung, in der die Frau dem Mann hilflos ausgeliefert ist und der Mann das weiß und ausspielt. Entsprechend selbstsicher tritt Leicester auf (2879f.). Die ersten vierzig Verse, immerhin ein Viertel der Szene, sind nichts anderes als unverschämt berechnete Demonstration männlicher Sicherheit und Überlegenheit.
Erst die Konfrontation mit dem Brief (2923), den er durch Mortimer bereits kennt, verlangt ihm andere Leistungen ab als nur viriles Auftreten. Mit gewohnter Virtuosität liefert er eine neue, zumindest nicht widerlegbare Verknüpfung der Fakten (2938ff.). Als das nicht ausreicht, demonstriert nun auch er Hintergrundwissen als Machtwissen (2960ff.). Er veröffentlicht Elisabeths geheimes Spiel mit Mortimer und zeigt, dass er über dieses mehr weiß als Burleigh. So zieht er Burleigh den Boden unter den Füßen weg. Dann nutzt er Elisabeths Verwirrung, um erneut als Mann, ganz treuer Liebhaber, gegen den Rivalen aufzutrumpfen (3011–3014). Das reicht zwar nicht, um Elisabeth zu überzeugen, aber es reicht, um Leicester wieder ins Spiel zu bringen. Elisabeth flüchtet sich, mit einer wohl als weiblich gemeinten Logik, in die einzige, noch verbleibende sichere Emotion, den Hass gegen „die Verhasste, die / Mir all das Weh bereitet“ (3018f.).

IV,7–9 Die Auseinandersetzung innerhalb dieses Aufzugs spitzt sich zu. Auf der einen Seite tritt das Volk auf und fordert die Hinrichtung, auf der anderen Shrewsbury und warnt. Auffällig ist Schillers Verwendung der „dramatis persona“ Volk. Im *Wallenstein* hatte er kunstvoll Massenszenen ausgearbeitet und den in ihnen auftretenden Soldaten dramatisches Gewicht verliehen. In *Maria Stuart* ist jede direkte Darstellung von Massenszenen der Stilisierung zur Hohen Tragödie zum Opfer gefallen. Das Volk kommt nur indirekt durch Boten auf die Bühne, sein dramaturgisches Gewicht ist minimal. 3092 droht es angeblich, die Bühne zu stürmen, dann hält es still, bis die Szene vorüber ist; schließlich genügen ein paar Worte von Talbot, um es zu beruhigen. „Volk“ ist hier nur Kulisse zum dramaturgischen Zweck; der Autor scheint es ebenso zu verachten wie seine Figuren (3260ff.).
Auffällig auch, wie Elisabeth auf den Aufruhr reagiert. Sie könnte doch froh sein. Sie will doch den Tod der Stuart, warum ergreift sie nicht die Gelegenheit und lässt sich nötigen? Stattdessen reagiert sie empört (3063). Noch wichtiger als der Tod der Stuart scheint ihr zu sein, dass sie sich unter keinen Umständen zwingen lassen will. Aber woher dann ihre große Sorge vor der „Stimme der Welt“ (3070f.)? Der folgende Monolog wird tief in diesen Widerspruch hineinführen.
Mit Shrewsbury werden die zur Vollstreckung drängenden Kräfte ein letztes Mal

aufgehalten. Vor Elisabeths Entscheidungsmonolog kommen damit noch einmal alle drei Parteien des Hofes, alle Spielarten politischen Handelns zu Wort: vorhin der persönliche Machtwille (Leicester), jetzt der Streit zwischen dem Anspruch der Staatsräson (Burleigh) und der Forderung nach Gerechtigkeit als Maßstab politischen Handelns (Shrewsbury; aus taktischen Gründen nur mit der zurückgenommenen Forderung, die Grenzen nicht zu überschreiten, die ein gekröntes Haupt vor dem Beil schützt: Schillers Verknüpfung dieses historischen Argumentes mit den blutigen Erfahrungen der französischen Revolution ist unüberhörbar). Elisabeth führt die Sachauseinandersetzung Burleigh – Shrewsbury, Staatsräson – Recht, nicht weiter, sondern wechselt die Ebene und wird privat (3139 ff.). Ob man ihr die Verzweiflungstirade glaubt, ist eine Sache der Interpretation. Schiller balancierte sichtlich auf dem schmalen Grat, einerseits der Figur eine gewisse emotionale Tiefe und Fülle zu geben und andererseits daran festzuhalten, dass sie die Macht will und Macht zu gebrauchen weiß. Ihm lag wohl daran zu zeigen, dass bei dieser Königin subjektiv motivierte Emotionalität und politisches Kalkül einander nicht ausschließen, sondern ergänzen. Immerhin gibt er ihr genug kaltblütige Überlegenheit, um den Mann mit dem Urteil in der Tasche abrufbereit vor der Tür warten zu lassen (3289).

IV, 10 Es folgt der große Monolog der Elisabeth. Die lange Bühnenanweisung am Ende der vorigen Szene unterstreicht seine Bedeutung und gibt mit Shrewsburys „Ausdruck des tiefsten Schmerzes" eine Vorahnung auf sein Ergebnis. Dramaturgisch fällt in dieser Szene die Entscheidung über die Zentralfrage von *Maria Stuart*, ob das Urteil an Maria nun vollstreckt wird oder nicht. Inhaltlich werden alle wichtigen Themen des Dramas noch einmal aufgegriffen. Charakterologisch geht es um die Frage nach Elisabeths Entscheidungsgründen. Wir wissen, dass sie sich für den Tod der Maria entscheiden wird; warum, das erfahren wir erst jetzt. Erst diese Szene wird den bisher so widersprüchlichen Charakter der Elisabeth festlegen, für den Zuschauer und vielleicht auch für die Figur selbst.
In Schillers Drama gibt es den Szenentypus „Entscheidungsmonolog der Hauptfigur" mit einer Bedeutung, die nach ihm von keinem anderen Autor erreicht und nur von wenigen angestrebt wurde. Den Handlungsdramatiker Schiller reizte die Möglichkeit, alle Handlungsfäden zusammenzuführen dorthin, wo die miteinander kämpfenden Kräfte sich für einen Augenblick höchster Spannung gegenseitig in der Waage halten: das ruhige „Auge" im Zentrum des tobenden Wirbelsturms. Und dem Charaktergestalter Schiller lag daran, diese Situation auf des Messers Schneide als den Augenblick individueller Wahl und Entscheidung darzustellen (vgl. Fiescos Monolog III, 2) oder doch als den Augenblick der Einsicht, dass individuelle Wahlfreiheit nicht mehr gegeben ist (*Wallensteins Tod* I, 4).

Dem Monolog Elisabeths kommt damit eine ähnliche Schlüsselstellung für das Stück und für Schillers Menschenbild zu wie der Begegnung der Königinnen in III, 4. Das fordert eine eingehende Interpretation dieser Szene. Der Monolog lässt sich dafür in drei Abschnitte einteilen.

1. 3190–3199 Bereits die erste Zeile zeigt die Richtung von Elisabeths Argumentation an. Sie greift weder Burleighs Forderung nach Staatsräson auf noch Shrewsburys Appell an ihren Gerechtigkeitssinn. Für sie bedeuten beide Forderungen eine Zumutung, die sie abzuschütteln sucht: „Sklaverei des Volksdienstes! Schmähliche Knechtschaft!" (3190f.) Das ist mit großer Vehemenz vorgetragen und hat Signalwirkung. Schiller begründet ihre Entscheidung nicht aus den Pflichten ihres politischen Amtes, sondern aus Elisabeths Aversion gegen die Zwänge dieses Amtes. Sie beginnt keineswegs mit der Anfrage beim „höhern Richter" (3187), sondern mit einem Ausbruch der eigenen Wünsche, und was sie will, ist vor allem „Freiheit": „Wann soll ich frei auf diesem Throne stehn!" (3193) Um die Möglichkeit der Freiheit dreht sich der gesamte folgende Monolog.

2. 3200–2327 Der Absatz vor 3200 markiert Pause und Themenwechsel. Nun scheint es doch um Inhalte, nämlich um Gerechtigkeit und um den Konflikt zwischen Rolle („Gewalttat", 3203) und Person („Hab ich [. . .] Willkür gehasst mein Leben lang", 3200f.) zu gehen. Das wäre einsichtig. Denn gäbe es diese Diskrepanz nicht, wäre also das, was das Volk will, mit dem, was sie mit ihrem bisherigen Handeln vereinigen kann, identisch, dann wäre der ganze Monolog nicht notwendig, könnte sie das Todesurteil als ihren eigenen Willen vollziehen. Allerdings, so argumentiert sie gar nicht. „War ich tyrannisch" (3205) hat nicht die Konsequenz: ich könnte jetzt ohne *Skrupel*, sondern: „ich könnte jetzt ohne *Tadel* Königsblut verspritzen" (3206f.; Hervorhebung von uns). Nicht um das Selbstbild geht es hier also, um seine Diskrepanz mit den Forderungen der Rolle, sondern ausschließlich um den Konflikt zwischen zwei einander widersprechenden Rollenbildern. Das „Muster" (3204), das sie vor den anderen abgab, verurteilt, was sie eigentlich möchte. Es ist ein abenteuerlicher Satz: Denn wäre sie tyrannisch gewesen, brauchte sie sich nicht nur nicht mit dem Rollenbild der gerechten Elisabeth auseinander zu setzen – dann hätte sie Maria längst hingerichtet! Offenbar spricht Elisabeth von etwas anderem, als ihre Worte sagen.

Das merkt sie jetzt selbst. Der Selbsteinwurf 3208f. mit seiner Frage nach der eigenen Freiheit hat große Relevanz. Er legt in Schillers Menschenbild den Rang der Figur fest. Er zeigt, dass hier jemand Klarheit über sich selbst gewinnen will: ein bodenloser Mensch, der sich selbst zu ergründen sucht. Folgendes kommt dabei zutage: Gerechtigkeit war kein Selbstbild und schon gar nicht Elisabeths eigene Natur, sondern ein ihr aufgezwungenes Fremdbild, eine mit Notwendigkeit sich ergebende Rollendefinition, die einzige Möglichkeit, mit den Widersprüchen ihrer Königinnen-Existenz fertigzuwerden. Das ist ihr (oder Schiller) als Erkenntnis offenbar so wichtig, dass es sehr ausführlich dargelegt wird: Die Macht der außenpolitischen Gegner hat sie gezwungen, bei der „Volksgunst" Stütze zu suchen, und diese war nur zu gewinnen und zu erhalten, wenn der „Flecken" ihrer „fürstlichen Geburt" mit „hohen Tugenden" überkompensiert wurde (3212–3224). Diese Kompensation aber wird durch die Stuart zunichte gemacht. Bereits die Existenz dieser Königstochter, ihre Legitimität, „entblößt" (3226) den Makel von Elisabeths Thronanspruch. Die Scham-Metaphorik (2322–2336) zeigt, in welchen Tiefenschichten Elisabeth sich durch Maria – „ein ewig drohendes Gespenst" (3227) – bedroht sieht.

Die ganze Passage (3200–3227) ist doppelbödig, ihr Ablauf folgt einer logischen und einer affektiven Argumentationsstrategie. Ihr Erkenntnis-Sinn ist es, Elisabeth von dem Anspruch zu befreien, gerecht handeln zu müssen. Dem Wunsch, die Stuart zu töten, steht das Rollenbild der gerechten Königin im Wege. Aber dieses zeigt sich als ein von außen aufgezwungenes Verhalten, ist weder ihre „eigene", noch ihre „freie" Wahl (3208). Sie kann es abwerfen. Moralität gehört nicht zu ihrer Vorstellung von Freiheit und Selbstbestimmung. Am Ende der Passage ist das moralische Hindernis beseitigt. Sie ist frei, die Stuart zu töten.

Während ihr diese Einsicht kommt, legt sie zugleich ihren Hass gegen die Stuart frei. Das ist der affektive Sinn der Passage. An deren Ende hat sich die komplexe Situation Elisabeths mit Konfessionsstreit, außenpolitischen Feinden, Volksgunst und Gerechtigkeitsanspruch zusammengezogen auf den einen, affektiv besetzten Punkt, die Stelle ihrer größten Verletzbarkeit, die „Blöße", auf die die Stuart zeigt. Am Ende kommen Logik und Affektivität der Passage zum gleichen Ziel: Die Stuart darf und die Stuart muss getötet werden. Schillers Figur hat sich durch das komplexe, sie selbst irritierende Gewirr von Fremd- und Selbstansprüchen zu sich selbst ‚durchgesprochen'. Sie weiß jetzt, was sie wirklich will.

3. 3228–3238 Der Erkenntnis folgt der Entschluss. Mit dieser Bedrohung will Elisabeth nicht weiter leben: „Ihr Haupt soll fallen. Ich will Frieden haben!" (3219)

Hier könnte der Monolog zu Ende sein, Elisabeth an den Schreibtisch gehen, um zu unterschreiben. Wenn sie noch drei emotional aufgeladene Absätze braucht, bis sie dies tut, dann bedeutet das zweierlei. Erstens gibt es offenbar immer noch Widerstände in ihr selbst gegen die furchtbare Tat, über die sie sich – erfolgreich – hinwegzureden versucht (moralische Widerstände allerdings artikuliert sie mit keinem Wort). Dafür mobilisiert sie die Erinnerung an alle Demütigungen, die sie durch die Stuart erlitten hat, in drei sich steigernden Anläufen von Hass und Vernichtungswillen. Zum Schluss ist sie wieder beim Kernpunkt, dem Makel ihrer Geburt: „Ein Bastard bin ich dir?" (3243) Die Blöße muss bedeckt werden: „Sobald den Briten keine Wahl mehr bleibt / Bin ich im echten Ehebett geboren!" (3248 f.) Der Satz ist richtig. Der Tod der Stuart löst die objektive Seite von Elisabeths Legitimitätsproblem (vgl. dazu oben, S. 34).

Er bereinigt aber nicht die subjektive Seite. Es bleiben, zweitens, Widersprüche. Der Tod der Stuart bindet sie nur noch mehr an ihre Königinnenrolle und deren Abhängigkeit von „Meinung", „Beifall", „Volksdienst" und politischen Zwängen. Was sie gewollt hatte, war aber Freiheit: „Ist *sie* aus den Lebendigen vertilgt, / Frei bin ich, wie die Luft auf den Gebirgen." (3237 f.) Dieser Satz ist falsch. Am Schluss des Stückes wird sie nicht frei sein, sondern einsam. Die Freiheit ist in Schillers Dramen nicht zu gewinnen, indem man sich an seine irdische Existenz, an seine Rolle bindet (und sei es die des Monarchen), sondern nur, wenn man sich von allem lossagt, wie Mortimer und die Stuart.

Man kann sich auch treu in seine Rolle einbinden, wie Paulet. Damit gewinnt man zwar keine Freiheit und Größe, aber doch Selbstidentität. Schlimm ist es, wenn man sich weder lossagt noch bescheidet. Elisabeth bleibt im Zwiespalt zwischen Freiheitswillen und Einbindung. Sie will frei sein und doch Herrscherin. Die Folge ist, dass auch ihr Entschluss keine befreiende Wirkung hat, sondern eine Affekttat bleibt, über die sie sofort erschrickt (Bühnenanweisung nach 3248) und die sie anschließend nicht wagt, nach außen zu vertreten (IV, 11). Der Monolog bringt für die Handlung die Entscheidung, aber für Elisabeths Charakter ein vernichtendes Urteil des Autors.

IV, 11–12 In den beiden letzten Szenen des Aufzugs bringt Schiller das dramaturgische Kunststück fertig, nach endlich vollzogener Entscheidung die dem Ende zustürzende Handlung noch einmal aufzuhalten, ihr ein allerletztes „Moment der letzten Spannung" in den Weg zu schieben. Inhaltlich zeigt er, wie ein redlicher Mensch durch die Skrupellosigkeit der Mächtigen, durch die politische Maschine der höfischen Welt vernichtet wird. Der Mann und sein Schicksal sind historisch; Schiller ließ es sich nicht entgehen, sie seinen dramatischen Zwecken nutzbar zu machen.

Die Schäbigkeit, mit der Elisabeth Davison fallen lässt, ließe sich rechtfertigen als politische Notwendigkeit. Da Elisabeth die völkerrechtlichen Einwände gegen Marias Hinrichtung ernst nehmen musste, musste ihr auch daran gelegen sein, ihren eigenen Anteil an diesem Königsmord notfalls auf einen Untergebenen abwälzen zu können, der dann für den Thron geopfert wurde. Schiller hätte eine solche politische Motivation (es war die der historischen Elisabeth) leicht darstellen können.

Doch Elisabeths Argumentation im 11. Auftritt verweist nicht auf politische Überlegungen, sondern auf private Emotionen. Wie im vorangegangenen Monolog argumentiert sie von ihren Wünschen aus. Nach wie vor hat sie Angst vor den Folgen ihres Entschlusses („Das *sag* ich nicht und zittre, es zu denken." 3301); nach wie vor geht es ihr nur um sich und ihre Sehnsucht nach Freiheit, einer negativ bestimmten Freiheit: „Ich *will* [...], dass ich endlich / Will Ruhe davor haben und auf ewig." (3305–3307) Die Sprachform (Verdoppelung, Anakoluth und Inversion) zeigt ihren Erregungsgrad. Sie kann die Widersprüche ihrer Situation nicht bewältigen. Die Entscheidung hat sie gefällt, um die „Sache" (3305) endlich loszuwerden, nicht um Konsequenzen auf sich zu nehmen. Die wälzt sie jetzt auf einen anderen ab.

Allerdings: Sieht man Elisabeths Handeln als Interpret doch unter dem Gesichtspunkt politischer Zweckmäßigkeit, erscheint es höchst funktional. In V, 13 wird sich herausstellen, mit welch politischem Geschick Elisabeth hier vorgegangen war. Nun war sie sogar für eine Situation gerüstet, die sie nicht hatte voraussehen können, nämlich, dass das Urteil über Maria rechtlich anfechtbar war. Fraglos lag Schiller daran, zu zeigen, wie instinktsicher noch der privateste Unmut seiner Elisabeth politisches Kalkül enthielt. Das macht sie zur politisch großen und repräsentativen Figur. Aber ihm lag ebenso daran, zu zeigen, dass sie menschlich

damit nichts gewinnt, sondern verliert. Deshalb zeigt er sie in der Szene mit Davison in so fragwürdigem Licht: als verantwortungslos.
Der Rest ist dramaturgische Routine. Burleigh kommt, nach Elisabeths Entscheidung zu fragen, und nutzt die Hilflosigkeit des überforderten Staatssekretärs. Elisabeths infames Spiel erfüllt sich. Das Urteil wird vollzogen werden. Der Vorhang fällt in den Verzweiflungsschrei dessen, der dabei unter die Räder geriet.

V. Aufzug

Im traditionellen Bau des Dramas ist der V. Aufzug der Teil, in dem die Handlung der Katastrophe zustürzt, oft über nochmalige Glückswechsel und letzte Hindernisse hinweg. Der Knoten ist geschürzt, aber jetzt erst fällt die Entscheidung. Je später sie fällt, desto rasender der Absturz, desto dramatischer das Stück. Schiller hat diese „Regel“ oft befolgt. Nicht so in *Maria Stuart*. Hier ist die dramatische Handlung mit dem IV. Aufzug vollständig abgeschlossen. Was folgt und den ganzen V. Aufzug zu füllen hat, ist nur noch Vollzug.
Eine solche Konzeption stellt den Dramatiker vor schwierige Aufgaben. Er muss das Interesse der Zuschauer wach zu halten wissen, obwohl alle Spannung auf ein noch ausstehendes Ende vorbei ist. Schiller, der Meister des dramatischen Handwerks, wendet eine ganze Palette von Kunstgriffen an, um dieses Ziel zu erreichen: Kontrastierungen, künstliche Zwischenspannungen, betonte Anschaulichkeit der Szene usw.
Das Abweichen von der klassischen Form hat inhaltliche Bedeutung. Es räumt dem Tod der Maria und seinen Folgen ein Fünftel des Dramas ein. Bereits der junge Schiller hat ein besonderes Interesse am Sterben seiner dramatischen Helden gezeigt: Eine überraschende Sinngebung für seinen Tod findet Karl Moor; mit einer ähnlichen Versöhnungsgeste stirbt auch Ferdinand in *Kabale und Liebe* – dort füllen die Vorbereitungen zum gemeinsamen Tod wie in *Maria Stuart* weite Teile des letzten Aufzugs, erhält die Heldin eine lange Sterbeszene. Auch theoretisch stellt Schiller Überlegungen zur Sinngebung des dramatischen Todes an. Er träumt von einem eigenen Drama zum Thema „Übertritt des Helden in den Tod“, der „Himmelfahrt des Herakles“. Immer wieder kreisen Schillers Pläne um den Augenblick, in dem der Held die Mühsal der irdischen Existenz hinter sich lässt und sich zur endgültigen Freiheit aufschwingen kann (vgl. Kaiser 1967).
Von den ausgeführten Dramen kommt *Maria Stuart* diesem Wunschbild am nächsten. Hier werden zwei Drittel des V. Aufzugs (V, 1–10) dazu verwandt, die Helden beim Übertritt in die Vollendung zu zeigen. Das letzte Drittel erzählt kontrastierend die Geschichte der Elisabeth zu Ende.

V, 1–5 Das Drama der Maria endet ausdrücklich in demselben Raum, in dem es begonnen hatte („Die Szene ist das Zimmer des ersten Aufzugs“): Rundung des Handlungsbogens und Verwandlung der Szenerie zugleich. Eine äußerst ausführliche Bühnenanweisung macht von vornherein klar, dass wir uns zwar am gleichen

Ort, aber in einer anderen Welt befinden als bisher: keine heftigen dramatischen Auseinandersetzungen mehr, sondern langes stummes Spiel.
Das düstere, stille Bild der trauernden und bewegten Amme wird durch die feierliche Geschäftigkeit unterbrochen, mit der „viele Bediente" den Trauerraum mit all der königlichen Pracht ausstaffieren, die Maria so lange hatte entbehren müssen und die jetzt ihrem Sterben Glanz geben soll. Schiller wird genau: „goldene und silberne Gefäße, Spiegel, Gemälde und andere Kostbarkeiten", selbst das umkämpfte Schmuckkästchen der 1. Szene ist mit dabei, samt Verzeichnis.
Der Einschub hat Bedeutung. Seine Aussage wird in den nächsten Szenen fortgesetzt. Nicht nur Marias Eigentum, auch ihr Hofstaat wird der Königin zurückgegeben: Hofmeister, Arzt, Kammerfrauen, Diener. Vier Akte hindurch hatten wir Maria auch szenisch als isoliertes Ich kämpfen sehen; jetzt wird sie noch einmal als Königin gezeigt, in der ganzen Pracht ihres Hauses, ehe es sich auflöst.
Nicht umsonst kommt mit Melvil „der alte Haushofmeister" zurück, spielt der Text auf das Ende des „Hauses" an (3429f.). Dieses Haus ist eine andere Welt als der von Konkurrenz und Politik bestimmte Hof der Elisabeth. In Marias Haus walten Freundlichkeit, Zugewandtheit und Besorgnis der Menschen füreinander (vgl. auch den Anfang des 3. Auftritts und 3519–3580). Marias lange Verabschiedung charakterisiert nicht nur die Königin, sondern auch den Geist, der in ihrer Umgebung herrscht.
Inhaltlich dienen die ersten Szenen vor allem dazu, Marias heldenmütige Verfassung darzustellen (in scharfem Kontrast zu dem Schrecken, den das Blutgerüst draußen auf die anderen ausübt, V, 7). Darüber hinaus enthalten sie einen ersten Hinweis auf die, nach Schiller, juristische Haltlosigkeit des Urteils gegen Maria (3439–3444). Und sie enthalten die „Zwischengeschichte" der Maria von ihrem letzten Auftritt in III, 6 bis jetzt (3383ff.); sie wird, wie in einer schulmäßigen Exposition, geschickt in der Rede der Kennedy untergebracht. Und schulmäßig ist auch, parallel zum I. und II. Aufzug, die Technik der langen szenischen Vorbereitung auf den großen Auftritt der Heldin: Vorwegcharakterisierung und Spannungserzeugung.
Die Schwierigkeiten eines „undramatischen" V. Aufzugs bewältigt Schiller in diesen Szenen vor allem dadurch, dass er das eher epische Geschehen in Kontrasten darbietet. Schon die Bühnenanweisung setzt geschäftige Prachtentfaltung kontrastierend gegen einsame Stille. Melvils Eintritt wird als unerwartete Überraschung inszeniert (3349). Nach vierzehn Zeilen relativ einmütigen Sprechens, das durch Stychomythien Lebhaftigkeit erhält, setzt Melvil sich gegen die Klage der Kennedy ab (3364); gegen seine Begründung kann gleich darauf die Amme mit heftigem Widerspruch antreten (3375). Dann wechselt Schiller die Methode. Nun arbeitet nicht mehr die Dialogführung, sondern der Inhalt mit Kontrasten. Der gegenwärtigen Hoffnungslosigkeit wird die Freiheitshoffnung der vergangenen Nacht entgegengesetzt, und diese schlägt, in der imaginierenden Erinnerung, jäh um in die anschauliche Gewissheit des Todes. Der Glückswechsel der Maria, mit dem IV. Aufzug objektiv entschieden, von Maria subjektiv zwischen IV. und V. Aufzug erlebt, wird im V. Aufzug noch einmal auf der Szene beschworen: ein sehr

dramatischer Bericht (die „Wende“ von zwiespältiger Freiheitserwartung zu Todesgewißheit wird auch sprachlich bis zum letzten Moment hinausgezögert, 3398f.) über einen wahrhaft dramatischen Vorgang. Entsprechend bewegend ist die Wirkung auf Sprecherin und Hörer (Bühnenanweisung und 3400f.).

Dann wieder ein bei Schiller häufiger Kontrast: Auf die erregte, mitreißende Rede folgt, nach einer Pause, die gelassene, distanzierende Allgemeinreflexion, in ganz anderem Tempo gesprochen: „Man löst sich nicht allmählich von dem Leben!“ (3402ff.) Zum Stillstand kommt die Binnenbewegung des Textes allerdings auch hier nicht. Die ruhige Sentenz schiebt die erwartete Antwort auf die Frage nach Marias Reaktion spannungserzeugend bis Vers 3409 hinaus.

Die nächsten Szenen erzeugen Spannung hauptsächlich dadurch, dass das Erscheinen der Stuart vorbereitet wird. Sie bringen zusätzliche Bewegung dadurch, dass die Gegenwart des Haushofmeisters bei jeder neu auftretenden Person immer neues Erstaunen hervorruft. Ein letzter Kontrast ist der zwischen dem Grauen erregenden schwarzen Schafott, das dem Chor zitternder Kammerfrauen vor Augen gestellt wird (3470), und der strahlenden Erscheinung der Königin: „weiß und festlich gekleidet“ (Bühnenanweisung V,6) tritt sie in den Kreis des verängstigten Personals wie eine Erscheinung aus einer anderen Welt.

V,6 Es folgen Marias Abschiedsszenen. Der letzte Auftritt der Königin auf der Bühne liegt weit zurück. Von der Handlungszeit her ist es nur eine Nacht, von der Bühnenzeit her ein langer, ereignisreicher Akt. Damals im III. Aufzug hatte der Zuschauer eine erregte und bedrängte Maria erlebt, im leidenschaftlichen Triumph über Elisabeth, dann gehetzt von Mortimers Begehren. Jetzt tritt eine gewandelte Frau auf die Bühne, mit sich selbst im Reinen, über Anfechtungen und Leidenschaften erhaben, geläutert, abgeklärt, „mit ruhiger Hoheit“ (vor 3480) – eine irdische Heilige. Hatte Schiller bis hierher im V. Aufzug mit Vorausdeutungen und Retardierungen gearbeitet, so gibt er nun alles auf einmal: die strahlende Erscheinung (genaue Beschreibung in der Bühnenanweisung), die Huldigung des Haushofmeisters (ebd.), die selbstbewusste Verkündigung eines anspruchsvollen Menschenbildes (3480–3495).

Maria demonstriert nicht nur eine neue, in sich ruhende Souveränität, sie spricht auch von ihr und weiß sie zu begründen. Ihren Tod, den die anderen beklagen, erlebt sie selbst als Befreiung. Freude, „Freiheit“, „Triumph“ und „Glück“ sind die Leitbegriffe, unter denen sie ihr Sterben sieht.

Nach dieser Positionsbestimmung wendet sie sich den anderen zu, erkundigt sich nach dem Ergehen des anwesenden Melvil und des abwesenden Kämmerers und ordnet ihre Angelegenheiten, gelassen und einlässlich auf die anwesenden Personen ihres Lebenskreises bezogen: das französische Königshaus (die dynastischen Verbindungen zuerst), Papst und spanischer König, dann ihr persönliches Gefolge, jede und jeder mit einer individuellen Zuwendung bedacht.

Schiller legt offensichtlich Wert darauf, dass Maria vor ihrem Tod nicht in angespannter Selbstüberwindung erscheint, sondern in Übereinstimmung mit sich selbst. Ihren Tod gestaltet sie als Fest; ihren Schmuck, Symbol ihrer sinnlichen

Existenz, den sie früher über Gebühr geliebt hat und von dem sie sich in der Gefangenschaft hat entwöhnen müssen, hat sie, bewusst, noch einmal angelegt, „der Erde Glanz auf meinem Weg zum Himmel" (3549). Sie hat, in Schillers Augen, den Gegensatz von irdischer und himmlischer Existenz überwunden.
Gerade dies ist dem Autor wichtig. Die Kette der Abschiede wird so inszeniert, dass am Ende der Gegensatz von sinnlicher und himmlischer Existenz thematisiert wird: Die Sinnlichkeit der Kammerzofe Gertrud wird der Verzichthaltung Bertas gegenübergestellt. Zwar ist, solange die Menschen im Diesseits leben, der Verzicht auf die „Güter dieser Erde" „das bessre Teil" (3578, 3575); aber Gertruds sinnlich-erotischer Charakter wird nicht nur akzeptiert, sondern durch die Parallele zu Marias eigener Lebensfähigkeit ausdrücklich geadelt (3571 f.). Maria selbst verwirklicht unmittelbar vor ihrem Tode bereits die Vereinigung beider Momente, eine „schöne Seele" in Schillers Terminologie (vgl. oben, S. 23).

V, 7–9 Eingelagert in Marias Abschiede ist die Abendmahlsszene. Sie hat seit Schillers Zeit Anstoß erregt. Die heiligste Handlung der katholischen Kirche, die Transsubstantiation, auf dem Theater: Das erschien den einen als Blasphemie, den anderen als Rückfall in religiöses Weltanschauungstheater. Beide Vorwürfe gehen an Schillers Absicht vorbei. Er sah sich (und sein intendiertes Publikum) einerseits weit genug von christlicher Religiosität entfernt, um ihre Glaubensinhalte so souverän, als bloße Zeichen, verwenden zu können, wie die des griechischen Mythos. Er brauchte aber andererseits die Möglichkeit zur sinnlichen Veranschaulichung auf der Bühne. Um die exemplarische Versöhnung zwischen „Irdischem" und „Göttlichem" im Menschen darzustellen, dazu bot ihm das katholische Milieu seines Stoffes das Abendmahl als eindrucksvolles Gewand an. Der Text artikuliert das heikle Problem in hoher Bewusstheit übrigens selbst (3601 f.).
Die Szene kommt in der Überlieferung nicht vor. Schiller fand in den Quellen nur, dass der Papst Maria eine geweihte Hostie gesandt habe. Für seinen dramatischen Zweck hat er den Protestanten Andrew Melvil aus Marias Umgebung in einen Katholiken und darüber hinaus in einen Priester umgeformt: Das Abendmahl wird zum geplanten Akt der Kirche und glückhaften „Wunder" (3645) für Maria.
Da zum Abendmahl die Beichte gehört, gibt die Szene dem Autor die willkommene Gelegenheit, noch einmal Marias „Verbrechen" zur Sprache zu bringen. Sie beichtet ihren Hass gegen Elisabeth (3676 ff.), ihre Liebe zu Leicester (3684 ff.), ihren Anteil am Gattenmord (3693; vgl. oben, S. 33 u. 51). Mitverantwortung am verschwörerischen Mordplan gegen Elisabeth beichtet sie nicht, weist sie auf mehrfaches Rückfragen des Priesters (3711–3734) ausdrücklich zurück. Das Verbrechen, um dessentwillen sie geköpft wird, habe sie nicht begangen. Das ist in dieser Situation glaubhaft (und wird in V, 13 bestätigt). Zu Schillers Konzeption der Figur gehört eine besonders hoch gespannte Verantwortlichkeit der Heldin, die die objektiv ungerechte Verurteilung freiwillig akzeptiert, als Buße für die noch ungeahndete, weit zurückliegende „schwere Blutschuld" (3736).
Bemerkenswert, wie Melvil diese Schuld, den Mord an Marias erstem Mann und die Hochzeit mit dem Mörder, interpretiert: als weibliche Schwäche (3740). Er

meint das als Entschuldigung. Der heutige Leser reagiert auf die fragwürdige Selbstverständlichkeit, mit der auch hier der Geschlechtscharakter als Naturkonstante, weibliche Schwäche als Schicksal erscheint. Ähnliches begegnet, wenn Burleigh der schottischen Königin die letzte Bitte verweigern will, zum Schafott durch ihre Kammerfrau begleitet zu werden (3807f.). Es braucht den redlichen Paulet, um Burleigh von seiner frauenfeindlichen Borniertheit abzubringen (3815). Bis zum Ende bleibt *Maria Stuart* auch ein Stück über die Situation von Frauen in einer von Männern und männlichen Anschauungen bestimmten Welt.
Das Abendmahl wird von Schiller als Symbol für die Versöhnung von irdischer Existenz und transzendentaler Bestimmung des Menschen dargestellt. Der Text arbeitet mit einer dreifachen Verschränkung beider Bereiche. Als Königin darf Maria noch im Tod das „priesterliche Recht" (3750f.) der unmittelbaren Teilnahme am Blut Christi ausüben. Darin verbindet sich ihr irdischer Leib „geheimnisvoll" mit „deinem Gott" (3753); die personale Zuwendung ist alles andere als katholisch, eher protestantisch, in Wahrheit sehr idealistisch gemeint. Diese Vereinigung schließlich ist reale Vorwegnahme des Glücks („keine Schuld mehr [...] kein Weinen", 3755) und der Harmonie („ein schön verklärter Engel", 3756), die dem Menschen nach seinem Tod im „Freudenreich" „auf ewig" (3754; 3757) zugänglich sein werden. Schillers Text hat seine Mitte und sein Ziel auch hier in der glückseligen Vereinigung des Menschen „mit dem Göttlichen" (3757).

V,8–9 Nach der stillen und ernsten Gesprächsszene noch einmal gemessene Bewegung und theatralische Aufregung: Marias letzte Abschiede. Noch einmal kann sie ihre Souveränität beweisen, in ihrem nunmehr versöhnten Verhältnis zu Elisabeth (3781ff.) und in der gelassenen Zuwendung, mit der sie Abschied von Leicester nimmt, nicht ohne dass ihre psychische Balance in einer letzten Anwandlung zum letzten Mal gefährdet wird (Bühnenanweisung nach 3818). Die kleine Szene mit Leicester, schon zu Schillers Lebzeiten kritisiert und seither oftmals gedeutet, soll nach des Autors Absicht wohl zeigen, dass Maria bis zuletzt ein fühlender Mensch bleibt und keine erhabene Heroine ist. Nimmt man aber den Wortlaut ernst, klingt er sehr anders: Mit sanfter Stimme droht Maria Leicester die Folgen seines Verrates an und zeigt noch einmal, wie sehr sie sich Elisabeth überlegen weiß (3834–3838). – Dann lässt sie sich hinausgeleiten. Auf der Bühne verklingt nur langsam der Jammer der Zurückgelassenen (nach 3839).

V,10 Schiller hätte das Werk mit Marias Abgang zur Hinrichtung schließen können. Die *Jungfrau von Orleans* endet so, mit einer glorifizierenden Schlussapotheose, die den Zuschauer in erhebender Identifikation mit der Heldin entlässt. *Maria Stuart* endet anders (wie *Wallenstein* auch). Schiller zwingt den Zuschauer nach dem Tod der Heldin noch einmal in die Konfrontation mit der geschichtlichen Wirklichkeit und in die Begegnung mit Elisabeth.
Den Übergang bildet Leicesters Monolog. Er zeigt den Tod der Heldin nicht als mitreißendes Geschehen, sondern aus der Perspektive des zurückbleibenden Mannes und Höflings, der dem, was geschieht, nicht gewachsen ist. Schiller

erreicht damit dreierlei für seinen Zweck, den Zuschauer am Ende des Dramas in der Wirklichkeit festzuhalten.

Erstens kann er den Tod der Maria in doppelter Perspektive darstellen. Einerseits wird die Hinrichtung durch Leicesters Ohr und Mund hindurch real erlebbar. Andererseits wird sie durch die akustische „Mauerschau“ nur in Brechungen gezeigt: als ein Ereignis, das nicht auszuhalten ist (Leicester), und in düsterer, verkehrender Symbolik (Bühnenanweisung): Die siegreiche Himmelfahrt Marias wird als unterirdisches Geschehen dargestellt. Zurück bleibt ein zusammenbrechender Mensch und eine von allem Licht verlassene Welt, in der nur noch lang forthallendes „dumpfes Getöse“ „von unten herauf“ (nach 3875) wahrgenommen werden kann (vgl. unten, S. 123).

Zweitens kann der Inbegriff höfischer Uneigentlichkeit, die zwielichtige Figur des Leicester, noch einmal in den Vordergrund geschoben und zwiespältiger charakterisiert werden als bisher. Der skrupellose Taktiker zeigt Gewissen und Einsicht in die Torheit seiner Wahl, aber beides kommt zu spät und ist ohne Konsequenzen für seine Statur. Er bleibt der von der Situation moralisch Überforderte. Gegen seinen Willen wird er zum Zeugen und bricht zusammen unter dem, was er hört. Er kann das Unheil, das er selbst verschuldet hat, zwar empfinden, aber nicht aushalten. So wird er vom Autor mit Sympathie, aber ohne Bewunderung gezeichnet. Zum Schluss des Dramas ist Leicester nach Frankreich geflohen.

Drittens kann Schiller erneut das zentrale Thema ansprechen: höfische Verstellung contra mitfühlende Menschlichkeit, Rolle contra Herz. „Des Herzens Stimme“, „Mitleid“ und „Liebe“ (3848; 3853; 3854), alle Tugenden des wahren menschlichen Miteinanders versucht Leicester in sich „fühllos zu ersticken“ (3848), um weiterhin seine politische Rolle am Hof spielen zu können. Dass es ihm nicht gelingt, ist, höfisch gesehen, Schwäche und setzt ihn unter Burleigh und Elisabeth (auch deshalb hat er im Folgenden nichts mehr auf der Bühne zu suchen); dass er es versuchen zu müssen glaubt, zeigt noch einmal die Macht der höfischen Welt, als Einführung in die folgenden Szenen, die ganz Elisabeth gehören.

V, 11–12 Schillers Stück endet nicht in der dramaturgischen Symbolik der Bühnenanweisung nach V, 10, sondern in der dramatischen Darstellung menschlicher Handlungen. Die Szene wechselt abrupt in Elisabeths Zimmer (mit ausdrücklichem Anklang an den anderen offenen Szenenwechsel IV, 5; vgl. Szenenangabe vor V, 11). Das Nachspiel beginnt mit einem Monolog Elisabeths: Nur von ihr allein lohnt es jetzt noch zu berichten. Es ist Nachmittag (3876 f.); seit der letzten Szene ist ein halber Tag vergangen (vgl. 3355): Schiller legt Wert auf zeitlichen Abstand. Wie am Anfang des Aufzugs greift er auch hier in die dramaturgische Trickkiste. Künstlich erzeugt er eine Atmosphäre von Bedrohung und Ungewissheit (nicht sehr wahrscheinlich, dass der englischen Königin so wenig bekannt sein soll, ob ihre Befehle ausgeführt werden und wo ihre Großen sich aufhalten). Umso heftiger bricht „in der höchsten Spannung“ (Bühnenanweisung vor 3889) Elisabeths Reaktion auf die endliche Gewissheit hervor: Triumph und Angst. Nun ist die Rivalin endlich besiegt („Ich bin Königin von England!“, 3894). Aber die

ersehnte Freiheit ist das kaum, denn jetzt muss Elisabeth „zittern" (3897), dass ihr die Hinrichtung als Verbrechen angelastet wird. Die fatale Dialektik eines nur scheinbar zur Freiheit durchgestoßenen Entschlusses (vgl. oben zu IV, 10) entfaltet sich nun. Alles, was Elisabeth in dieser Szene noch tut, wird dazu dienen, vor der Öffentlichkeit den Schein zu wahren, dass sie gerecht und nicht aus politischen Motiven gehandelt hat.
Immerhin wird sie nunmehr aktiv (3901 ff.). Noch denkt sie, mit zynischer Demonstration von Trauer auszukommen (3899 f.). Gleich darauf wird sie zu ganz anderen Maßnahmen und Opfern gezwungen sein. Schiller demonstriert an ihr die Zentralthese seiner Dramatik, dass immer tiefer in die Verstrickungen unmoralischen Handelns hineingerät, wer sich auf die Spielregeln der politischen Wirklichkeit einlässt.

V, 13–15 Für ein bloßes Nachspiel passiert viel auf der Bühne nach Marias Tod. Dramaturgisch erzeugt Schiller die Spannung der letzten Szenengruppe dadurch, dass er die Frage nach den Folgen der Hinrichtung für Elisabeth aufwirft: Triumph oder Katastrophe? Welche der beiden Frauen hat eigentlich gesiegt? Kunstgerecht werden Problematik und Dimension der Frage im Ablauf der Handlung entfaltet. Zuerst, im Monolog V, 11, nur eine vage Zwiespältigkeit in Elisabeths Vorahnungen (3879 f.). Dann, im Gespräch mit dem Pagen V, 12, eine deutliche Vertiefung des Zwiespalts: Befreiung – Unsicherheit – verstärkte Angst und deren tätige Überwindung (3894 f.). Nun, in V, 13, mit dem überraschenden Auftritt Shrewsburys, noch einmal ein veritabler Theatercoup. Die Rechtsgrundlage von Elisabeths Partei ist zusammengebrochen, die Hinrichtung entpuppt sich als Justizmord. Die Frage nach Wirkung und Folgen von Marias Tod bekommt ihre eigentliche Dimension. Was bisher privater Triumph mit politischen Risiken schien, stellt sich jetzt als juristische und moralische Katastrophe dar.
Inhaltlich geht es um den juristischen Kern von Anklage und Urteil gegen Maria. Marias Schreiber Kurl hat seine Prozessaussage widerrufen, auf der die Anklage wegen Beteiligung am Hochverrat gegründet war. Der Zuschauer ist durch die Andeutungen im Stück über den Sachverhalt und seine Bedeutung hinreichend informiert (884–910; 3439–3444; 3731 f.); Shrewsburys lange Rede und die anschauliche Schilderung von Kurls Verzweiflung verweisen zusätzlich auf die Relevanz des Gesagten.
Elisabeths Reaktion ist beachtlich. Sie lässt sich von ihrer Aktivität nicht mehr abbringen und reagiert nicht mit Betroffenheit, sondern mit kaltblütiger Strategie zur Schadensbegrenzung. Es beginnt eine große Schau. Sie wälzt die Verantwortung von sich ab, um ihren Ruf vor dem „Abscheu aller Zeiten" (3993) zu bewahren, den Shrewsbury ihr androht. Jetzt bewähren sich ihre taktischen Winkelzüge um Unterschrift und Weitergabe des Urteils. Elisabeth genügt es allerdings nicht, Davison plangemäß zum Sündenbock zu stempeln (3960 ff.), sie muss ihn auch noch persönlich diffamieren (3982 f.). Schiller war offenbar daran gelegen, am Gegenbild der „edlen" Maria zu zeigen, zu welchen Gemeinheiten es führt, den Weg der Selbstbestimmung und wahren Freiheit nicht zu gehen.

Nach Davison kommt Burleigh an die Reihe (V, 15). Elisabeth räumt ab, wohl wissend, dass alles falsch ist, was sie den Gefolgsleuten vorwirft (vgl. besonders 4006: „Milde unseres Herzens"). Die Betroffenen werden mundtot gemacht. Davison versucht vergebens eine Verteidigung; Burleigh darf nur noch auf Sachfragen antworten. Beide erhalten nicht einmal mehr eine gestische Reaktion zugebilligt. Shrewsbury deutet ihr Schweigen als bewussten politischen Akt (4015–4017). Er zumindest durchschaut Elisabeth und formuliert vor seinem Abgang das Urteil über sie: „Ich habe deinen edlern Teil / Nicht retten können [...] Du hast von nun an / Nichts mehr zu fürchten, brauchst nichts mehr zu achten." (4027–4030)

Elisabeth hat privat und politisch über Maria gesiegt; moralisch hat sie sich dabei selbst vernichtet.

Shrewsburys Diktum ist allerdings nicht das letzte Wort des Dramas über Elisabeth. Ihr Handeln mag moralisch fragwürdig sein, es ist zugleich von einer erstaunlichen Zielstrebigkeit und Selbstsicherheit. Vom II. bis V. Aufzug hatte Elisabeth vor dieser Entscheidung gezittert; jetzt, als sie gefallen ist, zeigt sie sich der Konsequenz ihres Tuns gewachsen. Sie steht zu ihrem Entschluss und handelt rasch, überlegt und rücksichtslos. Die moralischen und juristischen Konsequenzen wälzt sie auf andere ab, aber die politischen und die menschlichen Konsequenzen trägt sie selbst.

Dies herauszustellen, scheint uns der Sinn der viel zitierten beiden Schlusszeilen und der ihnen folgenden Bühnenanweisung. Schiller will deutlich machen, dass Elisabeths Entschiedenheit sich nicht nur selbstsüchtig gegen andere, sondern zugleich respekterheischend gegen sie selber richtet. Die Einsamkeit, zu der sie sich selbst verdammt hat, wird von ihr nicht nur ertragen, sondern auch bewältigt. Ihren herrischen Befehl: „Graf Leicester komme her!" (4031), wird man noch als verzweifelten, leidenschaftlichen Wunsch nach einem anderen Schicksal deuten können. Am Schluss aber findet sie zu der Haltung, die in Schillers Augen repräsentatives menschliches Dasein ausmacht und Elisabeth in der Konfiguration des Stückes neben Maria Stuart stellt: Bejahung des eigenen Schicksals, Selbstbezwingung und eine daraus gewonnene „ruhige Fassung" (vgl. Wortlaut der Bühnenanweisung).

Es gilt in der Schillerforschung weitgehend als ausgemacht, dass Schillers klassische Dramen mit dem Sieg der „Idee" über den Menschen enden. Das ist nicht falsch. Der Weltlauf erfüllt Elisabeths Wünsche nicht; ihr Ziel, die Rivalin als Frau auszustechen, hat sie nicht erreicht; die moralisch integerste Figur des Dramas hält es bei ihr nicht aus. Insofern hat der Weltlauf einen Sinn. Aber das ist nur die halbe Wahrheit. Bei Schiller siegt nicht einfach die Idee, sondern der lebendige Mensch kann sich zum Weltlauf und seinem Sinn verhalten.

Schillers Stück schließt nicht mit einem moralischen Urteil, sondern mit dem anschaulichen Bild menschlicher Größe – einer düsteren Größe zwar, der das Licht von Moralität und Mitmenschlichkeit fehlt, aber einer Größe dennoch, die ihre eigene Faszinationskraft und Würde besitzt.

4 Gedanken und Probleme

4.1 Zur Forschungssituation

Maria Stuart hat eine gespaltene Rezeptionsgeschichte gehabt. Der erfolgreichen Theaterkarriere des Stücks steht ein auffallend zögerlicher Umgang der Wissenschaft mit diesem Drama gegenüber. Spezialuntersuchungen sind selten und meist ohne großes Gewicht, und in den Gesamtdarstellungen erscheint das Drama durchweg als – formal meisterhaftes – Übergangswerk von begrenztem inhaltlichem Interesse.

Mit anderen klassischen Dramen hat die Wissenschaft mehr anzufangen gewusst. *Wilhelm Tell* war im 19. Jahrhundert das meist favorisierte Werk Schillers und stand in jüngster Vergangenheit erneut im Zentrum interpretatorischer Arbeit. Am *Wallenstein* haben sich in der Weimarer Republik und in den sechziger Jahren grundsätzliche Schiller-Kontroversen entzündet. Die Jugenddramen haben ohnehin bereits im 19. Jahrhundert lebhaftes Interesse gefunden. *Maria Stuart* hingegen hat für die wissenschaftliche Forschung bis in die jüngere Vergangenheit hinein keine produktive Herausforderung bedeutet; man blieb im Rahmen von Schillers eigenen theoretischen Überlegungen und schob nur die Akzente hin und her.

Dem **19. Jahrhundert** war Schiller der politische Dichter, der Führer zur nationalen Einheit, der im *Tell* (auch im *Don Carlos*) das Drama der nationalen Freiheit und in *Kabale und Liebe* das Drama der bürgerlichen Freiheit geschaffen hatte; dem 19. Jahrhundert war Schiller zugleich das „Genie“, die große individuelle Persönlichkeit, die im Werk wie im eigenen Leben die Gültigkeit des „Ideals“, den Sinn für das „Höhere“ im Menschen bezeugte. Kaum ein Zitat, das im volkstümlichen wie im gelehrten Rahmen, in Schillerfeiern, Gymnasialreden und wissenschaftlichen Darstellungen so häufig wiederkehrt wie Goethes Wort vom „Gemeinen“, das „uns alle bindet“ und das Schiller hinter sich gelassen habe.

Für eine Beschäftigung mit *Maria Stuart* war dieses Schillerbild nicht günstig. Dem nationalen Bedürfnis war dieses Werk nicht patriotisch genug, dem idealistischen zu wenig heldisch. Und beide wurden irritiert durch die „unweibliche“ Elisabeth: An ihr bestätigte sich das allgemeine Urteil, Schiller könne eben keine Frauen gestalten wie Goethe. Auch theoretische Interessen des 19. Jahrhunderts fanden hier wenig Nahrung: Die viel diskutierte Frage nach den Unterschieden zwischen Charakterdrama (modern, shakespearisierend) und Schicksalsdrama (die Antike restituierend) fand bei *Maria Stuart* keinen Anhaltspunkt (Hermann Hettner, Literaturgeschichte des 18. Jahrhunderts, 1856/70: Maria Stuart sei ein Versuch, beide zu versöhnen); – für das Interesse an schicksalhafter geschichtlicher Tragik war das Stück zu privat; – und für die an Goethes Erlebnisbegriff gebildete Dichtungsvorstellung, wie sie gegen Ende des Jahrhunderts an Bedeutung gewann, war es zu künstlich.

Bei einer solchen Sachlage fielen auch die Einzelurteile zum Stück widersprüchlich aus. Die Charaktere träten zurück, die Handlung stehe im Vordergrund (Wilhelm Scherer, Geschichte der deutschen Literatur, ^{6}1891 [^{1}1883]); es gäbe keinen tragischen Konflikt und eigentlich keine Handlung (Otto Harnack, Schiller, 1898), das Drama sei im Grunde „Seelendrama" und keine Tragödie (Jakob Wychram, Schiller, 1895). Am allgemeinsten ist noch der Vorwurf, zum Nachteil des Werkes habe Schiller sich zu sehr von der wirklichen Geschichte entfernt (Georg Gottfried Gervinus, Geschichte der deutschen Dichtung, ^{4}1853 [^{1}1835/42] und August Friedrich Christian Vilmar, Geschichte der deutschen National-Literatur 9, ^{4}1862 [^{1}1845]; Hettner, a.a.O.; Wychram, a.a.O.); aber andere finden wieder die geschichtliche Wirklichkeit gut getroffen (Franz Mehring, Schiller. Ein Lebensbild für deutsche Arbeiter, 1905; Harnack, a.a.O.). Es fehlen offenbar die Kategorien, um dieses Drama aus der Distanz angemessen zu erfassen. Ungebrochene Zustimmung findet das Werk denn am ehesten dort, wo solche Distanz gar nicht erst angestrebt wird, wie in der gründlichen, populär geschriebenen Schillerbiografie von Karl Berger (1905 und 1909), die auch an *Maria Stuart* Schillers maßstabgebende und seelenstärkende Persönlichkeit feiert und, nach dem fast sozialdarwinistisch beschriebenen Kampf zweier starker (weiblicher) Naturen, durch Marias Sieg über „jede Regung der Sinnlichkeit" einerseits und über Elisabeth andererseits beglückt die „sittliche Weltordnung" wiederhergestellt sieht (ebd., Bd. II, S. 512f.).

Die beiden führenden Paradigmata des 19. Jahrhunderts, Vaterland und Persönlichkeit, verloren nicht erst mit der Katastrophe des Ersten Weltkriegs ihre Anziehungskraft. Schon gegen Ende des Jahrhunderts, spätestens in den Schillerfeiern von 1905, war Unsicherheit sichtbar geworden. Zugleich registrierten aufmerksame Beobachter erstmals den höchst zwiespältigen Dienst, den das Gymnasium „unserem Schiller" durch seine Erhebung zum lektürepflichtigen klassischen Autor angetan hatte: Jeder Gebildete glaubte ihn zu kennen und konnte ihn zitieren, eine ernsthafte Aneignung, gar Auseinandersetzung mit ihm wurde eben dadurch verhindert.

Nach 1918 wird der Bruch mit der unmittelbaren bildungsbürgerlichen Tradition des deutschen Idealismus in jeder anspruchsvolleren Schillerdarstellung postuliert. Einzig Reinhard Buchwald (1937) schrieb noch einmal ein biografisches Monumentalwerk über Schiller als große Persönlichkeit und hatte damit bis nach 1959 buchhändlerischen Erfolg. Ansonsten suchte man – und fand beglückt – neue Zugänge zu einem der „großen Deutschen" – Zugänge, die sich dem heutigen Blick allerdings weitgehend als Neufassung der alten, vom deutschen Idealismus selbst initiierten Philosopheme erweisen. Man entdeckte Schiller als „Führer" in den weltanschaulichen Orientierungsnöten, in die die schmerzhafte Entwicklung zur modernen Industriegesellschaft das alte Bürgertum stürzte und die sich an den Ereignissen des Kriegsendes, der gescheiterten Revolution und der Weltwirtschaftskrise festmachten. Mit einem viel zitierten Buch von Gerhard Fricke, „Der religiöse Sinn der Klassik Schillers" (1927), beginnt die Reihe weltanschaulich interessierter Schillerinterpretationen, die sich in unangefochtener Kontinuität

von der späten Weimarer Republik durch den Nationalsozialismus und die Adenauerzeit bis in den Anfang der sechziger Jahre erstreckt.
Zugleich entdeckte man in der Weimarer Republik erneut den patriotischen Schiller, nun unter verschärft nationalistischem Aspekt, von gemäßigter Inanspruchnahme bis zum faschistischen „Schiller als Kampfgenosse Hitlers" (so ein berüchtigtes und umstrittenes schmales Buch von Fabricius 1931; zum Gesamtzusammenhang vgl. Ruppelt 1979). Benno von Wiese, bereits in seinen Anfängen ein kluger Seismograph, versuchte beide Interpretationsmuster zusammenzuführen und interpretierte *Maria Stuart* (wie alle anderen Schillerdramen auch) als „Sinnbild für die Einheit des Politischen mit dem Metaphysischen" (von Wiese 1937, S. 103). Die verschwommene Formel steht bei ihm, schon damals, in Kontrast zu vielen genauen und informativen Einzelbeobachtungen im Text; der Gesamtaspekt übernimmt Schillers dunkle Zeichnung der politischen Welt distanzlos als überzeitliche Wahrheit in die eigene Interpretation und kompensiert sie mit dem Blick auf Marias strahlende Entscheidungsfreiheit.
Einen eigenen Weg ging Gerhard Storz (1938), der Schillers Dramen von ihrer dichterischen Form her interpretierte, nicht ohne die weltanschaulichen Implikationen auch dieses Ansatzes deutlich herauszustellen (das Drama sei der Kampf zweier „Ordnungen", der Kampf zwischen dem Individuellen und dem Allgemeinen, zwischen Macht und Gewissen, „Erfolg" und „Glaube", ebd., S. 16f.). *Maria Stuart* nimmt auch bei ihm keine bedeutende Position ein: formal von großer Meisterschaft, aber ohne eigenen (d. h. weltanschaulichen) Inhalt, eine bloße „Übung" zwischen wirklichen „Werken" (ebd., S. 161).
Wieses und Storz' Bücher bilden Orientierungspunkte der Schillerforschung in der Weimarer Republik, beide sind Beispiele für die ambivalente Situation vieler Intellektueller im Nationalsozialismus: einerseits deutliche Distanz, ja Warnung gegenüber direkten nationalsozialistischen Zugriffen auf Schiller, andererseits grundsätzliche Übereinstimmung zwischen Bildungsbürgertum und Nationalsozialismus in weltanschaulichen Grundpositionen wie denen der Volksgemeinschaft und des „Dienstes" an ihr, der notwendigen Unterordnung des Einzelnen unter das Allgemeine. (Zur Schiller-Rezeption im Nationalsozialismus s. Ruppelt [1979] und Klassiker in finsteren Zeiten [1983]).
Für die Schillerforschung der **Bundesrepublik** bedeutete der Zusammenbruch des Naziregimes und der so genannte „Neubeginn" keine Zäsur. Die Autoren der drei beherrschenden Schillermonografien vom Jubiläumsjahr 1955 sind dieselben wie die von 1937/38: Buchwald, Storz und von Wiese. Ein Forschungsbericht Benno von Wieses (in: DVjs 1953, S. 452–483) konnte in einer heute schwer nachvollziehbaren Unreflektiertheit den Zeitraum von 1937 bis 1952 als Einheit sehen, unter vorsichtiger Distanzierung von jeglicher Missdeutung Schillers als eines politischen Dichters – womit im (totalitarismustheoretischen) Sprachgebrauch der Nachkriegsjahre sowohl eine nationalsozialistisch/faschistische wie eine, noch heftiger abgewehrte, „ostzonal"/kommunistische Indienstnahme gemeint war. Repräsentative Deutungen der *Maria Stuart* dieser Zeit stammen, außer von Storz (1959) und von von Wiese (1959), noch von Adolf Beck (1958/1966). Alle drei ver-

binden genaue, oft auch heute noch anregende Einzelbeobachtungen zur Charakterzeichnung, zum Handlungsablauf, zur Motivstruktur und zu den inhaltlichen Themen des Werks mit der schon bekannten, unhistorischen Übernahme von Schillers dichotomischer Weltsicht: autonomes Individuum gegen tragischen Geschichtsverlauf. Alle drei Autoren stellen diese historisch bedingte Sicht Schillers als überzeitliche Wahrheit dar, als vom Dichter gestaltete und vom Interpreten zu übernehmende Grundauffassung von Geschichte und von Gesellschaft überhaupt. So betont Storz den philosophischen, metaphysischen Charakter von Schillers tragischer Weltsicht, von Wiese einen „transzendentalen" Aspekt des „Personseins als solchem", denn Schiller sei „eine in höchstem Maß religiöse Existenz" gewesen, die Abendmahlsszene von ihm religiös gemeint (v. Wiese 1959, S. 717, 722); für Beck ist Marias Übertritt in die Erhabenheit „Gnade" und „Erlösung" 1966, S. 185). Literaturinterpretation wird hier zum philosophischen oder religiösen Glaubensbekenntnis.
Wer will, kann etwa im Vorwort zu Storz' Schillerbuch (1959) nachlesen, wie solche Kombination von werkimmanenter Literaturbetrachtung und Metaphysik gedacht war als Beitrag zum moralischen Wiederaufbau nach der Katastrophe des Nationalsozialismus: als Wiederaufrichtung ewig-menschlicher Werte im Anschluss an den deutschen Idealismus. Natürlich bleibt eine solche weltanschauliche Horizonteinfärbung nicht ohne Rückwirkung auf die Einzelaussagen. Was Schiller mit der Geschichte des 16. Jahrhunderts in diesem Drama macht, geht im allgemeinen, metaphysischen Geschichtsbegriff der Autoren unter oder wird bewundernd unter „höhere", „symbolische", dichterische Wahrheit subsumiert (so in der *Stuart*-Interpretation von A. H. Korffs geistesgeschichtlich orientiertem „Geist der Goethezeit", 1958, S. 251). Schillers Formgestaltung wird für ihre Meisterschaft gerühmt und/oder wegen ihrer „Kühle" kritisiert – aber nicht auf ihre inhaltliche Strukturierungsleistung hin befragt; die Geschlechtsrollenthematik ist ohne Interesse etc. Alles, was in Schillers eigenen theoretischen Überlegungen nicht reflektiert wird, erscheint auch in den Interpretationen nicht.
Daneben gibt es verdienstvolle Einzeluntersuchungen zur Figur des Mortimer, zur Geschichtsdarstellung und zu anderen Einzelfragen, ohne dass die Gesamtdeutung des Werkes dabei auf einen neuen Boden gestellt worden wäre. Die angloamerikanische Germanistik meldet sich, erstmals, mit einer Vielzahl von Detailuntersuchungen zu Wort und liefert mit Else Grahams sorgfältigen Werkbeobachtungen (1960 und 1974) wichtige Anregungen.

Während die Literaturwissenschaft der entstehenden Bundesrepublik in breiter Front Schillers Werk als Ersatzreligion vereinnahmte, suchte die **DDR-Literaturwissenschaft** in Schiller den fortschrittlichen Bürger des 18. Jahrhunderts. Vom allzu unvermittelt gesetzten weltanschaulichen Anspruch führt auch dort kein sinnvoller Weg zur *Maria Stuart*. So stellt z. B. Ursula Wertheim (1958/59) die klassischen Dramen Schillers seit dem *Wallenstein* in den Zusammenhang seiner Auseinandersetzung mit der Französischen Revolution: Schiller habe immer getrennt zwischen den Zielen der Französischen Revolution, die er zeitlebens bejaht habe, und der blutigen Form, in der diese Ziele verwirklicht wurden, wie die von ihm scharf kritisierte Hinrichtung des Königs und die von ihm verabscheuten Gräuel des Bürgerkriegs.

Eine solche Unterscheidung ist sinnvoll, und der Hinweis auf den Königsmord verweist auf den Horizont an zeitgenössischer, historischer Erfahrung, die man bei der Lektüre von Schillers Werk mitdenken muss. Aber von solchen Zeitbezügen führt zu Schillers Dramen, führt gerade zu *Maria Stuart* kein direkter Weg. Schiller verarbeitet in *Maria Stuart* nicht die politischen Probleme der Revolution und auch nicht die des 16. Jahrhunderts, Elisabeth ist bei ihm gerade nicht eine historisch progressive Figur usw. Vielmehr zieht Schiller für sich die Konsequenzen aus dem – in seinen Augen – offensichtlichen Scheitern des Projekts der Französischen Revolution: Im historischen, politischen Raum scheint kein Platz mehr für sinnvolles, zukunftsgerichtetes Handeln, Zukunftsperspektiven gibt es auch in geschichtlicher Hinsicht nur noch in der individuellen Entwicklung der Menschen zu mehr Selbsttreue und moralischer Integrität.

Differenzierter, und unter stärkerer Orientierung an solchen Einsichten, sieht Hans-Günther Thalheim Schillers literarische Position in einem ebenfalls programmatisch gemeinten Aufsatz (1974). Er argumentiert nicht mehr politisch-revolutionsgeschichtlich, sondern ökonomisch-sozialgeschichtlich: Schiller im Übergang vom Feudalismus zur bürgerlichen Gesellschaft, behaftet mit den realen und ideologischen Schwierigkeiten der „deutschen Misere". Schiller versuche „sich […] poetisch über die Möglichkeit des geschichtlichen Subjekts zu verständigen, das die angestrebte humane bürgerliche Zukunft herbeiführen solle" (ebd., S. 15). Ein solcher Satz ist zweifellos richtig, und er führt näher an einen umfassenden Verstehenshorizont heran als das meiste, was in den Jahren zuvor in der Bundesrepublik geschrieben wurde. Er enthält die Perspektive sozialen Handelns, die bei Schiller immer mitgedacht wird.

Aber von Schillers Dramen ist auch Thalheims Ansatz weit entfernt. Er nimmt Schillers Schwierigkeiten in seiner Situation im 18. Jahrhundert ernster als Ursula Wertheim, aber auch er unterstellt, dass Schiller nach der bürgerlichen Klasse als Subjekt sucht, und sieht nicht, dass Schiller einen Begriff von bürgerlicher Klasse nicht nur noch nicht hatte, sondern dass er ihm verstellt war dadurch, dass Schiller sich auch historisches Subjektsein immer nur als individuelles Handeln vorstellen konnte. Die DDR-Vorstellung vom „bürgerlichen" Humanismus als Vorschein des Sozialismus, wie Thalheim sie vertritt, hat den (wahrhaft „bürgerlichen") Individualismus Schillers, den Individualismus der klassischen deutschen Literatur überhaupt, nicht ernst genommen – ebenso wenig wie das Schiller'sche Autonomiepostulat, den Kern seines Kunstbegriffs. – Im Hinblick auf *Maria Stuart* werden die Individualisierung der historischen Figuren und die Ontologisierung des geschichtlichen Handlungsfeldes von Thalheim nur als „Eintrübungen" eines eigentlich historisch richtigen Dramas über das 16. Jahrhundert gewertet. Er sieht nicht, dass sie das Zentrum von Schillers Dramen ausmachen. Der Zugang zu *Maria Stuart* bleibt ihm damit versperrt.

Gegen die ideologischen Verengungen werkimmanenter und geistesgeschichtlicher Schiller-Deutungen in der Bundesrepublik gab es bereits **Mitte der sechziger Jahre** Widerspruch. Aber erst nach den heftigen Angriffen der Studentenbewegung auf Methode, Literaturbegriff und Klassikbild der etablierten Germanistik kam die fachinterne Diskussion in Gang, in der Schulgermanistik fast noch vehementer als in der Universitätsgermanistik. Kritische Veröffentlichungen zum Klassikbild und zum Schillerbild der Deutschen häuften sich, und in diesem Zusammenhang rückte nun, erstmals, auch *Maria Stuart* in den Mittelpunkt einer grundsätzlichen Kontroverse.
Hannelore Schlaffer (1974) nahm, bewusst, die Deutungsgeschichte dieses Schultextes zum Anlass, um exemplarisch eine verfehlte Klassiker-Rezeption in der Schule und eine ideologisch verfangene Literaturwissenschaft anzugreifen. An pointiert ausgewählten Zitaten (u. a. aus dem Vorgängerheft dieses Büchleins von Rudolf Ibel) kritisierte sie das methodische Prinzip fragwürdiger Ontologisierungen.
Der moralische Sieg Marias über die historisch fortschrittliche Vertreterin des Absolutismus im Drama, Elisabeth, sei einst die Kompensationsleistung des „Klassikers" für seine Anerkennung durch die feudalabsolutistische Gesellschaft Deutschlands gewesen; in der Rezeptionsgeschichte seien die klassenspezifischen Momente dieses Kompromisses vollends ins Allgemeinmenschliche umgebogen, Schillers Position um ihren letzten politischen Impuls gebracht worden, gemäß dem „Schein des klassenlosen Staates", der das eigentliche „Bildungsziel des Gymnasiums" sei (ebd., S. 157).
Die scharf pointierten Interpretationsthesen dieses Aufsatzes sind kein Einzelfall. Wenig später hat Christa Bürger (1977) die gleiche Auffassung vom fragwürdigen Klassenkompromiss der Weimaraner zur Grundlage einer umfassenden Goethe-Darstellung gemacht. Eine Generation von Lehrern, (meist jungen) Universitätsdozenten und Studenten arbeitete kritisch deutsche Vergangenheit auf und warf dabei vieles erst einmal über Bord, was noch gebraucht werden sollte. Ihre Deutungen beschränkten sich auf die politische Dimension der Konflikte im 18. Jahrhundert und übersahen, dass die Kunstauffassung der deutschen Klassik nicht nur zwischen schwachem Bürgertum und starkem Feudalabsolutismus in Deutschland Partei ergriff, sondern zugleich für die ideellen humanen Werte des Bürgertums gegen seine bereits sich abzeichnende, menschenverachtende und entfremdende Praxis. Erst mit diesem Aspekt kann *Maria Stuart*, können Schillers Weltbild und die Schillerrezeption im 19. und 20. Jahrhundert angemessen erklärt werden.
Schlaffers Aufsatz hat heftige Reaktionen hervorgerufen (vgl. Diskussion Deutsch 7 [1976], Heft 30; 8 [1977], Heft 34), die Auseinandersetzung versackte aber bald ohne Ergebnis. Dennoch markiert sie eine Wende in der Schiller-Rezeption – der der Schule und der der Universität gleichermaßen. Die historische Distanz zu Schiller wurde seit langem immer nur beklagt – und dann mit einem unmittelbaren, weltanschaulichen Bestätigungsbedürfnis übersprungen. Jetzt musste die Distanz ernst genommen, historisch untersucht und für ein reflektiertes eigenes

Erkenntnisinteresse fruchtbar gemacht werden – ein Verfahren, wie es etwa die Schiller-Aufsätze von Klaus L. Berghahn (1986) exemplarisch vorführen.
Auch *Maria Stuart* ist auf dieser neuen methodischen Plattform durch einen umfassend angelegen Aufsatz von Gert Sautermeister (1979) interpretiert und dabei zum ersten Mal als eigenständiges Werk ernst genommen worden. Sautermeister liest das Drama als Stellungnahme des Autors zu den Problemen seiner Zeit, eine Stellungnahme, in der ästhetische, philosophische und politische Ebene untrennbar miteinander verbunden seien; und Sautermeister entziffert diese Stellungnahme mit einem an heutigen, aktuellen Fragen geschärften Erkenntnisinteresse (weshalb u. a. der Geschlechtsrollenthematik in seiner Interpretation eine besondere Bedeutung zukommt – erstmals in dieser Grundsätzlichkeit, nach einem noch tastenden Vorstoß in dieses Gebiet von Volker Klotz [1962]).
Damit war der Weg zu neuen Auseinandersetzungen mit Schillers Drama geöffnet.
Das Weiblichkeitsthema wurde in einem auf Schiller insgesamt ausgedehnten Rahmen von Fuhrmann (1981) aufgegriffen; eine Neubewertung Elisabeths mit starker Akzentuierung der politischen Konflikte im Drama versuchte Frommer (1981) in einem auf die Schulsituation ausgerichteten Aufsatz. Auch unsere Interpretation stimmt im Grundsätzlichen und in vielen Einzelheiten mit Sautermeisters Deutung überein.
In der DDR-Germanistik war die Diskussion inzwischen ebenfalls über die Positionen der frühen siebziger Jahre hinausgegangen. Zwei Aufsätze von Leistner (1981) bestimmten Schillers Situation im 18. Jahrhundert genauer als zum Beispiel noch Thalheim und berücksichtigten sehr sorgfältig, mit empirischen Beobachtungen, die schwierige Situation heutiger Rezipienten. Das „klassische Erbe“ war auch in der DDR kein selbstverständliches Besitztum mehr, sondern eine immer erneut und oft nur mit Schwierigkeiten anzunehmende Herausforderung, bei der erst die historische Distanz, wenn sie genau bestimmt wird, wirkliches Verständnis und eine, partielle, Nähe ermöglicht. Erst, wenn man die fatalen Beschränktheiten in Schillers historischer Synthese kritisch aufarbeitet, wird der Blick für seine Leistung frei.
Die methodologischen Neuerungen des vergangenen Jahrzehnts haben „*Maria Stuart*“ bisher kaum erreicht; nur ein sehr anregender Aufsatz der US-Germanistin von Mücke (1994) unternimmt eine Neulektüre mit einer an Foucaults machttheoretischen Schriften orientierten Begrifflichkeit.
Dem neueren Diskussionsstand entsprechend, ist auch unsere Interpretation eine Aneignung Schillers aus kritischer Distanz. Wir denken, dass Schiller weder mit seiner Philosophie noch mit seinen Dramen zeitlose Wahrheiten entdeckt, sondern dass er philosophierend wie dichtend Antworten gesucht hat auf Herausforderungen seiner Zeit, Lösungen für ihre ihn beunruhigenden Widersprüche. Was uns an Schillers Dramen heute noch berührt, das berührt uns, weil viele seiner Probleme auch heute noch aktuell sind; was uns an Schillers Dramen heute befremdet, gehört darum nicht weniger zu unserer Geschichte. Eine Aneignung von Schillers Dramen soll die Distanz zu Schillers Zeit nicht verwischen, Verbin-

dungen zu ihr aber nicht vorschnell abschneiden, sondern sorgsam freilegen. Nur so kann man der Lebensleistung dieses Werkes gerecht werden und aus der Begegnung mit ihm Nutzen ziehen.
Für einen solcherart komplexen Zugang sind die Methoden werkinterpretatorischen Verstehens mit denen sozialgeschichtlicher Einordnung zu verbinden. Es ist nötig, sich genau auf Schillers Text einzulassen, seine affektive Dynamik nachzuvollziehen und die Techniken seiner Herstellung zu begreifen; es ist auch nötig, sich die kunsttheoretischen Absichten und die ideologischen Vorstellungen zu vergegenwärtigen, in denen der Autor seinen eigenen Schaffensprozess verstanden hat (sie können mit den Aussagen des Textes differieren); und es ist nötig, die historische Situation gut zu kennen, der sich das Werk verdankt und deren Bedingungen in seine Gestalt eingegangen sind.

4.2 Geschichte

Schiller ist Geschichtsdramatiker. Von *Fiesco* über *Don Carlos* und *Wallenstein* bis zu *Jungfrau von Orleans, Wilhelm Tell* und *Demetrius* benutzt er für die meisten seiner Dramen historische Stoffe; selbst das bürgerliche Trauerspiel stellt er in die politische Gegenwartsgeschichte. Auch dort, wo er sich der Geschichte zu entziehen sucht, holt sie ihn wieder ein – wie die Entstehung der *Maria Stuart* zeigt (vgl. Kap. 1.1).
Innerhalb der Geschichte bevorzugt der Dramatiker, wie auch der Historiker Schiller, das 16. und 17. Jahrhundert, die Periode, die er als Vorgeschichte der eigenen Gegenwart ansieht und die für ihn durch zwei Momente bestimmt wird: durch die Entstehung des Bürgertums, das sich mit dem Absolutismus auseinander setzen muss, und durch die Entstehung des neuzeitlichen europäischen Staatensystems (vgl. Karl-Heinz Hahn, Schiller und die Geschichte, in: Berghahn 1975, S. 31). Der erste Problemkreis hatte vor allem im *Carlos* im Mittelpunkt gestanden, der zweite im *Wallenstein.*
Tritt man mit solchem Vorwissen an *Maria Stuart* heran, wird man irritiert. In diesem Drama häuft Schiller, wie kaum sonst, historische Fakten und Verweise an – und geht ganz willkürlich mit ihnen um. Und die Auseinandersetzung zwischen Maria und Elisabeth beginnt als politischer Konflikt – aber entscheidet sich auf der Ebene „nur" privater Motive. So zu verfahren, lag in Schillers Absicht. Es war das erklärte Ziel seiner klassischen Kunsttheorie, den historischen Stoff durch die poetische Form „aufzuzehren" (vgl. oben, Kap. 1.2).
Mit dieser Feststellung aber ist das Problem nicht erledigt. Was immer ein Drama mit dem historischen Stoff anzustellen versucht – ob es den geschichtlichen Fakten, von denen es spricht, nachspürt, oder ob es ihrer Eigengesetzlichkeit entgegenarbeitet: Es bleibt ein Drama im historischen Feld, das ein bestimmtes, vielleicht eigenwilliges, aber nicht etwa kein Bild vom geschichtlichen Ablauf und seinen Gesetzen vermittelt.
Die ältere, geistesgeschichtliche Forschung hat das nicht so gesehen. Sie las das Werk von des Autors erklärter Absicht her und stellte befriedigt fest, wie gut es

ihm gelungen sei, das Historisch-Politische am Stoff „dem Menschlichen unterzuordnen" (Sengle 1952, S. 45). Die existenzialistische Forschung arbeitete gleich selbst mit der ontologischen Gegenüberstellung „der" Mensch und „die geschichtliche Welt" (Fricke 1943). Im Gegensatz dazu hat die DDR-Forschung das Drama vom dargestellten Gegenstand aus interpretiert: als realistische Wiedergabe der Konflikte im 16. Jahrhundert, gespiegelt in den deutschen Erfahrungen mit der Französischen Revolution. Schillers idealistische Umformung der Geschichte wurde dabei als störende, aber historisch erklärbare Verzerrung wahrgenommen. Beide Positionen versäumen es, Schillers Geschichtsbild in *Maria Stuart* inhaltlich zu bestimmen.

Neuere Arbeiten weichen der Frage nach Schillers Auseinandersetzung mit der Geschichte in diesem Drama eher aus; in den neuesten Sammelbänden zum Geschichtsdrama kommt *Maria Stuart* gar nicht vor. Allerdings wird dort unterstrichen, dass eine Umformung des geschichtlichen Stoffes durch „Sinnvorgaben" des Autors keine Besonderheit Schillers, sondern umfassendes Gattungsmerkmal des „Geschichtsdramas" ist (Hinck 1981, S. 10).

So ist also Schillers Geschichtsbild in *Maria Stuart* nachzuzeichnen und zur Profilierung mit den Bildern zu vergleichen, die der Historiker Schiller, die seine Quellen und die die heutige Geschichtswissenschaft von Maria Stuart entwerfen. Dabei interessieren hier weniger die Differenzen zwischen den historischen und den Schiller'schen Charakteren, die in der bisherigen Sekundärliteratur noch am ausführlichsten behandelt worden sind, noch interessiert die Frage, ob Schiller Einzelheiten des historischen Ablaufs richtig oder falsch dargestellt hat (zu beiden Fragen die gut und knapp informierende Darstellung von W. Witte 1962); schon gar nicht interessiert hier die jedem Dramatiker notwendige, von Schiller extensiv angewandte Technik, Auseinanderliegendes um der dramatischen Konzentration willen zusammenzuziehen (Einzelbeispiele hierfür oben in Kap. 3). Vielmehr interessiert das strukturelle Moment des geschichtlichen Ablaufs.

Dazu vorweg ein kurzer Lexikon-Überblick über das Zeitalter Elisabeths aus heutiger Sicht.

„Das Zeitalter Elisabeths I. (1558–1603) bedeutete die Konsolidierung des souveränen Staates, der ‚nationalen' Kirche, der zentralen Staatsgewalt mit ihrer Spitze im Staatsrat [...] und der lokalen Selbstverwaltung mit den Friedensrichtern als wichtigstem Organ [...] Rekatholisierungsbestrebungen [...] und gegenreformatorische Missionierungsversuche wurden erfolgreich abgewehrt; mit der Enthauptung der ehem. schott. Königin *Maria Stuart* (1587), die als Urenkelin Heinrich VII. Anspruch auf den engl. Thron erhoben hatte, verlor die röm. kath. Partei ihr polit. Gewicht. Der letzte Versuch, mit bewaffneter Macht von außen in die kirchl. Verhältnisse Englands einzugreifen und den Katholizismus zu restaurieren, scheiterte 1588 durch die vernichtende Niederlage der span. Armada. Es war eine Entscheidung von welthistorischer Bedeutung: Spaniens Vormachtstellung war gebrochen, Englands Aufstieg zur Weltgeltung begann [...] Elisabeth förderte die Entdeckungsreisen englischer Seeleute [...], unterstützte den Aufbau einer Handelsflotte und begünstigte den Außenhandel durch Gründung neuer Handelskompanien [...] Ihre nach merkantilistischen Grundsätzen geführte Wirtschaftspolitik verhalf dem Bürgertum in den Städten und dem Adel auf dem Lande (Gentry) zu gesteigertem Wohlstand und stärkte den polit. Einfluss dieser Gesellschaftsschicht im Parlament [...] Der Hochadel [...] hatte im Vergleich zur Gentry an polit. Gewicht verloren [...] Neben der Königin und der Regierung wurde das Unterhaus zum Träger polit. Entscheidungen. Es nahm sich erstmals auch der Arbeits- und Armengesetzgebung [...] an. Das geistige und literarische Leben gelangte zu hoher Blüte." (Meyers Enzyklopädisches Lexikon 1974, Bd. 11, S. 31 f.)

Die umfassende und stark strukturierende Perspektive in einem solchen Artikel ist nicht der Blickwinkel Schillers und des 18. Jahrhunderts. Aber nur, wenn man von einer heutigen Sicht der Geschichte ausgeht, kann man die Eigenart von Schillers damaliger Sicht deutlich machen. Zum heutigen Geschichtsbild gehört, dass die sozialen und ökonomischen Aspekte der Geschichte des ausgehenden 15. Jahrhunderts nicht außer Betracht bleiben. Die Geschichtswissenschaft selbst hat sie erst in neuester Zeit ernstgenommen: „Bis in die jüngste Vergangenheit hinein wurde die frühe Neuzeit in erster Linie politisch und kirchenpolitisch interpretiert" (Haan u. a. 1982, S. 79; dort ein guter Überblick über die Forschungsprobleme und Sachzusammenhänge aus sozialgeschichtlicher Sicht). Tatsächlich aber reichte die „welthistorische Entscheidung" zwischen Spanien und England weit über den politischen Rahmen hinaus. Hier stieß der Wegbereiter einer kommenden, bürgerlichen Staats- und Wirtschaftsstruktur mit der Führungsmacht des alten, feudalen Europas zusammen. Wäre Spanien damals Sieger geblieben, Maria auf Elisabeths Thron gekommen und Englands Seemacht vernichtet worden – Europas Weg aus dem agrarischen, feudalen Mittelalter in die industrielle, kapitalistische Neuzeit wäre zumindest sehr viel langsamer verlaufen.
Für den Historiker Schiller wie für einen Teil seiner Quellen, vor allem für den aufklärerischen Philosophen Hume, waren das keine fremden Perspektiven. Wenn beide die Auseinandersetzung zwischen England und Spanien und wenn Hume die Entwicklung in England selbst unter dem Gegensatzpaar Tyrannis – Freiheit ansehen, so haben sie in ihren idealistischen, juristisch-philosophischen Begriffen diesen umfassenden, welthistorischen Umbruch im Blick. Darüber hinaus sind beide an den sozial- und wirtschaftsgeschichtlichen Ereignissen der Zeit durchaus interessiert. Ihr Erkenntnisinteresse wie seine Wandlungen sind von uns aber nur dann angemessen zu verstehen, wenn auch wir eine möglichst umfassende Perspektive wählen. Deshalb wird im Folgenden nicht nur nach dem Inhalt von Schillers Geschichtsbild gefragt, sondern auch nach seinen Grenzen und Defiziten, wie sie sich aus heutiger Sicht darstellen. Die Absicht dabei ist nicht, es besser zu wissen als Schiller, sondern ihn in seiner Eigenart besser zu verstehen. (Im Übrigen vgl. zur englischen Geschichte die Überblicksdarstellungen von Schulin [1979] und Kluxen [1976] mit weiterer ausführlicher Literatur.)

4.2.1 Die historische Situation in „Maria Stuart"

Trotz aller Selbstauslegung von der „Vernichtung" des historischen Stoffes in der Poesie entwirft Schiller in *Maria Stuart* ein durchaus prägnantes Bild von den geschichtlichen Ereignissen, die 1587 am elisabethanischen Hof zur Hinrichtung der schottischen Königin führten. Dabei entfaltet sich das komplexe Kräftespiel auf drei Ebenen, der dynastischen, der konfessionellen und der außenpolitischen. Wegen Verwicklung in eine Verschwörung, die sie auf den englischen Thron bringen sollte, wird Maria der Prozess gemacht (850 ff.). Ihr dynastischer Anspruch ist unbestreitbar (530 ff.; 2365 ff.), aber politisch brisant. Ein Thronwechsel zur katholischen Maria Stuart würde blutige Religionskämpfe im Land bedeuten (66; 101 ff.; 556 ff.). Daran hätten die katholischen Mächte Europas, Frankreich und Spanien, offensichtlich ein gefährliches Interesse, denn das unter Elisabeth endlich protestantisch gewordene England ist ihnen aus konfessionellen und machtpolitischen Gründen ein Dorn im Auge (605; 608; 929 ff.). Maria Stuarts Thronanspruch ist für sie ein Hebel zur Durchsetzung dieser Interessen (265 ff.; 2332 ff.; 2672–2689; 3527 f.). Um demgegenüber den konfessionellen Frieden im Innern und die machtpolitische Stellung Englands nach außen zu sichern, muss Elisabeth den ständigen Unruheherd bekämpfen und schließlich beseitigen (3170–3184; 3214–3199).

Die Konstellation von dynastischen, konfessionellen und außenpolitischen Aspekten bestimmt das Kräftefeld, in dem die beiden Königinnen ihren Streit austragen. Burleigh und das Parlament sorgen sich um die Thronfolge nach Elisabeths Tod und um den Religionsfrieden im Land. Burleigh hat deshalb den französischen Heiratsplan betrieben und bricht ihn ab, als Frankreich sich in eine katholische Verschwörung um Maria Stuart verwickelt zeigt. Frankreich unterstützt die innerenglischen Aufstandsversuche zugunsten Maria Stuarts und betreibt die Rekatholisierung Englands (Norfolk- und Babington-Verschwörung; Versammlung im Hause des Grafen Aubespine, Entsendung von Priestern aus dem Immigrantenseminar in Reims); im Hintergrund rüstet Spanien seine Flotte zur kriegerischen Auseinandersetzung mit England. Mortimer ist eine Schachfigur im Spiel der katholischen Gegenreformation, mit inländischen Verschwörern im Bund. Burleigh wehrt die französische Gefahr mit erheblichem Aufwand ab und hat die spanische im Blick.

Mit diesem dreiebigen Bedingungsgefüge hat Schiller die historische Situation um den Streit der Königinnen nicht nur vielschichtig, sondern auch durchaus richtig dargestellt. Auch die heutige Geschichtswissenschaft sieht in der Verbindung von dynastischen, konfessionspolitischen und außenpolitischen Problemen die unmittelbare Bedingung für die „prekäre Lage“, in die Elisabeth durch Marias Flucht nach England 1568 gebracht wurde (Kluxen 1976, S. 223; dort eine zusammenfassende Darstellung). Schiller arbeitet die komplexe Vielschichtigkeit dieser Situation weit deutlicher heraus, als die meisten seiner historischen Quellen. Seine dramatischen Vorgänger ließ er damit weit hinter sich; sie waren meist vordringlich am konfessionellen Problem interessiert oder ließen die historischen Aspekte des Stoffes hinter seinen emotionalen verschwinden (s. oben, Kap. 1.4).

Nur am Rande wird von Schiller ein zusätzlicher, nationalpolitischer Aspekt erwähnt: der Gegensatz England – Schottland und die Hoffnung auf eine Vereinigung beider Länder (824–838). Sie wird nach Elisabeths Tod tatsächlich vollzogen. Das Drama zieht diese Linie aber nicht weiter aus.

Doch so richtig und einleuchtend im ganzen Schiller die historische Situation zeichnet: Im Detail setzt er eigenwillige Akzente. Diese Veränderungen geben Aufschluss über wichtige Momente in seinem Geschichtsbild und über dessen Wandlungen vor 1800.

4.2.2 Veränderungen

Es muss verwundern, wie wenig Raum Schiller der spanischen Bedrohung einräumt. Sie wird zwar genannt (608; 929f.; 3218f.; 3527f.), bleibt aber am Rand. Gegenüber Schillers Quellen ist dies die auffallendste Veränderung. Diese referieren nämlich die entschiedene Rolle, die Spanien neben Frankreich bei den Verschwörungen zugunsten Marias gespielt hat (es war z. B. ein spanischer, kein französischer Botschafter, der wegen Beteiligung an einem solchen Komplott des Landes verwiesen wurde); sie berichten, dass Spanien seit 1585 seine Kriegsvorbereitungen gegen England intensivierte und dass deshalb der Druck auf Elisabeth wuchs, das Problem Maria endlich zu lösen. Von solchen direkten Zusammenhängen zwischen dem spanisch-englischen Konflikt und der Maria-Handlung ist bei Schiller kaum die Rede. Die außenpolitische Bedrohung wird vorwiegend über Frankreich dargestellt, also entkonkretisiert und entschärft (Ausnahme: 3218f.) Schiller begibt sich damit der Möglichkeit, einen inhaltlichen, geschichtsphilosophischen Aspekt darzustellen, der ihn sonst am Gegensatz England-Spanien wichtig gewesen war: den der Auseinandersetzung zwischen Freiheit und Tyrannis.
Wann immer Schiller in seinen historischen Schriften ausführlicher auf das elisabethanische England und Elisabeth selbst zu sprechen kam – an wenigen, aber meist herausgehobenen Stellen, und nicht nur in der *Geschichte des Abfalls der Niederlande*, wo es nahe lag, sondern auch in der *Geschichte des Dreißigjährigen Krieges* (z. B. NA XVII, S. 20 und 53; XVIII, S. 96) –, da tat er das unter dem Aspekt der Auseinandersetzung Englands mit Spanien. Elisabeth erschien dort als Vorkämpferin, gelegentlich sogar als maßstabgebende Vorkämpferin für die Sache der religiösen und der bürgerlichen Freiheit auf Seiten der Niederlande, gegen die katholischen Spanier und den die Tyrannis des Absolutismus vertretenden Philipp.
England: Das war bisher für Schiller der Ort der Freiheit, der religiösen wie der politischen, und Elisabeth war deren Bürge. Dieser Gedanke ist sogar älter als Schillers berufliche Beschäftigung mit der Geschichte (seit 1787); schon 1784 war in *Kabale und Liebe* England „das freieste Volk unter dem Himmel" (II, 3); 1786 feierte das Gedicht *Die unüberwindliche Flotte* Englands Sieg von 1588 als glorreichen Kampf des Fortschritts über die Tyrannei.
In *Maria Stuart* ist dieser Gedanke völlig verschwunden. Um seiner Tilgung willen ist offensichtlich die Rolle Spaniens 1585/87 an den Rand gedrängt worden. Am geschichtsphilosophischen Freiheits- und Fortschrittskonzept der Aufklärung scheint Schiller in diesem Drama nicht mehr interessiert. Die Dimension der welthistorischen Entscheidung zwischen feudalem Beharren und bürgerlichem Fortschritt, die dem historischen Stoff immanent ist, wird von ihm nicht mehr thematisiert.

Die gleiche Eliminierung ehemaliger geschichtsphilosophischer Vorstellungen, die hier auf der *außenpolitischen* Ebene zu beobachten ist, bestimmt auch die Ausformung des *konfessionspolitischen* Themas. Auf dieser Ebene fällt nicht so sehr der Unterschied zu Schillers Quellen ins Auge als der zu seinen dramatischen Vorgängern und, wiederum, zu seinen eigenen historischen Schriften.

Der konfessionelle Konflikt ist ein beherrschendes Thema der Zeit. Schillers Quellen betonen ihn, oft als ausschließlichen; auch die heutige Forschung hält ihn für wichtig. Der Dramatiker Schiller steht damit in der sicheren Tradition seiner Vorgänger. Die mit wenigen Ausnahmen durchgängige Tendenz der *Maria Stuart*-Dramen ist gegenreformatorisch: die gute katholische Märtyrerin gegen die siegreiche, aber böse Protestantin (s. oben, Kap. 1.4). Schiller hatte in seinen historischen Schriften das Schema übernommen, die Wertung aber umgekehrt. Elisabeth ist dort die Heldin (Maria kommt nicht weiter vor), weil sie die Sache des Protestantismus und damit der Religionsfreiheit verteidigt.

Umso erstaunlicher ist vor diesem Hintergrund die Stoffwahl des Dramas. Man hätte von Schiller ein Elisabeth-Stück erwarten können: ein Drama über die geschichtliche Tragik derer, die mit Religionsfreiheit und Friedensordnung Fortschritt verwirklichen will, aber dazu Unrecht auf sich nehmen, die Rivalin töten lassen muss. Doch Schiller schreibt sein Drama nicht über Elisabeth, sondern über Maria.

Diese Wahl hat erhebliche Konsequenzen. Das geschichtstheoretisch progressive Moment des Protestantismus ist aus dem Geschichtsbild von *Maria Stuart* völlig verschwunden, von Gewissens- und Glaubensfreiheit ist hier nicht mehr die Rede, Protestantismus und Katholizismus stehen sich als zwei gleichrangige Religionen gegenüber.

Natürlich fällt Schiller nicht einfach in die Tradition der katholischen Glaubensdramen zurück, ist Maria bei ihm nicht die Vertreterin der guten Religion. Vielmehr spielt Religion in ihrer Figur nur eine untergeordnete Rolle: mehr Glanz als Glaube. Damit ist Schiller übrigens der historischen Wahrheit näher als seine dramatischen Vorläufer – auch bei der geschichtlichen Maria waren die dynastischen Momente bestimmender als die konfessionellen (Schulin 1979, S. 921); ohne Bedenken ist sie die Ehe mit dem protestantischen Bothwell eingegangen. Entsprechend ist auch Elisabeth bei Schiller keine gläubige Protestantin (auch die historische Elisabeth war das nicht). Die konfessionellen Momente sind aus beiden Hauptfiguren herausgenommen und in die Szene verlegt.

Dort erscheint der Katholizismus in dunklem Licht, als skrupellose politische Macht, die um jeden Preis England zurückgewinnen will, zu diesem Zweck vor keinem Blutvergießen zurückschreckt und Maria für ihr mörderisches Spiel benutzt. Doch auf der Gegenseite sind auch Elisabeths protestantische Granden für jede Rechtsbeugung gut, scheuen weder Burleigh noch Elisabeth selbst vor heimtückischen Mordplänen zurück. Die *religiösen* Unterschiede beider Konfessionen werden in Schillers Stück nicht gegeneinander ausgespielt; *politisch* und *moralisch* unterscheiden sie sich nicht.

Komplexer ist Schillers *kulturelle* Wertung beider Konfessionen. In der Italien-

Episode Mortimers spricht Schiller dem (südländischen) Katholizismus entfaltete Sinnlichkeit und damit das umfassendere, reichere Menschenbild zu als dem redlichen, aber dumpfen Protestantismus mit seinem beschränkten, nördlichen Puritanismus (der Kerngedanke einer solchen Wertung findet sich schon 1788 im *Abfall der Niederlande* – es bedurfte nicht erst des von der Forschung sehr hoch angesetzten Einflusses der Romantiker, um Schiller zu dieser Einschätzung zu bringen).

Das strahlende Bild vom glücklichen, südlichen Katholizismus ist nicht ohne Eintrübungen. Der es entwirft, ist ein täuschbarer Schwärmer, und was er als Befreiung seines Geistes und seiner Sinne erlebt, erweist sich als intrigantes Arrangement. Auf der anderen Seite hat die düstere Puritanerwelt mit Paulet den ehrbarsten Charakter des Dramas hervorgebracht. Doch trotz solcher Gegenakzente erscheint insgesamt der Katholizismus gegenüber dem Protestantismus als die menschlichere Religion, in deren Bereich humanere Beziehungen und eine vollere Entfaltung des Menschen möglich sind, mehr Glück und mehr Selbstidentität.

Dass Schiller den Puritanismus so herausstreicht, ist übrigens historisch durchaus korrekt: Er wird unter Elisabeth erstmals zu einer geschichtlichen Kraft. So vielfältig Schiller in seinem Drama sonst gegen den immanenten Sinn seines Stoffes anarbeitet: den Puritanismus hat er hellsichtig nicht nur in seiner individuellen, sondern auch in seiner historischen Bedeutung dargestellt. (Von seinen Quellen hatte ihm darin vor allem der Aufklärer Hume vorgearbeitet.)

Zu der kulturellen Hochwertung des Katholizismus trägt nicht nur die strahlende Figur der Maria bei, sondern zweifellos auch Schillers umstrittenes Unterfangen, im V. Aufzug ein katholisches Abendmahl auf der Bühne zu zelebrieren. Der protestantische Dichter erhabener Charaktere versucht, sein Wunschbild einer Versöhnung von Vernunft und Sinnlichkeit in der historischen Form eines kirchlichen Ritus theatralisch anschaulich zu machen. Entsprechend missverständlich ist diese Szene geraten: Der historisch geprägte sakrale Inhalt der Form gefährdet den von Schiller gemeinten idealistischen Inhalt seines Symbols.

Umgekehrt lässt aber auch der idealistische Sinn der Handlung die historische Gestalt des katholischen Ritus nicht unbeschädigt. Auch hier wird das geschichtliche Material, das Schiller so breit zitiert, um seinen eigenen historischen Sinn gebracht, Geschichte ihres geschichtlichen Inhalts beraubt.

4.2.3 Defizite

Maria Stuart ist kein bloßes Königs- oder Hofdrama. Schiller zeigt seine Figuren, zumindest diejenigen am englischen Hof, durchaus auch unter innenpolitischen Handlungszwängen. Elisabeth ist nicht frei: Volk und Parlament erwarten von ihr, dass sie ihren Thron sichert; Burleigh macht sich zum Anwalt dieser berechtigten politischen Forderungen. Die dynastischen, außenpolitischen und konfessionellen Probleme treffen sich in der innenpolitischen Lage. Die historische Situation, in der Schiller seine Figuren agieren lässt, ist ein in sich geschlossener, aber komplexer Regelkreis.

Außerhalb dieses Kreises jedoch gibt es nichts, und auch innerhalb seiner werden die Kräfte deutlich gestaffelt. Auffallend ist Schillers dramaturgisches Verfahren, die verschiedenen Mitglieder des Kronrates nicht als Repräsentanten, sondern als Einzelne agieren zu lassen. Sie stellen nur abstrakte Prinzipien dar: Staatsräson (Burleigh), Menschlichkeit und Moral (Shrewsbury), höfischen Machtwillen (Leicester). Eine soziale Gruppe wird einzig hinter Mortimer sichtbar (junge adlige Verschwörer und der katholische Klerus in Frankreich; hingegen macht Leicester von Mortimers Aufforderung, seine Gefolgsleute, den „Adel auf Euern vielen Schlössern" [1916f.] in den Kampf zu rufen, gerade keinen Gebrauch).
Gegenüber der historischen Wirklichkeit des 16. Jahrhunderts ist das eine Abstraktion. Tatsächlich waren die mächtigen Männer an Elisabeths Hof keine Einzelnen, sondern Exponenten mächtiger Adelsgruppierungen. So stammte Sir Wilhelm Cecil aus der aufsteigenden Mittelschicht des Landadels und vertrat als Lord Burleigh in hohem Maße das Interesse der Gentry auf Stärkung der Zentralmacht gegen die Interessen des alten Feudaladels, der in der Norfolk-Verschwörung ein letztes Mal die historische Entwicklung zum Absolutismus umzukehren suchte. Dagegen war Robert Dudley, Earl of Leicester, Mitglied des Hochadels und vertrat in Elisabeths Umgebung außenpolitisch die Kriegspartei.
Von solchen Auseinandersetzungen im Hintergrund der personellen Konstellationen am Hof weiß Schillers Drama nichts. Diese Enthaltsamkeit verwundert bei einem Autor, der z. B. im *Wallenstein* große Kunst darauf verwandt hatte, einzelne Personen als Exponenten verschiedener Gruppen und Interessen innerhalb des sozialen Gebildes „Heer" und innerhalb der komplexen allgemein-politischen Lage zu profilieren. In *Maria Stuart* hatte er offenbar eine andere Gestaltungsabsicht; sie zeigt sich auch andernorts.
Schon am Personenverzeichnis war aufgefallen, dass im Sozialbild der Zeit, das das Drama entwirft, weder ein Vertreter des Bürgertums noch einer der Stadt London auftaucht und dass auch die Institution des Parlaments nicht eigens vertreten ist. Im Drama selbst wird das Parlament vier Mal erwähnt (580; 1320; 1324; 1420), das „Volk" sehr viel öfter, aber beider Einfluss auf das Geschehen ist gering. Beide sind Bezugspunkt für Argumentationen der Adeligen, aber beide sind ohne Handlungskompetenz (zum „Volk" vgl. oben, etwa S. 76 zu 3260ff.). An den innenpolitischen und den sozialen Konflikten des 16. Jahrhunderts ist Schiller in *Maria Stuart* nicht interessiert.
Die Auseinandersetzungen zwischen dem Parlament und der Krone, zwischen dem alten Feudaladel und den neuen Kräften von Bürgertum und modernem Staat hatten unter Heinrich VIII. das innenpolitische Geschehen in England offen bestimmt und waren unter Elisabeth nicht verschwunden, sondern nur in ruhigere Formen überführt worden. So wurde etwa der Streit um das Thronfolgeproblem anlässlich Maria Stuarts vom Parlament zugleich als Streit um seine Privilegien, vor allem um das Recht der Redefreiheit, geführt. – Nach Elisabeths Tod brachen die Kämpfe wieder auf und führten im 17. Jahrhundert zur Revolution. In Schillers Drama gibt es sie nicht.
Ganz von ferne sind solche historischen Positionen allerdings in der unterschied-

lichen Gestaltung der beiden Königinnen präsent. Maria ist dynastisch orientiert, durch kirchliche und familiale Bande mit den alten europäischen Königshäusern verbunden und argumentiert aus dem Bewusstsein ihres sicheren Legitimitätsrechts heraus, eingebettet in einen patriarchalisch geprägten Hof (s. V. Aufzug). Elisabeth ist demgegenüber die modernere Figur. Sie muss ohne gesicherte Legitimität und ohne Rückhalt bei den alteuropäischen Fürstenfamilien regieren, steht einem modernen Staat mit Problemen der Volksgunst und divergenten Beratergremien vor, ihr Hof ist ohne patriarchalisch-personale Züge, eine Ansammlung konkurrierender Individuen usw.. Doch Schiller belässt es bei solchen Andeutungen; er verankert sie nicht weiter im dramaturgischen Gefüge.
Das Ergebnis ist eine große Verarmung. Das vielfältige, lebendige Sozialbild der elisabethanischen Gesellschaft schrumpft zusammen auf den eingeengten Kampf Einzelner am Hof. Der Stand der Auseinandersetzung um bürgerliche Freiheit interessiert den Autor ebenso wenig wie die Entfaltung bürgerlichen Handelns und industriellen Fleißes; die „Gentry" kommt bei ihm nicht vor; Englands wachsende überseeische Unternehmungen sind nicht mit einem einzigen Hinweis bedacht, ganz zu schweigen von den sozialen Umwandlungsprozessen auf dem Land, die sich seit dem 15. Jahrhundert im Vorfeld der kommenden Industrialisierung abspielten und die in den Quellen der Zeit als zeitgenössische Klagen über das Unrecht der „Einhegungen" wichtigen Platz einnehmen.
Eine solche Verarmung des Geschichtsbildes bei dem Autor, der von *Kabale und Liebe* über den *Carlos* bis zum *Wallenstein* tief im Kontext historischer und sozialer Konflikte gearbeitet hatte, ist mit dramaturgischen Notwendigkeiten gar nicht und mit Wandlungen in der Kunstabsicht nicht zureichend zu erklären. Tatsächlich findet sich eine ähnliche Entwicklung in den historischen Schriften angelegt, und zwar in der gleichen Zweiebigkeit: als Zurücktreten des sozialgeschichtlichen Interesses und als Dämpfung des geschichtsphilosophischen Optimismus.
In der *Geschichte des Abfalls der Niederlande* hatte die Darstellung des handelnden und leidenden Volks einen breiten Raum eingenommen; in der späteren *Geschichte des Dreißigjährigen Kriegs* spielten die Leiden des Volks kaum eine Rolle mehr; Schillers Darstellung erweckt nun den Eindruck, als ob der Krieg nur mehr eine Angelegenheit von Politikern und Soldaten wäre.
Schillers erster geschichtsphilosophischer Entwurf, die Antrittsvorlesung von 1789, ist durchdrungen vom optimistischen Aufklärungsglauben an das Glück wachsender Naturbeherrschung und die Verwirklichung einer gesellschaftlichen Friedensordnung innerhalb der Gegenwart. Auch die Einleitung zum *Abfall der Niederlande* sieht den Sinn der Geschichte in der Realisierung aufklärerischer Ideen von Freiheit und Selbstverwirklichung. Schon in der konkreten Geschichtsdarstellung dieses Buches und mehr noch in dem Werk über den Dreißigjährigen Krieg aber nehmen die finsteren, dunklen, die grausamen und die zufälligen Züge der geschichtlichen Realität, Korruption, Intrige und Egoismus einen wachsenden Raum ein. Nicht, dass der ursprüngliche Optimismus einfach durch Resignation ersetzt würde. An der Aufgabe des Historikers, nach dem verborgenen Sinn in der Geschichte zu suchen, hat Schiller weiterhin festgehalten. Aber diesen Sinn in der

wirklich verlaufenden Geschichte zu finden, wird immer schwieriger. Die Doppelerfahrung der deutschen Misere und der Französischen Revolution sowie die Auseinandersetzung mit dem historischen Material bringen Vernunfthoffnung und Wirklichkeitseinsicht in immer größere Spannung zueinander.

In *Maria Stuart* allerdings hat Schiller nach einem geschichtlichen Sinn gar nicht mehr gesucht. Die geschichtlichen Kräfte, die sinntragende Fortschritte verwirklichen könnten, kommen entweder gar nicht vor (Volk und Bürgertum, Entwicklung von Handel und Gewerbe, Selbstbestimmungsrecht und nationale Identitätsforderung) oder werden um ihre geschichtliche Dynamik gebracht (Protestantismus, Parlamentarismus und Absolutismus). Geschichte in *Maria Stuart* hat keine Inhaltlichkeit mehr und kein Ziel; beides gehört zusammen, der Verlust des einen bedingt den des andern.

Das ist alles andere als eine bewundernswürdige Bewältigung bloßen Materials durch den menschlichen Geist. Es ist vielmehr ein tief skeptisches, düsteres Bild von Geschichte.

4.2.4 Abstraktion von der Geschichte: Individuum und Gesellschaft

Die These, dass Geschichte in *Maria Stuart* ihrer Inhaltlichkeit entleert wird, ist noch etwas abzuschattieren. So blank gilt sie für die Sozialgeschichte des Dramas: Soziale Kräfte und Gruppen treten nicht in Erscheinung, das Drama bleibt auf den politischen Raum beschränkt. Auf der politischen Ebene aber werden doch durchaus Inhalte von den Personen vertreten und vom Autor ernst genommen. Im Konfessionsstreit, im Kampf gegen ausländische Einflüsse, in den Auseinandersetzungen zwischen Staatsräson und Rechtlichkeit geht es durchaus um inhaltliche Positionen, die dramatisch miteinander kämpfen.

Diese verschiedenen Positionen werden von Schiller jedoch nicht auf eine Zeitachse aufgetragen. In ihnen gibt es nichts Altes und nichts Neues. So sehr sie selbst historisch bestimmt sein mögen, das Drama enthistorisiert sie zu zeitlosen Themen (nur im Motiv „Nationalitätenstreit“ hofft Maria auf eine zukünftige Überwindung schlechter Gegenwart; aber gerade dieses Thema bleibt blindes Motiv). Das gibt den heftigen politischen Auseinandersetzungen etwas Statisches. In diesem Drama wird um Veränderung gekämpft, aber nicht um Zukunft. Auch auf der politischen Ebene spricht das Drama nicht von Entwicklung, kennt sein Autor keine Hoffnungen.

Darüber hinaus wird das gesamte politische Geschehen von Schiller noch einmal formalisiert und relativiert. Politische Argumente und Motive haben die adeligen Männer im Vordergrund des Geschehens, nicht aber die beiden weiblichen Hauptfiguren. Bei ihnen sind die politischen Inhalte letztlich nur Mittel zum privaten Zweck. In *Maria Stuart* streiten nicht zwei Königinnen miteinander, sondern zwei Frauen, und sie streiten nicht um historisch bestimmte politische Positionen, sondern um unterschiedliche Konzepte individueller Freiheit, zeitloser menschlicher Selbstverwirklichung.

Mit der Konzentration aufs „Menschliche“ ist die geschichtliche Realität jedoch keineswegs aus dem Drama verschwunden oder unwichtig geworden. Schillers Figuren beschränken sich nicht aufs Private; undenkbar, dass ihnen ein familialer Raum zur Entfaltung ausreichen würde. Sie bleiben bezogen auf die geschichtliche Bühne öffentlichen, politischen Handelns. Aber der geschichtlichen Realität, in der sie agieren, ist ihre historische und ihre inhaltliche Seele ausgetrieben. Sie erscheint nur noch als allgemeiner, zeitloser Gegensatz von „Individuum" und „Gesellschaft."

Dieser Gegensatz „Individuum und Gesellschaft", wie er auch heute noch Literaturinterpretationen und Allgemeinbewusstsein prägt, war von Schiller gemeint als die natürliche Grundlage der historischen Wirklichkeit, die er in seinem Drama thematisiert. Tatsächlich ist das Gegensatzpaar alles andere als natürlich, vielmehr selbst das Ergebnis einer bestimmten historischen Situation und einer bestimmten philosophischen Entscheidung innerhalb dieser Situation. Die Spuren dieses Prozesses sind dem, was an geschichtlicher Wirklichkeit in das Konstrukt „Gesellschaft" eingegangen ist, erkennbar abzulesen. (Das Gleiche gilt für das Konstrukt „Individuum" – dazu siehe unten, Kap. 4.4.)

Im Gesellschaftsbild dieses Dramas werden politische Kräfte und Spielregeln des absolutistischen Hofs formalisiert zu einem scheinbar zeitenthobenen Reich allgemeiner Selbstsucht und des Scheins. An ihn bleibt das Individuum gefesselt, von ihm löst es sich nur um den Preis seiner Bedeutungslosigkeit oder seines Lebens. Inhaltlich hat es dort gar nichts zu suchen: Es verwirklicht keine politischen Ziele und führt keine Veränderungen herbei. Wohl aber hat es ihm gegenüber seine Integrität und Selbstidentität zu wahren.

Betrachtet man Schillers Konstrukt „Individuum und Gesellschaft" in *Maria Stuart* als Ganzes, so zeigt es sich als eine seltsame Mischung aus Resignation und Selbstbewusstsein. Resigniert wird im Hinblick auf geschichtliche Veränderungen: Soziale Veränderungen scheinen nicht mehr nötig, politische nicht mehr möglich. Aber die von einstigen historischen Hoffnungen des Bürgertums entleerte Bühne der Geschichte wird mit der moralischen Selbstidentitätsproblematik des bürgerlichen Individuums besetzt. Die – enttäuschten – Hoffnungen auf Veränderungen innerhalb der Geschichte erweisen sich als entbehrlich. Es gibt zwar keine bessere Welt, aber sie ist auch nicht nötig: Der Einzelne hat die Möglichkeit, gut zu sein.

Vielleicht ist es das, was den Erfolg von Schillers Dramen überhaupt, und gerade dieses Drama insbesonders, erklärt: der illusionslose Blick auf eine gnadenlose gesellschaftliche Wirklichkeit ohne Inhalt, ohne Sinn und ohne Hoffnungen, wenn auch in ständiger, zielloser Bewegung – und ihr gegenüber der Besitzbürger, der mit okkupatorischer Geste die höfische Welt auf seine eigenen Erfahrungen hin interpretiert (ohne Mühe ist im politischen Bild des Hofadels das ökonomische Original der bürgerlichen Konkurrenzgesellschaft zu erkennen) und für sich in Anspruch nimmt, ihr gegenüber stets noch seine Selbstidentität wahren zu können.

4.3 Frauen und Männer

Schillers Frauenbild in einem eigenen Kapitel zu behandeln, ist forschungsgeschichtlich neu. Die Literaturwissenschaft war bis vor kurzem an Untersuchungen auf diesem Gebiet nicht interessiert, sondern betrachtete Schillers historisch bestimmtes Frauenbild als zeitenthobene Naturkonstante, aus deren Allgemeinheit man die eigenen Urteilsmaßstäbe bezog, entweder Schillers Elisabeth kritisierend: dieser Dichter sei unfähig, weibliche Helden zu gestalten, oder seine Maria preisend: einmal wenigstens sei ihm eine echt weibliche Dramenfigur gelungen. Erstmals hat Sautermeister 1979 dem Thema „Patriarchalische Gesellschaft. Königinnen als Frauen" eine eigene, eindringliche Untersuchung gewidmet; 1981 hat Fuhrmann rollenspezifische Widersprüche im Frauenbild von Schillers Dramen herausgearbeitet. Bereits seit den späten 60er Jahren allerdings waren Schillers programmatische Verse über die Polarität vom Mann, der hinaus muss, und der Frau, die drinnen waltet, häufig benutzter Anlass für antibürgerliche und antipatriarchalische Argumentationen im Umkreis der Studenten- und der beginnenden Frauenbewegung.

Wir gehen aus von der Beobachtung Fuhrmanns, dass Schillers Frauenbild traditionelle patriarchalische Rollenfixierung sowohl propagiert wie ihnen widerspricht.

Auffällig ist, wie oft in *Maria Stuart* der Gegensatz Mann – Frau thematisiert wird. Hier vorweg die einschlägigen Stellen: 5; 298; 331 f.; 1018 ff.; 1160–1210; 1373 ff.; 1644 ff.; 1802; 1934 ff.; 1970 ff.; 1985 ff.; 2407 ff.; 3221; 3740 f.; 3802–3808.

Versucht man die Liste zu ordnen, fallen als erstes Aussagen eines „naiven" männlich-patriarchalischen Rollenverständnisses ins Auge: „denn ein gebrechlich Wesen ist das Weib" (1372; ähnlich 1018; 1802; 1934 ff.). Das sind auch bei Schiller nicht nur markige Männersprüche, sondern Maßstäbe für Verhaltensregeln: Burleigh will mit dem Klischee vom schwachen Weib die Kennedy hindern, ihrer Königin auf dem Schafott beizustehen (3807), Mortimer rechtfertigt mit dem Rollenbild „Wenn nur der Schrecken dich gewinnen kann [...]" seine erotische Attacke auf Maria (2586 ff.).

Aber auch die Frauen definieren sich und ihre Erfahrungen in diesen Mustern: „Seine Männerkraft und meine Schwachheit" ist für Maria Schuld an ihrer Verführbarkeit (332), als „wehrlos Weib" sieht sich Elisabeth (3221) – das geht bis zum billigen Sexualklischee vom stets promiskuinen Mann und der unschuldigen, asexuellen Frau: „So sind die Männer. Lüstlinge sind alle!" (1988).

Es gehört zu den inzwischen gesicherten und wohl auch verbreiteten Erkenntnissen der historischen Sozialwissenschaften, dass diese Geschlechtsrollenbilder keine zeitlosen Wahrheiten über die natürlichen Eigenschaften von Mann und Frau darstellen, sondern historisch bestimmte Vorstellungen vom Verhältnis der Geschlechter sind, hervorgegangen aus und gebunden an Bedingungen der Sozialgeschichte des europäischen Bürgertums, an die „Dissoziation von Erwerbs- und Familienleben" (Hausen 1976) und an die Herausbildung der so genannten bürgerlichen „Kleinfamilie“ mit ihren spezifischen Rollenzuweisungen. Für Deutschland war das 18. Jahrhundert die Periode, in der dieses Geschlechtsrollenmuster innerhalb des Bürgertums endgültig fixiert und literarisch verbreitet wurde. In Schillers Drama ist es allgegenwärtig.

Darüber hinaus wird es in *Maria Stuart* ausdrücklich thematisiert, als Elisabeth in II, 2 ihre französische Verlobung mit den Pflichten ihrer Frauenrolle begründet. Es sei das Gesetz einer allgemeinen „Ordnung der Natur“ (1173), dass jede Frau Kinder zeugen und deshalb die eigene „Freiheit“ (1166), „mein höchstes Gut“ (1167), aufzugeben habe für die eheliche „Dienstbarkeit“ (1210) gegenüber dem Mann. Begründung und Inhalt geben der kurzen Passage grundsätzliche Bedeutung.

Elisabeth bemüht nachdrücklich einen philosophischen Begründungshorizont. Nicht Wunsch oder menschliche Willkür, sondern die objektive Naturordnung weise den Frauen ihre Aufgabe zu. Gleich dreimal wird das betont: „Ordnung der Natur“ (1173), „Pflichten der Natur“ (1177), „Naturzweck“ der Frau (1182).

„Ordnung der Natur“: Das ist im Denken der deutschen Klassik ein zentraler Wert, dem folgende philosophisch begründete Vorstellungen über die Realität zugrunde liegen: Die Wirklichkeit enthält unumstößliche Gesetzmäßigkeiten, die nicht vom Menschen gesetzt, sondern von der Natur gegeben sind. Sie bilden die Basis der Vernunft, die Richtschnur der individuellen Moral, die Grundlage gesellschaftlicher Ordnungen. Nichts kann gut sein, was gegen diese „Ordnung der Natur“ verstößt. Im Namen dieses Glaubenssatzes fanden sich Goethe und Schiller 1794 im Anschluss an das berühmte Gespräch über die Urpflanze zum klassischen Bündnis. Im Sinn dieser idealistischen Weltanschauung lässt Schiller auch seine Elisabeth König Heinrich VIII. loben, dass er die naturwidrige Absonderung von Menschen in Klöstern aufgehoben und deren Insassen „den Pflichten der Natur zurückgegeben“ habe (1177), nämlich Kinder zu zeugen und zu arbeiten (statt „müßiger Beschauung“, 1179).

Karin Hausen (1976) hat gezeigt, wie die deutsche Klassik diese allgemeine Anschauung mit speziellen Aussagen über die Unterschiede von Mann und Frau verband und damit zu folgenreichen, bis heute wirksamen Aussagen über die natürlichen Geschlechtsunterschiede kam. Die Frau ist danach „von Natur“ passiv, emotional, für das häusliche Leben bestimmt etc., der Mann aktiv, rational, in der Öffentlichkeit tätig etc.. Die solcherart auch uns noch sattsam bekannten „Geschlechtscharaktere“ sind, daran kann nach Hausens Untersuchungen kein Zweifel bestehen, eine „Leistung der deutschen Klassik“ (ebd., S. 372). Vorher waren Geschlechtsunterschiede durchweg „über den Stand, also über soziale Positionen und die diesen Positionen entsprechenden Tugenden“ definiert (ebd., S. 370), nicht aber „als eine Kombination von Biologie und Bestimmung“ „aus der Natur abgeleitet und zugleich als Wesensmerkmal in das Innere des Menschen verlegt“ worden (ebd., S. 369f.). Mit dieser Ableitung schafft die Klassik ein neues „Legitimations- und Orientierungsmuster“ (ebd., S. 372), um die, für die neue Kleinfamilie notwendige, patriarchalische Ordnung zu sichern. Diese Ordnung wird nun als im natürlichen Charakter des Mannes und der Frau schlechthin verwurzelt angesehen. Ihre historische Bedingtheit wird dadurch verdeckt, der Patriarchalismus jeder relativierenden Diskussion entzogen.

Die neue *Begründung* hat Konsequenzen für den *Inhalt* der Frauenrolle. In ihm vermischen sich natürliche (= biologisch determinierte) mit sozialen (= historisch bedingten) Begebenheiten. Auch das wird in Elisabeths Argumentation erkennbar. Der Text (1172ff.) argumentiert mit dem „Naturzweck“, mit der biologisch gegebenen Tatsache, dass Frauen Kinder empfangen und gebären, Männer aber nicht – aber er spricht das nicht aus. Vielmehr gleitet er im konsekutiven Relativsatz (1181ff.) hinüber zu den sozial bestimmten *Konsequenzen* dieser „Pflichten der Natur“: Unter den Bedingungen der bürgerlichen Kleinfamilie, und nur unter ihnen, machen sie die „*eine* Hälfte des Geschlechts der Menschen / Der andern unterwürfig“ (1183f.). Auf die bürgerliche Kleinfamilie verweisen auch die weiteren Bestimmungen, die Elisabeth eine Ehe verleiden: der Mann als „Gebieter“ (1168), die „Ehe als Pflicht“ (1209) und „Dienstbarkeit“ (1210). Selbstreflektiert wie so oft, sagt Schillers Text dies selbst: all das sei bei der „Königin“ genauso wie beim „gemeinen Bürgerweibe“ (1207f.).

Im Hochadel des 16. Jahrhunderts dagegen verstanden es die Frauen durchaus, die königlichen zumal, ihre Ehemänner für die Erbfolge (und die Repräsentation) zu benutzen, ohne sich damit notwendig der patriarchalischen Macht zu unterwerfen. Die historische Maria z. B. war ihrem Gatten Darnley eine Zeit lang erotisch verfallen, aber nie in der „Pflicht“ eines „Gebieters“: Sie ging auf Distanz zu ihm, sobald sie den Erben zur Welt gebracht hatte. Nicht so die Frauen bei Schiller: Seine Elisabeth spricht nicht als Königin des 16., sondern als „Bürgerweib“ des 18. Jahrhunderts.

Das Frauenrollenbild des 18. Jahrhunderts ist nun auch der Rahmen, in den hinein Schiller den Charaktergegensatz seiner beiden Heldinnen entwirft. *Elisabeth* wird von ihm dargestellt als Königin, die ihre natürliche Bestimmung als Frau verfehlt – was er begründet und in seinen Konsequenzen zeigt. Weil Erziehung (1377ff.) und „Königspflichten“ (1980ff.) sie daran hinderten, die Sicherheit einer „natürlichen“ Identität auszubilden und, wie die Stuart, einfach „ein Weib zu sein“ (1986), deshalb ist sie täuschbar. Sie verrechnet sich in ihrer weiblichen Wirkung auf Mortimer (II, 5) und wird von Leicesters Schmeicheleien zu „weiblicher“ Torheit verleitet (II, 9). Die verleugnete Frau in ihr lässt sich nicht verdrängen, die Folgen sind demütigend für die Herrscherin.

Die verleugnete Frau in ihr lässt sich aber auch nicht wiederherstellen. Gegenüber Maria gewinnt sie keinen Augenblick lang innere Sicherheit: Erst verschanzt sie sich hinter ihrer Macht, dann überzieht sie ihren Hass, zuletzt muss sie „sprachlos“ (nach 2444) das selbstsichere Auftrumpfen der anderen über sich ergehen lassen. Das heißt: Eine Frau, die ‚männliche‘ Rollen übernommen hat, gerät in Widerspruch zu sich selbst und wird monströs – weil sie ihrer Natur zuwider handelt, sagt Schiller; weil sie weiterhin abhängig bleibt von den patriarchalischen Rollenbildern ihrer männlich geprägten Umgebung, sehen wir.

Mit Elisabeths Niederlage im III. Aufzug verliert das Weiblichkeitsthema im Drama seine Dominanz. Im Monolog IV, 10 spielt die schmerzende Frauenrollenkonkurrenz für Elisabeth nur noch eine zweitrangige Rolle; ausschlaggebend für ihre Entscheidung ist jetzt die Legitimitätsfrage (3234f. gegenüber 3222ff. und 3243ff.). Am Ende des Dramas hat sich das Problem erledigt: Gegenüber der toten Maria braucht Elisabeth sich nicht mehr um ihre Rolle als Frau zu kümmern, gegenüber dem geflohenen Leicester kann sie es nicht mehr. Als der Vorhang fällt, ist sie einsam und auf sich gestellt wie ein Mann, ganz Herrscherin, in nichts mehr Frau: Eine Königin kann nicht zugleich Frau sein wollen.

Maria verkörpert das Gegenteil – im gleichen Schema. Schiller gibt ihr allen Glanz einer erotischen Frau, Schönheit, Anmut, Leidenschaftlichkeit. Sie hatte eine glückliche, verwöhnte Kindheit, eine bewegte Vergangenheit, und sie hat immer noch Erfolg bei den Männern. Ihre Weiblichkeit hat sie in Schuld verstrickt, ihre Macht sie verführt – aber immer war sie mit sich identisch. Schiller legt großen Wert darauf, dass ihre Verfehlungen aus ihrer „Natur" kamen. Hanna und Melvil interpretieren sie so (294ff.; 3470), sie selbst sieht sich nicht anders (331f.). Was sie auch tat, sie hat sich nie von sich selbst entfernt: „falschen Schein / Hab ich verschmäht mit königlichem Freimut" (2423f.). Aus dieser Selbstidentität zieht sie beim Zusammentreffen mit Elisabeth ihre überlegene Selbstsicherheit. Eine Frau, heißt das, die in Übereinstimmung mit ihrer (weiblichen) „Natur" handelt, bleibt unbeschädigt. Ihre Schuld muss sie büßen, aber ihre Taten tasten die Integrität der Person nicht an.

In ihrer Weiblichkeit liegen auch ihre Grenzen. In den beiden großen Auseinandersetzungen mit ihren Gegnern (I, 7 und III, 4) instrumentalisiert Maria alle politischen Themen des Streits für ihre private Selbstbehauptung, und als sie stirbt, überlässt sie die politische Bühne vollends der Gegnerin: Eine Frau kann nicht zugleich Königin sein wollen.

Elisabeth und Maria verkörpern das gleiche Geschlechtsstereotyp. Weiblichkeit ist an Privatheit gebunden; eine öffentliche, politische Rolle kommt ihr nicht zu. Ihre spezifische Menschlichkeit kann sie nur verwirklichen, wenn sie sich vom politischen Leben entfernt hält oder sich aus ihm zurückzieht.

Das bisher Gesagte ist jedoch nur die halbe Wahrheit. Das patriarchalische Frauenrollenstereotyp der Bürgerlichen Gesellschaft wird in *Maria Stuart* nicht nur vorgeführt und legitimiert – es wird auch kritisiert und durchbrochen.

Schon in der „Verlobungsrede" (II, 2) zeigt Elisabeth Distanz zur propagierten Frauenrolle. Sie ist zwar bereit, sich ihr zu fügen, aber nur unter Protest und in heller Empörung über die Einschränkungen und Demütigungen, die ihr damit zugemutet werden: sie sei ihrem Volk also doch „nur / Ein Weib [...], und ich meinte doch regiert / Zu haben wie ein Mann und wie ein König" (1169ff.). Gereizter Widerspruch auch später, wenn ein Mann glaubt, ihr mit dem Klischee vom „schwachen Geschlecht" kommen zu können: „Das Weib ist nicht schwach. [...] Ich will in meinem Beisein / Nichts von der Schwäche des Geschlechtes hören." (1374ff.) Solchen Protest hört man aus dem Mund der „weiblicheren"

Maria nicht. Aber Leiden unter der Frauenrolle, Ausgeliefertsein an die Zumutungen männlicher Dominanz muss auch sie erleben (III, 4; 3802 ff.).
Doch Schiller zeigt nicht nur die Kostenseite patriarchalischer Rollenspezifik, er überschreitet das Schema zumindest in einem wichtigen Punkt: Beide Königinnen definieren sich nicht über den Mann. Elisabeth hat immer schon eine selbstbestimmte Existenz geführt und weicht nur einmal, zu ihrem Schaden, davon ab (II, 7); Maria lebt immerhin zum Zeitpunkt des Stückes in einem autonomen Verhältnis zur Welt (mit einem vorübergehenden Rückfall, vgl. oben Kommentar zu III, 1). Das ist nicht wenig. Zur traditionellen Frauenrolle gehört ja gerade, dass der Frau ein selbstständiger Bezug zur Wirklichkeit verweigert wird. Sie lebt für den Mann, geht aus der Dominanz des Vaters in die des Gatten über, nur vermittelt über den Mann erfährt sie die Wirklichkeit. Elisabeth und Maria aber sind in dieser Hinsicht tatsächlich Königinnen, keine „Bürgerweiber". Die Frauengestalten in Schillers Dramen leben unmittelbar zur Realität, und das gilt nicht nur für *Maria Stuart*: „Die Regel ist vielmehr, dass sie nach eigenem Kopf über ihr Herz und ihre Hand verfügen, am eigenen unabhängigen Urteil die Welt und den Mann messen und gemäß eigenem mehr oder minder weit gespanntem und hochfliegendem Entwurf ihr Dasein gestalten." (Fuhrmann 1981, S. 338 f.)
Helmut Fuhrmann hat den Widerspruch zwischen „affirmativen" und „emanzipativen" Zügen der Frauenproblematik bei Schiller umfassend herausgearbeitet als Widerspruch zwischen Schillers eigenem Frauen*bild*, wie es sich in seinen lyrischen, theoretischen und brieflichen Selbstaussagen spiegelt, und der Frauen*gestalt*, die uns in seinen Dramen entgegentritt. Als Grund für diese Diskrepanz betont er vor allem Widersprüche in Schillers Sozialisation: Seine gewaltsame Trennung von der Familie und andere Unterdrückungserfahrungen haben einerseits eine starke Sehnsucht nach familialer Geborgenheit, andererseits eine starke Sehnsucht nach Freiheit in ihm geweckt und ihn sensibel gemacht auch für die Unfreiheit, in der die patriarchalische Gesellschaft die Frauen hält. Dem ist zuzustimmen, aber zugleich ist festzuhalten, dass nicht nur Schiller ein zwiespältiges Verhältnis zur Frauenproblematik zeigt.
Auch Lessing, Kant, Goethe und spätere Autoren haben die patriarchalisch bestimmte Frauenrolle der Bürgerlichen Gesellschaft propagiert und sich zugleich an ihren Widersprüchen abgearbeitet. Über die einzelnen, lebensgeschichtlichen Voraussetzungen hinaus hat das einen grundsätzlichen Aspekt. Es macht den Rang eines schriftstellerischen Werkes aus, wie weit sein Autor imstande ist, den Wertvorstellungen seiner Zeit nicht nur Folge zu leisten, sondern sich auch auf ihre Widersprüchlichkeiten einzulassen. Dieses allgemeine Postulat gilt ganz besonders dort, wo Männer über Frauen schreiben. Es spricht für Schiller, dass er am Leitbild einer umfassenden Emanzipation des Menschen, einer freien Selbstverwirklichung für alle, und nicht nur für den Mann, festgehalten hat.

4.4 Selbstbestimmung und Schein

Bei der Textanalyse (Kap. 3) hatte sich der Gegensatz zwischen Figuren, die zur Selbstbestimmung fähig sind, und solchen, die es nicht sind, als wichtiges Thema gezeigt. Ihm nachzugehen, führt zum Zentrum von Schillers dramatischem Werk. Der Autor bezeichnet dieses Zentrum mit Worten wie „Freiheit", „Idee" – Begriffen, die heute ohne Übersetzungsarbeit kaum verstanden werden können.

Vom I. Aufzug an legt Schiller großen Wert darauf, dass Maria als unabhängig von den Maßstäben ihrer Umwelt gezeigt wird. Mögen Paulet und die Kennedy um Schmuck und Papiere streiten – für Maria ist königliche Würde ein innerer Wert und nicht an solchen „Flitter" (154) gebunden. Mag die Kirche ihr die Blutschuld vergeben haben – in Marias Gedächtnis bleibt selbst das nur Zugelassene als von ihr zu verantwortende Tat. Schillers Heldin richtet sich nicht nach geltender Meinung und fremder Autorität, sondern nach der Stimme ihres eigenen Gewissens. In dieser Bestimmtheit durch sich selbst liegt ihre Kraft; aus ihr schöpft sie die Sicherheit ihres Auftretens gegenüber Elisabeth: die andere lebe in Diskrepanz zwischen dem, was sie ist, und dem, was sie scheinen will – sie selbst sei stets mit sich selbst identisch gewesen und ist es auch jetzt (2421 ff.). Im V. Aufzug schließlich zieht sie aus der Übereinstimmung mit sich selbst ihre überlegene Todesbereitschaft.

Im Gegensatz zu Maria wird Elisabeth von Anfang an gezeigt als eine, die mit sich selbst nicht im Reinen ist. Vom „Zweifelmut der Königin" (981) und von ihrer Bestimmbarkeit durch fremde „Meinung" (1015) spricht schon Burleigh. Im II. Aufzug gibt sie gegen ihre Überzeugung dem Drängen des Volkes auf eine Verlobung nach. Bei der Begegnung mit Maria im III. Aufzug ist sie gespalten zwischen politischer Vernunft und weiblichem Hass und deshalb der anderen unterlegen. Bis zum IV. Aufzug weiß sie nicht, wie sie mit der Stuart verfahren soll, weil sie nicht weiß, *wo* sie die Maßstäbe für ihr Urteil finden soll. Im Monolog IV, 10 schließlich spricht sie sich zwar durch zu dem, was sie selbst will – aber ihr Wille bleibt abhängig nach außen und nach innen. Ihre Bezugspunkte bleiben die Volksgunst und ihr Hass auf die andere, die sie beseitigt wissen will.

Elisabeths Entscheidung gibt ihr nur scheinbar die Freiheit, von der sie ständig spricht; tatsächlich bleibt sie gebunden an ihre Umwelt und ihre eigenen Wünsche, Triebe und Gefühle. Das Gegenbild zeigt, was Schiller sucht: den Punkt im Menschen, in dem er nicht mehr bestimmbar ist von irgendetwas, sozusagen das reine „Ich will" im Menschen. In Schillers eigenen Worten heißt das: „das Vermögen des Menschen, sich selbst zu bestimmen, unabhängig von der Gewalt irgendeines Antriebes" (NA XXI, S. 45), komme der nun von außen (fremde Urteile oder Zwang) oder von innen (die eigene Trieb- und Wunschwelt bis hin zum bloßen Lebenswillen).

Das Drama *Maria Stuart* handelt die Frage nach der Möglichkeit dieses „Vermögens, sich selbst zu bestimmen" nicht nur in den Hauptfiguren ab. Leicester, wichtige Nebenfigur, erzählt von der hoffnungslosen Verstrickung eines Mannes in die Welt der höfischen Intrige und des Scheins; Mortimer von der Ausgeliefertheit an die eigenen erotischen Wünsche und sexuellen Triebe. Mortimer aber zeigt auch die Möglichkeit eines Menschen, gegen alle äußere Bedrohung furchtlos auf innere Werte zu setzen und die Wahl, die das eigene Herz vornahm, höher zu stellen als das eigene Leben.

Unterhalb dieser Figuren, die Selbstbestimmung nicht oder nur in unreiner Form verwirklichen, liegt die Ebene derer, für die ein so hoch getriebener Wert wie Selbstbestimmung oder Selbstidentität gar nicht erst zur Debatte steht. Sie sind deshalb nicht weniger achtbar (Burleigh), menschlich (Shrewsbury) und ehrenwert (Paulet), aber es mangelt ihnen an Repräsentativität und Größe. Sie stützen die Stufenleiter wachsender Selbstbestimmung, die in Maria gipfelt, nach unten ab und zeigen, dass die Fragen nach Freiheit und Selbstidentität nicht jedem Menschen, und nicht jedem in jeder Situation, sich stellen muss. Sie sichern dem Zentralproblem damit seinen besonderen Rang.

So gruppiert sich die gesamte Figurenkonstellation des Dramas um diesen Punkt. Mit wie viel sinnlicher Fülle das Stück auch sonst aufwartet: Hier ist es ganz dürr konstruiert, mit fast mathematischem Kalkül. Zudem ist das Problem ganz in die Gestaltung der Figuren hineingenommen; geflügelte Worte, die die Meinung des Autors zur Selbstbestimmung artikulieren, gibt es in *Maria Stuart* nicht.

Dass eine Heldin oder ein Held Rang und Überzeugungskraft aus ihrer/seiner Selbstidentität ziehen, ist eine uns heute vertraute, selbstverständliche Vorstellung. Jeder zweite Western lebt schließlich davon, dass der Held einsteht für das, was er für richtig hält, „tut, was ein Mann tun muss“, sei es nun gut oder schlecht. Für Schiller und seine Zeit war dieses Heldenbild keineswegs selbstverständlich. Was heute bis zum Klischee verkommen ist, war damals eine historische Entdeckung.

Die Epochen vor dem deutschen Idealismus kannten einen solchen Helden nicht. Der Held des christlichen Märtyrerdramas im Barock leidet nicht um seiner Selbstidentität willen, sondern für den christlichen Glauben, und noch Lessings tragische Heldinnen und Helden, Sara, Emilia und Odoardo, sind an *inhaltliche* Werte, an die Leitbilder der bürgerlichen Familien- und Sexualmoral gebunden – auch wenn ihnen diese nicht mehr durch religiöse Tradition von außen vorgegeben sind, sondern nur noch ‚in‘ ihnen, durch ihr eigenes Gewissen gesetzt. Erstmals im Sturm und Drang, und hier besonders beim jungen Schiller, erreicht ein Held tragische Würde, „Größe“, nicht, weil er inhaltliche Wertvorstellungen, sondern nur, weil er sich selbst verwirklichen will. Das Muster für diesen neuen Typ ist Fiesco, der schwankt, ob er „Herzog“ oder „Republikaner“ sein soll (II, 19) und seine Entscheidung nicht danach fällt, wo der bessere Wert, noch, wo die größere Anerkennung, sondern einzig danach, wo die größere Selbsterfüllung zu finden ist.

Schiller begründet dieses Helden- und Menschenbild auch theoretisch. „Alle andern Dinge müssen; der Mensch ist das Wesen, welches will“, heißt es programmatisch zu Anfang der dramentheoretischen Abhandlung *Über das Erhabene*

(NA XXI, S. 38). Nicht gute und richtige Taten zeichnen den Menschen aus: „Vernünftig handelt die ganze Natur; *sein* Prärogativ ist, dass er mit Bewusstsein und Willen vernünftig handelt." Denn „der Wille ist der Geschlechtscharakter des Menschen, und die Vernunft selbst ist nur die ewige Regel desselben" (ebd.). Gegen den Vernunftbegriff der Aufklärung hält Schiller an der Grunderfahrung der Sturm-und-Drang-Generation von der Autonomie des Individuums fest.

Der Autonomiegedanke steht auch am Anfang von Schillers *Geschichts*philosophie (*Etwas über die erste Menschengesellschaft nach dem Leitfaden der mosaischen Urkunde*, 1790). Er dient ihm zu seiner Neuinterpretation des biblischen Mythos' vom Sündenfall, die er im Anschluss an Kants Schrift *Über den mutmaßlichen Anfang des Menschengeschlechts* von 1786 vornimmt. Die im 1. Buch Mose beklagte Vertreibung aus dem Paradies meine in Wahrheit die Freisetzung des Menschen aus dem unmittelbaren Naturzusammenhang, den „Abfall des Menschen vom Instinkte", und diese Freisetzung sei „die glücklichste und größte Begebenheit in der Menschengeschichte", denn sie bedeute „die erste Äußerung seiner Selbsttätigkeit". Wie oben der „Wille", so ist hier die „Selbsttätigkeit" der Geschlechtscharakter des Menschen: Sie ist es, die den Menschen „mündig" macht. Mit ihr begibt der Mensch sich „auf den gefährlichen Weg zur moralischen Freiheit" (NA XVII, S. 399f.).

Selbsttätigkeit ist Voraussetzung und Weg, ist nicht schon selbst Moral und Vernunft. Schillers Werk verkündet nicht einfach die Selbstbestimmung als neuen Wert, sondern behandelt sie als Problem. Die Konstruktion von *Maria Stuart* zeigt dieses Problem im Mittelpunkt von Schillers Interesse.

Schiller hat die paradoxe Konstellation der beiden Königinnen aus der Tradition der Stuart-Dramen übernommen. Sie alle zeigen die physisch und politisch Unterlegene als die moralische Siegerin. Schiller verschärft diesen Antagonismus und treibt ihn in das Gebiet der Moral selbst: Die verbrecherische, sexuelle Frau ist die in Wahrheit Tugendhafte, die gerechte und jungfräuliche Elisabeth die in Wahrheit Selbstsüchtige und damit Unmoralische. Es ist dies die eigentlich moderne Wendung des Stoffes in Schillers Stück. Offenbar hat gerade sie den Autor an diesem Gegenstand interessiert. Sie gründet in Schillers Anthropologie, nach der die wahre Moralität des Menschen nicht in der einfachen Befolgung von sittlichen Regeln besteht, sondern in der bewussten und selbstbestimmten, in der autonomen Unterwerfung unter das, was für sittlich erkannt ist.

Schiller macht gerade dies durch die weitere Personalkonstruktion des Dramas deutlich: Burleigh, Shrewsbury und Paulet sind Figuren, die ‚richtig' (Burleigh) oder ‚gut' (Shrewsbury, Paulet) handeln. Sie verkörpern Vernunft und Moral in der einfachen Form, ohne das Moment von Selbstbestimmung, das allein erst in Schillers Menschenbild den Adel wahrer Größe und Vorbildlichkeit verleiht. Dann erst, wenn der Mensch mit „Bewusstsein und Willen" sittlich handelt, bedeutet das, dass er das Sittengesetz aus der Autonomie des Individuums gleichsam neu erzeugt und begründet. Und darin erst zeigt sich die höchste Bestimmung des Menschen.

Fragt man nach den Kräften, die dem Menschen die Selbstbestimmung schwer machen, so fällt die Antwort innerhalb von Schillers theoretischer Begrifflichkeit leicht. Aus dem „Instinkt“ hatte der Mensch sich im Sündenfall herausbewegt. Er hat seine „Freiheit“ gewonnen, und ihr gegenüber steht seine fortdauernde Bindung an das Reich der „Sinnlichkeit“. Wir verwenden diese Schiller'schen Begriffe nicht für unsere Interpretation; sie unterstellen eine angeblich zeitlose Natur des Menschen. Die Spaltung des Menschen in Sinnlichkeit und Vernunft als Angelpunkt von Anthropologie und Philosophie ist aber selbst eine historisch bestimmte Konstruktion des Philosophen Schiller und seiner Vorgänger seit Descartes, mit der sie gesellschaftliche Erfahrungen interpretieren, diese in ihrer Historizität allerdings zudeckend. Uns aber geht es darum, Schillers Denken nicht einfach zu repetieren, sondern in seinen Bedingungen zu verstehen und dadurch besser zu begreifen als er selbst. Wir halten uns deshalb an das, was das Drama vorgibt. In *Maria Stuart* wird die Selbstbestimmung der Menschen verhindert durch ihre Verstrickung in die Welt des höfischen Scheins.

Die Textinterpretation hat hinreichend deutlich gemacht, wie beherrschend das Thema des Scheins die dargestellte Welt des absolutistischen Hofes und das Bewusstsein der in ihr agierenden Personen bestimmt. Das muss hier nicht wiederholt werden, es genügt, einzelne, systematisch wichtige Momente herauszugreifen.

Die Figur, die am tiefsten in die Problematik des Scheins eingelassen ist, ist Leicester. Zugleich ist er derjenige, der das Spiel des Scheins wie kein anderer zu beherrschen scheint. Gerade aber in Leicesters virtuosem Spiel zeigt der Schein sich siegreich über den Charakter. Als Burleigh ihn durchschaut (IV, 4), sieht Leicester nicht etwa sein wahres Sein entlarvt und den Schein aufgedeckt, vielmehr erfährt er die Situation wiederum als Übermacht des Scheins (2747; 2752), der nun sogar das als vorbedachte Hinterlist (2752; 2766) darstelle, was nur Zufall und von seiner Planung unabhängig gewesen sei. Den Zuschauer verwirrt das. War Leicesters Plan einer Begegnung in II, 9 nicht etwa Hinterlist gewesen gegen Elisabeth und zugunsten Marias? Aber warum sollte er sich im Monolog belügen? Offenbar will Schiller ihn bis in die Abgründe der eigenen Seele hinein als Spieler zeigen.

Vollends verwirrt sich das Verhältnis von Sein und Schein, wenn Leicester kurz darauf seine neue Verknüpfung der Fakten liefert (IV, 5), die nicht nur Burleigh und Elisabeth verunsichert. Auch dem Zuschauer schwindet für einen Augenblick jede Gewissheit, ob es in diesem atemberaubenden Spiel unterschiedlichster Deutungen der Wirklichkeit überhaupt noch so etwas gibt wie eine verlässliche Sicherheit über das, was nun wirklich geschehen ist.

Nun: Dass die Wirklichkeit hinter den Interpretationen von Wirklichkeit völlig verschwinde, ist als ontologische Aussage nicht Schillers Meinung. Was seine *Figuren* wirklich wollen, bleibt gelegentlich unsichtbar; was an *Ereignissen* wirklich geschehen ist, lässt sich in Schillers Dramen immer noch rekonstruieren, wenn auch manchmal nur mit Mühe und im Nachhinein. Im Ablauf des Stückes aber haben oft nicht einmal die Zuschauer und schon gar nicht die handelnden Figuren genügend Zeit und Vorwissen für eine solche Rekonstruktion. Beide, Zuschauer und Figuren, machen dann die Schwindel erregende Erfahrung, dass der Schein undurchdringlich wird, alle Bilder sich verwirren und es nichts mehr gibt, woran man sich halten kann.

Um die bestürzende Macht des Scheins dreht sich auch Elisabeths Monolog IV, 10. Nur mit äußerster Anstrengung vermag sie hier unter den Rollenbildern und Handlungserwartungen anderer ihr eigenes Wünschen und Wollen hervorzugraben – und bleibt schließlich noch in ihrem letzten Entschluss gebunden an die dunkle Macht des Geltens (vgl. oben, S. 9f.).

Bei solcher Allmacht des Scheins gibt es nur einen Weg, die eigene Selbstidentität zu wahren: sich aus der höfischen Welt ganz herauszuziehen. Diesen Weg geht Maria.

Von Maria war bisher in diesem Kapitel noch nicht die Rede. Sie scheint der Schein-Sein-Problematik enthoben. Tatsächlich ist gerade sie ihr Opfer. An keine Figur im Drama heften sich so viele widersprüchliche Bilder, jeder ihrer Mitspieler hat die Vorstellung einer anderen Frau im Kopf und im Herzen. Und ihre Hinrichtung ist die tödliche Folge eines höchst realen Scheins, nämlich eines Justizmordes. Ihre angebliche Beteiligung an der Babington-Verschwörung, derentwegen sie verurteilt wird, beruht (bei Schiller) auf einem falschen Zeugnis ihres Schreibers; mit dem Mortimer-Anschlag, der den Vollzug des Urteils in Gang bringt, hat sie nichts zu tun. Nicht ihre Taten und Absichten, sondern die Bedeutung, die die Taten und Absichten anderer ihr zuschieben, bringt ihr den Tod. Und Elisabeth will sie beseitigen, weil Maria ein Kristallisationspunkt ist für alle Zweifel an Elisabeths Legitimität; ist Maria fort, ändert sich an Elisabeths Lage nichts, außer dass diese Zweifel verstummen (3247f.).

Die Innensicht Marias läuft dem genau entgegen. Die juristische Lüge über ihre Taten wird von ihr als moralische Wahrheit akzeptiert. Der Tod, den sie wegen eines nicht begangenen Mordanschlags auf Elisabeth erleidet – sie nimmt ihn an als Sühne für die Beteiligung am Gattenmord, für die niemand sie anklagt außer ihrem Gewissen.

So entzieht sie sich der inneren Macht des Scheins, indem sie seine äußere Gewalt, der sie nicht entrinnen kann, in eine innere, moralische Wahrheit umwandelt. Mit ihrem Tod zieht sie sich nicht nur äußerlich heraus aus der politischen Welt des höfischen Scheins – sie vernichtet auch seine innere Macht, an der die Seele ihrer Gegenspielerin verbrennt. Sie bejaht ihre Vergangenheit mit ihren Verirrungen und ihrer Schuld und gewinnt durch diesen Akt von Selbstbestimmung eine nicht mehr zu gefährdende Identität mit sich selbst.

Der Konflikt zwischen Selbstidentität und Selbstentfremdung ist in *Maria Stuart* gebunden an einen bestimmten sozialen Rahmen, an das politische Handeln am absolutistischen Hof. Die Welt des Scheins ist die Welt der Politik, der Geschichte, des Hofes. Das geht nicht nur aus der Anlage des Dramas hervor, es wird im Text auch ausdrücklich betont, wenn Paulet die besondere, private, „*unseres* Hauses Ehre“ (Hervorhebung von uns), die im „Gewissen“ wurzelt, dem

„schlüpfrig glatten Grund“ des öffentlichen Lebens „am Hofe“ gegenüberstellt (II,7; 1664 ff.).
Das gilt nicht nur für *Maria Stuart*. Alle Schiller-Dramen zeigen in vergleichbarer Weise einerseits eine unverholene Faszination durch die Welt des Absolutismus und zugleich das moralische Verdikt dieser Welt vom Standpunkt „wahren Menschseins“ aus. (Selbst in *Kabale und Liebe* sind sowohl die Familienkatastrophe wie Millers finanzielle Bestechlichkeit, sind also Familie und bürgerliche Ökonomie, die nicht-politischen Konfliktfelder, vermittelt durch die Machenschaften des Hofes.)
Schiller hat den Gegensatz „Gewissen – Hof“ entschieden ins Zentrum seiner Dramatik gestellt. Erfunden hat er ihn nicht. Seit Lessing gibt es einen breiten Konsens bürgerlicher Dramatiker in Deutschland, den Hof als den Ort der Unmoral zu verdammen und ihm die private Moral des Bürgers entgegenzusetzen. Auch Goethe hat diesen Gegensatz vom *Götz* bis zum *Tasso* immer wieder in seinen Dramen behandelt, wobei der *Götz* neben dem Hof auch die Städte und die Welt des neu aufkommenden Handels als Ort der Entfremdung, der Lüge und der Unmoral nennt.
Der höfisch-absolutistische Rahmen von *Maria Stuart* kann nicht darüber hinwegtäuschen, dass der Konflikt, der in ihm ausgetragen wird, weder so höfisch ist, wie die dargestellte Welt es vorspiegelt, noch so allgemein-menschlich, wie die gewählte dramatische Form es unterstellt. Der Konflikt ist vielmehr hervorgegangen aus den Konstitutionsbedingungen und gebunden an die Erfahrungen der entstehenden Bürgerlichen Gesellschaft im 18. Jahrhundert. Deren, und nur deren Weltanschauung wurzelt in der Grunderfahrung vom isolierten, autonomen Individuum, seiner Selbstsicherheit und Labilität, seiner Abgespaltenheit von anderen und seiner Angewiesenheit auf sie. Erst die Bürgerliche Gesellschaft kennt den Gegensatz zwischen öffentlicher und privater Sphäre (Habermas). In seinem Spannungsfeld bewegen sich die Schriftsteller des 18. Jahrhunderts, die an der ideologischen Durchsetzung dieser Gesellschaft arbeiten, indem sie ihre Probleme formulieren. Die Identitätsproblematik des bürgerlichen Individuums mit seiner Gespaltenheit in private und öffentliche Existenz wird von Schiller an den Hof der Elisabeth von England transponiert.
Im Kapitel 4.1 „Geschichte“ hat sich gezeigt, mit welcher Energie Schiller sein eigenes, historisch bestimmtes, aber als unhistorisch ausgegebenes Menschen- und Weltverständnis einem anderen historischen Stoff aufzwingt; das gleiche Abstraktionsverfahren zeigt sich hier an der Rigorosität, mit der Schiller das komplexe Bedingungs- und Motivationsfeld politischen Handelns an einem Hof des 16. Jahrhunderts auf das Problem von Ichidentität und Selbstbestimmung der Hauptfiguren reduziert und die vielfältigen politischen und sozialen Themen des Hofes zu einem einzigen Reich des Scheins und des Selbstverlustes verkürzt.
Es genügt allerdings nicht, in diesem gewaltsamen Zugriff Schillers nur die Anpassung eines historischen Gegenstandes an die eigene, bürgerliche Weltanschauung zu sehen. „Autonomie des Individuums“ wird von ihm nicht einfach konstatiert und einer Zeit, die von ihr so noch nichts wusste, untergeschoben, sie wird viel-

mehr als Problem dargestellt. Es ist das Problem, das die neue Bürgerliche Gesellschaft aufwarf, die alle bisher geltenden moralischen Regeln und sozialen Zusammenhänge infrage stellte, das Problem, wie in einer Gesellschaft konkurrierender, einzelner Individuen soziales Handeln möglich sei und nicht nur die Wolfsmoral des Fressens und Gefressenwerdens um sich greift, die dann allenfalls durch Staat, Gesetze und Polizei in Schranken zu halten sei.
Das angestrengte Bemühen, aus der Eigenmacht des isolierten Individuums Moralität zu begründen, bestimmt Schillers Griff zum Stoff, seine Ausformung der Handlung, seine Konstruktion der Figuren und ihrer Konstellation. Das ist bisher deutlich geworden. Das gleiche Bemühen führt aber auch zur auffallenden Aporetik des Dramas, dem Widerspruch zwischen seiner glatten und geschlossenen glänzenden Oberfläche und den Brüchen im verdeckten Gefüge darunter. Von diesen Widersprüchen ist nun noch zu sprechen.
Schiller versucht aus der Selbstbestimmung als „Geschlechtsmerkmal“ des Menschen seine Moralität abzuleiten. Dieser Versuch scheitert. Selbstbestimmung und Moral werden in *Maria Stuart* nur scheinbar, nur äußerlich zusammengebracht. Tatsächlich fallen sie auseinander. Moral schrumpft auf Verzicht. Wo Maria wirklich moralisch handelt, auf dem Weg in den Tod, ist ihre Moral nur negativ: Sie tut niemandem mehr weh. Aus allem politischen Handeln jedoch, in dem allererst Moral sich zu bewähren hätte, zieht sie sich heraus. Wirkungen, ihre Welt um sich herum zu humanisieren, gehen von ihr nicht mehr aus. Zweifellos ist ihr Hof humaner als der Hof Elisabeths, aber das war er immer schon, ein Relikt von Marias patriarchalisch-fürsorglichem Lebensstil in ihrer Umgebung. Marias für Schiller so wichtiger Weg zur moralischen Vollendung fügt dem nichts mehr hinzu, zudem wird der Hof gerade durch ihn zerschlagen und zerstreut. Maria handelt moralisch, aber die politische Sphäre bleibt davon unberührt, sie überlässt sie sich selbst.
Elisabeth, auf der anderen Seite, hat einiges zur Humanisierung Englands getan, politischen, sozialen und religiösen Frieden gefördert; sie schlägt sich weidlich mit den Fragen nach richtigem Handeln und seinen Maßstäben herum. Aber gerade sie erscheint als diejenige, deren eigentliche Antriebe nicht moralisch, sondern eigensüchtig und abhängig von Fremdbestimmung sind.
Schillers Versuch, die private, in der Selbstbestimmung des Individuums begründete Moral im Raum öffentlichen, politischen Handelns zu entfalten, führt nur zu unüberbrückbaren Widersprüchen. Am Ende steht das Individuum, dessen Moralität in der Selbstaufopferung mündet, einer von aller Moralität verlassenen Sphäre der Politik und des geschichtlichen Handelns gegenüber. Moral, so ist die Botschaft, ist nur verwirklichbar als subjektbezogener innerlicher Wert. Da verdient er unsere höchste Bewunderung. Aber die Welt der Politik und der geschichtlichen Realität ist einer Humanisierung nicht zugänglich, bleibt das Feld blinder, egoistischer Kräfte.
Moral ist nur im Subjekt, hat keine soziale Komponente. Das ist nicht überall so bei Schiller. „Herz“, der Ort der Selbstbestimmung, ist in anderen Dramen zugleich auch der Ort eines zumindest punktuellen sozialen Bezuges. Das Herz ist

der Ort der Liebe zum anderen Menschen – so z. B. in *Kabale und Liebe,* in *Don Carlos,* am weitesten ausgeführt bei Max und Thekla in *Wallenstein.* Im *Wallenstein* geht Schiller sogar noch weiter: Der Friedensplan, den Wallenstein im Sinn hat, zielt auf ein neues, humaneres Konzept für die politische Wirklichkeit seiner Zeit überhaupt. (Ähnliches mag Schiller für seine *Maria* mit dem blind bleibenden Motiv eines neuen Friedens zwischen Engländern und Schotten im Sinn gehabt haben.) Hier greift die Moralität des Einzelnen wenigstens in ihrem *Anspruch* in die politische Sphäre ein, um sie zu humanisieren und zu ordnen, so wie Max und Thekla ein Stück zwischenmenschlicher Moralität verwirklichen. Eine die Wirklichkeit umformende Wirkung hat das in beiden Fällen allerdings nicht.
In *Maria Stuart* ist auch von einem solchen Anspruch nichts zu spüren. „Moral" ist nur noch eine Sache des Menschen mit sich selbst. Das Problem individueller Moralität ist in diesem Stück so hoch getrieben, dass die Frage nach der Verbesserung von Welt völlig aus dem Blick gerät. Bert Brecht hat diese idealistische Moral Schillers im Schlussbild seiner *Heiligen Johanna der Schlachthöfe* kritisiert und ihr eine aufs Soziale gerichtete Verantwortungsmoral gegenübergestellt (Gesammelte Werke 2. Frankfurt 1967, S. 780):

> „Sorgt doch, daß ihr die Welt verlassend
> Nicht nur gut wart, sondern verlaßt
> Eine gute Welt!"

Maria hat, die Welt verlassend, nur dafür gesorgt, dass sie selbst gut war.

4.5 Dramatische Form und Sprache

Der dramatische Aufbau von *Maria Stuart* gilt seit je als mustergültig; wie sich zeigte, hat Schiller das Werk bewusst als Exempel klassischer Kunstvorstellung geschrieben. Schon nach den äußeren Kriterien erfüllt es Tragödiennormen: einheitlicher, hoher Stand der handelnden Personen (ausschließlich Hochadel, zwei Königinnen, kein Bürgerlicher, nur untergeordnetes Dienstpersonal), normgerechte Konfliktthemen (Staatsangelegenheiten und Erotik), einheitliche, gehobene „Stillage" (Vers und pathetische Rede), stilisierte Präsentationsweise (strenge Beschränkung bei der Gestaltung von Ort, Zeit und Handlung).
Stilisierung regelt auch die Anordnung des Personals: zwei gleichrangige Frauen als Protagonistinnen, jeder ein Liebhaber zugeordnet (jeweils mit zwielichtigen, wenn auch unterschiedlichen Beziehungen zur Gegenspielerin), jeweils zwei Begleitfiguren, beide jeweils gegensätzlich gestaltet (der Staatsmännisch-Kluge und der Redlich-Gerechte bei Elisabeth; die Amme und der Priester bei Maria: die Symmetrie überspielt nicht die Unterschiede zwischen der einen Königin in ihrer höfischen Macht und der anderen in ihrem privaten Elend). Auch der Handlungsaufbau fügt sich dem Symmetriegebot: der I. und V. Aufzug gehört Maria, der II. und IV. Elisabeth, im III. begegnen sie sich, die Zentralszene liegt in der Mitte dieses Aufzugs. Das Gleiche gilt für den Zeitaufbau (3 Tage insgesamt, Tageswech-

sel nach dem I. Aufzug – vgl. 2130f. und 2059 – und vor dem letzten – vgl. 3386f.); das Gleiche gilt für die Orte (I und V spielen in Fotheringhay, II und IV in Westminster; nur III spielt, entgegen der Norm, nicht im geschlossenen Raum, sondern in der freien Natur). Schiller behandelt die „Regeln“ sehr frei, wenn er es sachlich für angebracht hält. Einzig die Szenen 11–15 des letzten Aufzugs fallen aus dieser Symmetrie heraus und betonen damit den Abschluss des Werkes.
Die klare Architektonik führt aber nicht zu einem statischen Gesamtbild des Dramas, sondern ist eine Form, die seine bewegten Massen zusammenhält. Was aus der Distanz als Symmetrie erscheint, zeigt sich im dramatischen Ablauf als Katarakt von Kontrasten. Ständig wechseln die Stimmungen, die Räume, schlagen die Erwartungen der Beteiligten wie der Zuschauer ins Gegenteil um: Kontraste zwischen den Akten, zwischen den Szenen, innerhalb der Szenen selbst oft auf engstem Raum (vgl. dazu im Einzelnen oben, Kap. 3, z. B. S. 81 ff.). Statische und dynamische Momente gemeinsam aber sind eingebunden in den gewaltigen Spannungsbogen, den das Drama insgesamt durchläuft. Zurecht gilt *Maria Stuart* gerade darin als meisterhaft, wie Schiller in diesem Werk den dramatischen Konflikt aufbaut und durchführt.
Man ist gewohnt, diesen Handlungsablauf mit den Begriffen zu beschreiben, die Gustav Freytag 1863 als Grundmuster einer jeden „Technik des Dramas“ aufgestellt hat: Einleitung („Exposition“), Steigerung („mit erregenden Momenten“), Höhepunkt, Fall oder Umkehr („Peripetie“) mit dem „retardierenden Moment“ der „letzten Spannung“, Katastrophe. Abgeleitet wurde dieser „pyramidale Bau“ einer steigenden und fallenden Handlung aus der Entgegensetzung von „Spiel“ und „Gegenspiel“, die Freytag als Grundkonstellation jeden Dramas annahm (vgl. Freytag 1912, S. 102ff.). An diesem Schema ist in neuerer Zeit vehement Kritik geübt worden: Es sei geradezu ein „Exempel für unzulässige Simplifizierung“ und sei von allzu großer „terminologischer Laxheit“; Freytag habe keine Ahnung von der umfangreichen dramentheoretischen Literatur etwa der Renaissance und der französischen Klassik, und sein Schema „lasse sich nur wenigen Dramen mit einiger Stringenz überstülpen“ (Bickert 1976, S. 40). Auch Schiller selbst gebraucht Begriffe, die einerseits vager und andererseits komplexer sind als die Freytags, wie „prägnanter Moment“ und „aufbrechende Knospe“ („alles liegt schon darin und es entfaltet sich nur in der Zeit“) für bestimmte Momente der Exposition, „punctum saliens“, für die zentrale Konfliktsituation, von der aus sich die Handlung organisiert (vgl. Berghahn 1986, S. 42ff.). Das kann warnen, Freytags Begriffe schematisch oder gar als Norm zu verwenden, an der ein Drama zu messen sei. Aber für die Interpretation von *Maria Stuart* können sie als Hilfsmittel nützlich sein, nicht, um zu zeigen, dass Schiller ein Schema erfüllt, sondern um zu beschreiben, wie komplex und zielgerichtet zugleich er die Handlung führt (auch dazu im Einzelnen Kap. 3).
Schiller selbst hat größtes Gewicht darauf gelegt, dass in einem Drama die „Handlung“ das Wichtigste sei, nicht der Charakter des Helden, nicht sein „moralischer Gehalt“ oder die Gefühle, die er beim Zuschauer weckt (so z. B. an Körner, 13. 7. 1800). Es ist die Handlung, die den Zuschauer mitreißen soll („Furcht und

Mitleid [...] erregen", ebd.); deshalb baut Schiller sie derart dicht und konsequent auf, bezieht jede Einzelheit in den dramatischen Funktionalismus ein. Der Epiker verweilt beim Detail, für den Dramatiker ist jedes Detail nur von Bedeutung, insofern es funktional zum Handlungszusammenhang beiträgt. Das gilt für die Exposition, die ja gerade in *Maria Stuart* besonders kunstvoll aufgebaut ist, mit einer enormen Verdichtung arbeitet – aber es gilt für den weiteren Handlungsablauf nicht weniger: Was auch geschieht und was immer gesagt wird, es dreht sich um das „punctum saliens", um die Frage, ob das Urteil an Maria vollstreckt wird oder nicht.

Die Handlungsdominanz in einem solchen „geschlossenen" oder „tektonischen" Drama hat für die Personen, die in ihm auftreten, eine doppelte Konsequenz. Einerseits sind auch sie nur Funktionen des Handlungszusammenhangs, keine selbstständigen, aus einer eigenen seelischen Fülle heraus lebenden Individuen. Schiller nennt deshalb die Helden des antiken Dramas „idealische Masken und keine Individuen" und Goethes *Iphigenie* auf epische Weise verfehlt (siehe oben, S. 21, und an Goethe, 26. 12. 1797). (Das entbindet den dramatischen Dichter natürlich nicht von der Pflicht zur psychologischen Wahrscheinlichkeit aller verwendeten Einzelzüge seiner Figuren.)

Andererseits steht bei solchen, auf ihre Funktion in der dramatischen Handlung beschränkten Figuren ihre Fähigkeit zu handeln in besonderem Maße zur Debatte. Die Dramaturgie dieser Dramen „verlangt ihrer selbst bewusste, handelnd aufeinander und auf die Welt sich beziehende Personen" (Fuhrmann 1981, S. 348). Selbstbewusstsein, strategisches Planungsdenken, Konflikt- und Entscheidungsfähigkeit, Willensstärke und Leidensbereitschaft sind Voraussetzungen ihres Agierens – Tugenden also, die man unter dem Begriff der „Mündigkeit" zusammengezogen hat (Klotz 1975, S. 137). Das macht die Figuren in Schillers Dramen besonders geeignet, als Symbolfiguren eines neuzeitlichen, auf Selbstbestimmung und Ich-Autonomie sich gründenden Menschentyps zu fungieren.

Gerade für diese autonomen Individuen aber ist ihre Einbindung in den allmächtigen Handlungszusammenhang tödlich. Das ist nur scheinbar ein Widerspruch. Tatsächlich erleiden sie ihr ‚tragisches Schicksal' nicht, weil im Handlungsablauf eine greifbare, benennbare Macht wirksam wäre, an der sie scheitern; sie scheitern vielmehr am Handlungsablauf selbst, und der setzt sich aus nichts zusammen als aus den Plänen und Entscheidungen anderer, ebenso autonomer Individuen. Schiller hat ja, wie sich zeigte, alle wirklichen, geschichtlichen Kräfte in seinem Stück durch sein Verfahren der Enthistorisierung getilgt. Die Abstraktion ‚Individuum und Gesellschaft', die oben (S. 105 f.) unter dem Aspekt der Geschichte begegnet war, taucht hier unter dem Aspekt der Form wieder auf. Der Handlungsablauf repräsentiert nichts als diesen abstrakten Begriff von Gesellschaft: das katastrophale Aufeinandertreffen isolierter, aber handelnd aufeinander angewiesener Individuen. „Die von den einzelnen Individuen in Gang gesetzten Aktionen summieren sich zu einem Gesamtprozess, der von keinem gewollt wurde. Die Geschichte, in Bewegung gebracht durch planende Einzelwesen, setzt sich unkontrollierbar über diese hinweg". So Sautermeister (1979, S. 180), der diesen

Zusammenhang von planender Entscheidungsfähigkeit der Enzelnen und planloser ‚Unverfügbarkeit' des Ganzen exemplarisch an der Figur des Leicester demonstriert. – Die ‚Form' von Schillers Tragödie schlägt um in den ‚Inhalt' einer historisch bestimmten Geschichts- und Welterfahrung.
Das beschriebene Formprinzip der „Handlungsdominanz" determiniert aber nicht nur das Menschenbild und die Weltanschauung von *Maria Stuart,* sondern auch den Kunstwerkscharakter dieses Dramas insgesamt. Der Dramaturg Schiller arbeitet mit den Stoffmassen seines Stückes, mit seinen Handlungsabläufen und mit den Emotionen des Zuschauers wie ein Symphoniker mit seinem musikalischen Material. Er verzögert und beschleunigt das Geschehen, legt Pausen ein (die Mortimer-Erzählung ist eine besonders große), türmt Hindernisse auf und verliert doch nie das Ende aus dem Blick. Die Wirkung ist wie bei einer Oper oder bei symphonischer Musik: Sie zielt unmittelbar auf die Emotionen des Zuschauers. Den Vergleich zur Oper hat Schiller selbst gezogen (an Goethe, 29. 12. 1797), der zur Symphonik etwa Beethovens liegt nicht weniger nahe. Die Konzentration auf den Handlungsablauf gibt Schillers Drama eine Tendenz zur „absoluten Kunst". Auch daran zeigt sich Schillers Verständnis der Kunst als einer autonomen.

Zur Formeigentümlichkeit von *Maria Stuart* gehört neben der Dramaturgie dieses Werks auch seine *Sprache. Maria Stuart* ist das erste Drama Schillers, bei dem die Versform niemals in Zweifel stand. Noch den *Wallenstein* hatte Schiller in Prosa begonnen, weil das ihm dem geschichtlichen Stoff allein angemessen schien; für das Theater der Zeit, auch das in Weimar, war Prosa die anerkannte und selbstverständliche dramatische Sprachform, auch und gerade durch die Autorität Lessings und seiner „Bürgerlichen Trauerspiele", trotz des *Nathan.* Bei den Proben zum *Wallenstein* hatten Goethe und Schiller besonderen Wert auf die Versdeklamation der Schauspieler gelegt, und die große Mühe hatte sich gelohnt. Damit ist die Wendung von der Prosa zum Vers vollzogen, hatten sich die klassischen Vorstellungen einer idealisierenden Kunst auch in der Sprachform durchgesetzt.
Auch in der Behandlung des Verses konnte Schiller die im *Wallenstein* gewonnene Beherrschung des Handwerks in der *Maria Stuart* einsetzen. Die Verse in diesem Drama sind einerseits müheloser und gepflegter als im *Wallenstein,* andererseits werden sie bewusster und reicher abgestuft als dort. An Höhepunkten geht der reimlose Blankvers in gereimte Rede über, nun nicht mehr nur an den Akt- oder Szenenschlüssen wie noch im *Wallenstein* (und wie beim Vorbild, Shakespeare), sondern auch in der Rede selbst (Beispiele besonders in III, 6: 2476 f.; 2486 f. über den Sprecherwechsel hinweg; ebenso 2548 f.; besonders dicht ab 2545 mit kunstvollen Verschränkungen: 2567 ff.: ababccdefeff; 2581 ff.: Terzettenkette. In I, 6 an herausragender Stelle begegnet ein schweifender Reim [662–665], Reimpaare auch sonst gelegentlich, z. B. 3740; 374 f.). In III, 1 wechseln darüber hinaus in Marias Rede kunst- und wirkungsvoll reimlose Jamben mit Reimstrophen im wechselnden Takt.
Nicht nur die Versform, auch der Sprachduktus wird von Schiller situations- und personenspezifisch variiert. Burleigh z. B. spricht eine bildlose, sachliche Sprache,

bestimmt, zupackend, oft zu knappen Einwürfen gerinnend; im gleichen Gespräch, I, 7, verwendet Maria alle Formen pathetischer Rede, Ausrufe, Verdoppelung, Anaphern, rhetorische Fragen und andere Floskeln. Mortimers Sprache in I, 6 ist von sinnlichen Bildern und emotional getönten Adjektiven geprägt usw. Auch im größeren Rahmen, über das Drama hin, ist die Sprache strukturiert. In einer eindringlichen Interpretation von Schillers Dramatik hat Ilse Applebaum-Graham dargelegt, wie die Metaphorik des Kerkers einerseits und des Feuers andererseits die Sprache gerade in *Maria Stuart* prägt und die Situation und Figur der Maria charakterisiert. Sie zieht aus dieser „Eigentümlichkeit des [...] Bildmaterials" weit reichende Schlüsse:

„Schiller erfasst den Akt der Unterdrückung eines Teiles unseres Selbst – jenes elementaren Teils nämlich, dessen Symbol das Feuer ist – in einem räumlichen Bild [...] Es gibt keinen Beweis, wonach die historische Maria während ihrer Gefangenschaft in Fotheringhay ein ‚Leben unter Tage' geführt habe, und doch wird ständig von der ‚Gefängnisnacht' gesprochen, von ‚des Kerkers Gräbernacht', von der ‚traurigen Gruft'. Solche Stellen erwecken allmählich den Eindruck, dass Maria tatsächlich in Nachtregionen lebt, tief unterhalb von Elisabeths Reich [...] Angesichts solcher Stellen bedeutet selbst die Inszenierung von Marias Hinrichtung im ‚unteren Saale' – unmittelbar unter dem Raum des entsetzten Leicester – wesentlich mehr als lediglich Schillers Geschmack am Grausigen" (Graham 1960, S. 283 ff.).

Auf zwei weitere Arten von Schillers Sprachstil hat Volker Klotz (1962, S. 10 f.) aufmerksam gemacht. Oft setze Schiller an Stelle eines Vornamens oder eines Personalpronomens eine substantivierte Eigenschaft (Beispiel: „Ihr habt die Unversöhnliche verwundet", 2461), oft werden Eigenschaften von ihm personifiziert (Beispiel: „Fahr hin, lammherzige Gelassenheit / Zum Himmel fliehe, leidende Geduld", 2437 ff.). Das ergebe in beiden Fällen „ein Übergewicht des Allgemein-Begrifflichen über das Einmalig-Spontane, des Berechenbaren über das Unberechenbare, der aristokratischen Distanz über bürgerliche Abstandslosigkeit" (ebd., S. 11) und zeige so die generalisierende, „idealisierende" Tendenz von Schillers Klassizismus. Die gleiche Tendenz findet sich auch in anderen Sprachformen, z. B. in der durchgehenden Neigung zu logischen und rhetorischen Stilfiguren wie Antithesen (z. B. 1152; 1153 f.) und Sentenzen (z. B. 1155 f.), die einem auf Schritt und Tritt begegnen, wenn man erst einmal auf sie achtet.

Die eigentümliche Leistung dieses Dramas aber ist, dass solch distanzierender Klassizismus dem Variationsreichtum und der Kraft seiner Sprache keinen Abbruch tut. Die Eingangsszenen zum I., III. oder V. Akt etwa zeigen Schillers Fähigkeit, Sprachtempo, Syntax und Vokabular je nach sprechender Person und je nach Situation zu wechseln, von großer Erregung in scharfen Streit überzugehen (I, 1), wenig später bereits durch den Sprachduktus Ruhe und Souveränität zu verbreiten (I, 2; 154 ff.) oder das Selbstbild einer Person durch pure Betonung zur Anschauung zu bringen (II, 2; 2143 f. Paulets „endlich" und „einmal"). Nicht nur die rhetorische und dramatische Gewalt, auch der Gestenreichtum und die Spannweite von Schillers Sprache in *Maria Stuart* sind ungewöhnlich.

5 Zur Theatergeschichte des Werkes

Die Uraufführung war ein großer Erfolg; sie fand weithin Beachtung. Allerdings zeigt sich schon hier eine deutliche Diskrepanz zwischen der Theaterwirkung des Stückes und der inhaltlichen Auseinandersetzung mit ihm; diese Diskrepanz sollte die Rezeptionsgeschichte prägen. Bereits in den ersten Kritiken der Uraufführung gab es deutliche Missbilligungen. Mortimers leidenschaftlicher Zugriff auf Maria in III, 6 wurde mehrfach als übertrieben, ja als unsittlich empfunden: „er hielt Maria fortwährend in engster Umschlingung und zog sie nach den Coulissen hin – kurz, eine bis zur Angst gesteigerte Aufregung theilte sich allen Zuschauern mit, und die Szene wurde dann auch bei den folgenden Vorstellungen sehr gemildert." (H. Schmidt, Erinnerungen eines weimarischen Veteranen [...]. Leipzig 1865, S. 96f. Schillers Regie scheint übrigens diese Auffassung der Szene durchaus befördert zu haben). Daneben erregte vor allem die Abendmahlsszene Anstoß; Schiller hat in ihr denn auch Streichungen vorgenommen.

Doch es gab auch emphatische Zustimmungen, und eine etwas spätere Aufführung auf dem von Weimar aus bespielten Theater im benachbarten Lauchstädt war völlig überfüllt: Neben Mitgliedern der vornehmen Gesellschaft drängten sich Professoren aus Halle und, wie in Weimar auch, Studenten aus Jena und Halle, sodass schließlich zweihundert Menschen abgewiesen werden mussten. Die Aufführung in Weimar wurde nach zwei Tagen wiederholt. Insgesamt erlebte *Maria Stuart* dort bis 1817, als Goethe die Theaterleitung abgab, 36 Aufführungen; von Schillers großen Dramen wurden nur *Don Carlos* (47) und *Wallensteins Tod* (38) häufiger gespielt. Die späteren Erfolgsstücke in Deutschland, die *Jungfrau von Orleans* und *Wilhelm Tell* blieben mit je 26 Aufführungen deutlich dahinter zurück. Zum Vergleich: Mozarts *Zauberflöte* kam bis 1817 82 Mal auf dem Weimarer Theater, und den 330 Aufführungen von Schillerdramen überhaupt stehen 650 von Stücken Kotzebues gegenüber. Das sollte weiterhin und andernorts so bleiben; Schillers Dramen machten das 19. Jahrhundert hindurch nie mehr als 4% des Spielplans aus, oft sehr viel weniger.

Bereits ein halbes Jahr später als in Weimar, im Januar 1801, kam *Maria Stuart* in Berlin heraus. Iffland führte Regie und spielte den Melvil (die Voß'sche Zeitung tadelte übrigens, auch hier, Mortimers „viehische Sinnlichkeit" – Schillers Realismus war den kleinbürgerlichen Moralvorstellungen seines Publikums offenbar weit voraus). Berlins berühmte Schauspielerin Friederike Unzelmann spielte die Maria. Schiller sah sie im September 1801 in dieser Rolle im Weimar – auch das sollte sich von nun an wiederholen: *Maria Stuart* als Starrollendrama für gastierende Schauspielerinnen. Schiller war allerdings mit dem Spiel der Unzelmann nicht zufrieden, es war ihm zu unklassisch: „Man möchte ihr noch etwas mehr Schwung und einen mehr tragischen Stil wünschen. Das Vorurtheil des beliebten Natürlichen beherrscht sie noch zu sehr; ihr Vortrag nähert sich dem Conversationston, und alles wurde mir zu *wirklich* in ihrem Munde; das ist Ifflands Schule

[...]" (an Körner, 23. 9. 1801). Es folgten im Sommer 1801 Aufführungen in Leipzig, im März 1802 in Stuttgart (mit großem Publikumsandrang), im gleichen Jahr in Düsseldorf, 1804 in Mannheim.

Maria Stuart hatte allerdings erheblich mit der Zensur zu kämpfen. In Berlin ließ König Friedrich Wilhelm III. das Stück mehrfach absetzen, in Stuttgart Herzog Friedrich die Beschreibung der Hinrichtung durch Leicester streichen, in den katholischen Rheinlanden wurde das Werk z. B. in Köln Anfang 1802 nach zwei Aufführungen verboten, weil die Abendmahlsszene trotz Auflage nicht gestrichen worden war. Besonders anhaltend war der Druck von oben in Wien, wo schon das Buch nach seinem Erscheinen erst einmal für die ganze Monarchie verboten wurde. Abendmahlsszene und Hinrichtung einer Königin auf dem Theater waren für den katholischen Hof undenkbar; der Streit mit der städtischen „Theaterunternehmensgesellschaft" zog sich über neun Jahre hin, erst 1814 erlaubte Kaiser Franz die Aufführung auf dem Burgtheater, natürlich nur unter erheblichen Strichen in der Abendmahlsszene. Dann allerdings holte das Wiener Publikum das Versäumte nach: 1815 wurde *Maria Stuart* 14-mal gegeben, die höchste Aufführungszahl, die ein Schillerdrama bis in den Vormärz hinein dort erreichte. Bis 1875 kam es zu 144 Vorstellungen; von den großen deutschen Dramen erreichte nur *Emilia Galotti* mehr (149).

Eine solche Praxis ist allerdings untypisch. Unter den Schiller-Dramen gehörte *Maria Stuart* im 19. Jahrhundert nicht zu den Erfolgsstücken. In den beiden Jahrzehnten nach Schillers Tod war das Werk beliebt und wurde wegen seiner Frauenrollen von Schauspielerinnen bei Gastspielen angeboten, mit denen größere Bühnen Mittel- und Kleinstädte bereisten. Aber insgesamt lief ihm in dieser Zeit die *Jungfrau von Orleans* mit ihrer Prachtentfaltung den Rang ab, und nach 1848 (verstärkt nach 1859) wurde *Wilhelm Tell* zum beliebtesten Theaterstück von Schiller und blieb es, seiner national ausbeutbaren Tendenz wegen, bis ans Ende des Jahrhunderts.

Dort findet sich dann jedoch *Maria Stuart* gleichrangig neben *Wilhelm Tell* in den Listen des „Deutschen Bühnenspielplans", vor *Die Räuber* und *Kabale und Liebe*. Und wiederum scheint die Beliebtheit des Werkes beim Publikum und/oder bei den Schauspielern in Diskrepanz zu stehen zu der offiziellen Wertschätzung durch Kritiker und Regisseure. So bemängelte z. B. Grabbe anlässlich einer Düsseldorfer Aufführung von 1832 Schillers Enthistorisierung und zeigte sich nur mäßig angetan von Schillers Gestaltungskraft. Auch Fontane, der *Kabale und Liebe* hoch bewertet hatte, vermochte 1884 *Maria Stuart* nicht viel abzugewinnen. Und die großen Neuinszenierungen klassischer Dramen durch Max Reinhardt in den ersten Jahren des 20. Jahrhunderts, die bei den *Räubern, Kabale und Liebe* und *Don Carlos* zu spektakulären Aufführungen führten, haben in der Theatergeschichte von *Maria Stuart* keine weiteren Spuren hinterlassen. Reinhardt führte das Stück mehrfach auf, mit großen Schauspielerinnen wie Hermine Körner und Helene Thimig in der Rolle der Elisabeth, scheint aber darüber hinaus dem Stück keine besonderen Seiten abgewonnen zu haben.

Nicht viel anders ist die Situation auf dem Theater der Weimarer Republik. *Maria Stuart* hat einen guten Platz im Repertoire. Man liest von Schauspielerinnen, die

mit der Elisabeth große Erfolge errangen (z. B. Gerda Müller 1922 in Berlin), und von Theaterleitern, die beachtliche Aufführungen herausbrachten (so Leopold Jeßner in der Starbesetzung Lucie Höflich als Maria, Agnes Straub als Elisabeth, Fritz Kortner als Mortimer). Aber die großen, herausragenden Klassikeradaptionen in der Weimarer Republik waren Jeßners *Wilhelm Tell* (1918), *Don Carlos* (1922 und 1929) und *Wallenstein* (1924). *Maria Stuart* gehörte nicht zu ihnen.
Das Bild änderte sich nicht während des Nationalsozialismus. *Maria Stuart* rangierte in den Aufführungszahlen des Deutschen Reiches an dritter Stelle, nach *Kabale und Liebe* und dicht nach *Wilhelm Tell*, weit vor *Wallenstein* oder gar der *Jungfrau von Orleans* und der *Braut von Messina*. Geändert hat sich auch nicht der Protest gegen das „Unsittliche" in diesem Drama. Kleinbürgerliche, oft auch religiös begründete Abwehr gegen Schillers freieren Umgang mit Erotik und Sexualität versuchte vor allem in den Anfangsjahren des Regimes, über die ‚Prinzipien nationalsozialistischer Kunstanschauung' *Maria Stuart* als „ungesund" unter Zensur zu stellen, scheiterte aber am Widerspruch gegen solchen Provinzialismus: Die bildungsbürgerliche Dominanz im Rezensentenwesen und Kulturbetrieb wurde auch unter dem Nationalsozialismus nicht gebrochen.
Auch in der Bundesrepublik behielt *Maria Stuart* ihren Platz in der Theaterhierarchie der Schillerdramen: *Kabale und Liebe* an der Spitze, gelegentlich mit *Die Räuber*, seltener mit *Don Carlos*; dann *Maria Stuart* als offenbar bester Zugang zum klassischen Schiller (*Wilhelm Tell* trat nach 1945 erst einmal zurück). In den 50er Jahren gab es einige große Aufführungen, z. B. unter Fehling und Kortner, mit glänzenden Schauspielerinnen und breiter Publikumswirkung. Nun waren an diesem Drama auch neue Seiten zu entdecken, z. B. die illusionslose, ‚harte' Darstellung der politischen Welt. Eine Frankfurter Aufführung von 1959 wird von Karl Korn unter der Überschrift „Tragödie des Kalten Krieges" besprochen, und eine solche Beleuchtung scheint kein Einzelfall gewesen zu sein:

„Dieses am besten gemachte – aber eben doch nur gemachte – Trauerspiel Schillers zeichnet sich nun unter allen Werken seiner Reifezeit durch eine realistische, im Grunde skeptische und von jeder idealistischen Lösung und Erlösung sehr ferne Weltsicht aus. Alle Handelnden sind Egoisten, Opportunisten und potenzielle Verräter. Selbst die Verklärung der Titelheldin ist nicht frei von gemischten Empfindungen, weil ihre persönliche Eitelkeit unüberhörbar im Spiel bleibt. Gerade diese Unerlöstheit aber [...] scheint der *Maria Stuart* beim heutigen deutschen Publikum ihre besondere Popularität zu gewährleisten. Die weltanschaulichen Systeme haben ihre beruhigende Wirkung verloren und so will man sich wenigstens der Wahrheit stellen." (Skopnik 1959, S. 204)

Die vorsichtige Politisierung des Werkes wird in den späten 60er und in den 70er Jahren aufgegriffen und verstärkt. Das ging nicht ohne Widerstände ab; eine Aufführung in Mannheim 1970 wird von der Kritik noch als bewusst konservierende Reaktion auf weitergehende Experimente anderer Bühnen gefeiert:

„Was hat man mit Schillers *Maria Stuart* in jüngster Zeit an Deutung nicht alles versucht? Martin Ankermann bemühte sich in Oberhausen, ‚die Figuren zu entprivatisieren zugunsten ihres gesellschaftlichen Rollencharakters', Rudolf Krieg versuchte in Mönchen-Gladbach mit diesem Stück die Erbärmlichkeit der Mächtigen zu decouvrieren. Das mag beides in Schillers Werk enthalten sein, dennoch sind die erwähnten Versuche, wenn auch in durchaus ehrenvoller Weise, auf der Bühne gescheitert. Ernst Dietz nahm jetzt das Trauerspiel als das, wofür es seit eh und je galt: als exzellentes Schauspielerstück. Und die Zustimmung des Mannheimer Publikums bei der Premiere am Ostersonntag im großen Haus des Nationaltheaters gab ihm Recht" (Josef von Golitschek, in: Heidelberger Tageblatt, 1.4.1970).

1977 konnte sich selbst Mannheim dem Trend nicht mehr verschließen; Michael Heigel zeigte korrupte Heldinnen, ein ohnmächtiges Volk, eine persiflierte Himmelfahrt der Maria, es gab Proteste im Zuschauerraum und Verrisse durch die Kritik, aber auch hier wieder Glanzleistungen der Schauspieler.

Der Klimawechsel in der Theaterlandschaft der Bundesrepublik und der Wechsel in der Auffassung des Werks lässt sich oft schon an den Programmheften ablesen. Ein Heft aus Hannover von 1958/59 stützt die dortige Aufführung mit ehrfürchtig konventionellen Texten von Reinhard Buchwald, Gustaf Gründgens und Wolfgang Schadewaldt; das Pendant von 1968/69 bringt eine freche Passage von Egon Friedell („Schiller ist eines der größten Genies der Kolportage") und druckt Brechts Fischweiber-Persiflage der Königinnenszene ab. Brechts Szene wurde übrigens bereits ein Jahr früher (als Westdeutsche Erstaufführung) gemeinsam mit Schillers *Maria Stuart* auf die Bühne gebracht (als Königin Elisabeth: Elisabeth Flickenschildt). Kaum ein Programmheft, das sich nun den Abruck von Brechts kurzem Stück entgehen lässt, und eine Lübecker Aufführung von 1971 stellt sich ganz unter Brechts Wort, keine „Einschüchterung durch Klassiker".

Insgesamt allerdings wird die allgemeine Tendenz zur politischen Aktualisierung des Theaters in diesen Jahren doch eher an anderen Schiller'schen Dramen ausgetragen als an *Maria Stuart*. Große Theaterereignisse wie Hans Hollmanns Inszenierung von *Kabale und Liebe* 1969 in Berlin fehlen für *Maria Stuart* in dieser Zeit.

Dann aber gibt es einen regelrechten Boom in markanten *Maria-Stuart*-Aufführungen. Auf einmal steht das Werk im Zentrum der verschiedensten aktuellen Strömungen des Gegenwartstheaters, als wollten die Regisseure gerade an diesem Werk ihre Auseinandersetzung mit dem klassischen Erbe vorweisen.

Den Anfang machte Ernst Wendt 1979 mit einer eigenwilligen, sehr umstrittenen Inszenierung an den Münchner Kammerspielen. Wendt bürstete Schiller nicht nur gegen den Klassiker-Strich, sondern drehte die Interpretationsschraube weiter und wandte sich nun schon gegen den Versuch, mit Brecht die Klassiker zu entrümpeln; sein programmatisches Wort: „Brecht ist tot!" taucht in vielen Rezensionen auf. Was übrig blieb, liest sich in einer Kritik von Dieter Seliger so:

„*Maria Stuart* hat ihre Begegnung mit Ernst Wendt überlebt, ja, sie hat in dieser Begegnung Züge dazugewonnen, die man interessiert, gelegentlich sogar fasziniert betrachtet. In Kenntnis von Ernst Wendts sonstigen Klassiker-Hinrichtungen und in Anbetracht seiner Ankündigung, das Schiller-Drama zu entedeln, Marias und Elisabeths Parkbegegnung als Beschimpfung zweier Huren spielen zu lassen, war das nun keineswegs zu erwarten gewesen. – –

Natürlich ist Wendts *Maria Stuart*-Inszenierung an den Münchner Kammerspielen keine reine Freude für Schiller-Verehrer. Schon die Besetzung der Titelrolle mit Cornelia Froboess

kündigt das an. Die Froboess bringt weder von der Statur noch von ihrem Wesen her die gängige Stuart-Vorstellung auf die Bühne. Sie hat so viel verspielte, kokette Mädchenhaftigkeit, so viel Diesseitigkeit, dass sie nie in die Nähe der Tragik kommt.
Genau dies will Ernst Wendt: das hintergründig Schicksalhafte, das universell Tragische säkularisieren. [...] Wendt stellt den persönlichen, fast privaten Konflikt zweier Frauen in den Mittelpunkt. Doris Schade als alternde Elisabeth ist geradezu die Verkörperung des Verblühens. Weiß geschminkt wirkt ihr Gesicht wie eine teigig gewordene Frucht. Ihre Sinnlichkeit ist die mühsam zurückgehaltene Raserei der letzten Chance [...]" (in: Die Welt, 5.7.1979)

Wendts extreme Interpretation machte Schule. Eine Inszenierung von Holger Berg in Göttingen setzte wie Wendt

„auf ausgefallene, extreme Effekte: presst aus den Figuren das Letzte an Emotionalität, an expressiver Leidenschaftlichkeit heraus, macht die untergründige Motivation der handelnden Personen durch Machtgier und Sexualität szenisch sichtbar. Das geht bis zum sexualneurotischen Verhalten der Elisabeth, bei der Geschlechts- und Geltungstrieb identisch werden, in dem großen Streitgespräch der rivalisierenden Königinnen, bis hin zur Vergewaltigung Marias in ihrem Kerker durch Mortimer [...]. Es ist dann aber doch verblüffend, wie weit Schillers Stück diesen dramaturgischen, inszenatorischen Generalangriff standhält, wie viel von seiner Substanz trotz des verfremdeten äußeren Gewandes erhalten bleibt [...]. Schiller erweist sich als der Stärkere – zur Demontage, sollte sie denn beabsichtigt gewesen sein, kommt es nicht. Die innere Dynamik der Auseinandersetzung zwischen den Königinnen, der rasante Ablauf des ‚Kriminalfalls', die psychologische Spannung triumphieren. [...]" (Claudia Sandner-v. Dehn, in: Hessische Allgemeine Zeitung, 11. 5. 1981)

1983 fand eine ähnliche Aufführung in Bonn statt („Zwei Damen nur mit Unterleib" – Die Welt, 3. 12. 1983), und auch die Baseler Aufführung aus dem gleichen Jahr baute, nach Aussage der Badischen Zeitung vom 1./2. 10. 1983, auf das Konzept, „das Terrain der Klassiker" mit „moralischen Zwergen und seelischen Krüppeln bevölkert" zu finden.
Auch in der DDR wurde experimentiert. Noch 1966 war dort bei Theateraufführungen *Maria Stuart* im Sinn der „geschichtlichen Wahrheit" korrigiert, die fortschrittliche Elisabeth gegenüber der reaktionären Maria herausgestrichen worden. Ende der 70er Jahre wurde Schillers eigene Wertung auch auf der Bühne ernst genommen (vgl. oben, S. 95); 1980 inszenierte Thomas Langhoff das Werk am Deutschen Theater in Ostberlin betont klassikerkritisch („er lässt charakterlich verkrüppelte, vor allem durch Machtwahn und politisiertes Denken deformierte Menschen agieren"); seine Aufführung war in Ost und West umstritten (vgl. Weimarer Beiträge 8, 1981, das Zitat von Bernd Leistner dort S. 107).
Wie zu erwarten, setzten andere Regisseure auf die inzwischen aktuelle Frauenthematik. Auch in der „Provinz" wurde *Maria Stuart* jetzt so verstanden, z. B. von Hans Häckermann 1979 im Schleswig-Holsteinischen Landestheater. Berühmt wurde Ulrich Heisings Düsseldorfer Aufführung von 1980, die einen Skandal provozierte, weil Christa Berndl als Maria in der Begegnungszene plötzlich nackt auf der Bühne stand; wichtiger war jedoch Heisings Gedanke, Schillers Anregung aufzugreifen und Elisabeth und Maria von der gleichen Schauspielerin

darstellen zu lassen. Die Kritik lobte das Konzept, kritisierte aber die Durchführung: Heising sei seinem eigenen Einfall nicht gewachsen gewesen:

„[...] Die rivalisierenden Frauentemperamente sollten als zwei Seiten einer weiblichen Identität gezeigt werden, die unter dem Druck der männlichen Rationalität, der instrumentellen Vernunft der Herrschaft, rettungslos auseinander gefallen und, jedenfalls in dieser Männerwelt, nicht mehr vereinbar sind. Maria also als Liebesobjekt, der man jede Selbstständigkeit versagt, und Elisabeth als Mann-Weib, dem die Höflinge keine Gefühle abnehmen wollen. Zu Beginn der Aufführung scheint diese Idee konsequent aufgegriffen [...]" (Theo Girshausen, in: Stuttgarter Zeitung, 26. 2. 1980)

Ähnliche Reaktionen (gutes Konzept, schwache Durchführung) riefen zwei weitere Aufführungen hervor, die die Frauenthematik in *Maria Stuart* besonders herauszustellen versuchten. So inszenierte Günther Krämer in Stuttgart 1982 Maria und Elisabeth als Schwestern, beide gefangen im Kerker männlicher Rollenerwartungen, so die Ostberliner Regisseurin Brigitte Soubeyran in Köln das Drama mit der „Grundidee, dass Schillers Königin Elisabeth die Utopie einer feministischen – das könnte bedeuten: ausgleichenden, hartem Durchgreifen abgeneigten – Politik verfolgt, die sie jedoch bei ihren männlichen Ratgebern nicht durchsetzen kann" (Rainer Hartmann, in: Kölner Stadtanzeiger, 27. 1. 1986).
Das Konzept, einen einzigen, aktuellen Aspekt in Schillers Drama scharf, ja überscharf zu beleuchten, ist nicht die einzige Regiekonzeption, mit dem das Theater der 80er Jahre versucht, *Maria Stuart* seinem Publikum nahezubringen. Einen ganz anderen Weg gehen Inszenierungen, die das Werk behutsamer in seiner Komplexität zur Erscheinung bringen wollen. Kurt Meisels Aufführung von 1981 im Münchner Residenztheater nähert sich *Maria Stuart* auf diese Weise und ist von der durchweg positiven Kritik sofort als „Kontrapunkt" gegen die (damals immer noch laufende) Inszenierung Ernst Wendts aufgefasst worden:

„Gezielte Konkurrenz auf Münchens Bühnen: *Maria Stuart* nun auch im Residenztheater. Keine Aktualisierung, kein Psychodrama (wie in den Kammerspielen) und auch kein Schmock. Regisseur Kurt Meisel geht alle Szenen mit Sorgfalt und sensibler Genauigkeit an, lässt sparsam spielen. Schon das abstrakte Bühnenbild (Gerhard Zahn) deutet auf Verzicht hin: ein großer, dunkel ausgeschlagener Raum, kaum Requisiten. Gobelins sinken als Vorhänge hernieder, schaffen Schlossatmosphäre. Nichts in dieser Inszenierung soll ablenken, alles scheint hörenswert, Schillers Text leuchtet wieder.
Die Besetzung der Titelrolle mit Christine Ostermayer erweist sich als ideal. Langsam, dunkel tritt sie auf. Von Anbeginn an steht sie da in ruhiger Sterbebereitschaft. Ist eine, die ihr Schicksal längst weiß, ehe es ihr verkündet wird. Diese Stuart, man spürt es in jeder Sekunde, ist durch die lange Haftzeit zwar geläutert, doch keineswegs gebrochen. Spätestens dann, wenn sie mit dem ausgefuchsten Burleigh (Horst Sachtleben) um Recht und Legitimität argumentiert, weiß man, dass diese Frau die Männer nicht nur durch ihre Sinnlichkeit, sondern auch durch ihre Kühnheit fesselte.
Ursula Lingen als königliche Konkurrentin mit blass geschminktem Gesicht und brandroter Perücke breitet eine gewaltige höfische Skala aus von pompöser Altersangst, liebender Bosheit und weiblicher Rivalität. Sie ist eine bereits Verblühende, hinter deren Jungfräulichkeit dennoch dumpfes Begehren lauert. Man sieht es, wie sie sich dem Grafen Leicester (Robert Atzorn) förmlich anbietet. Am Ende dieses Dramas bleibt auch sie in gleicher Verzweiflung

zurück. Diese beiden Frauen möchten Macht, wo sie ihnen fehlt. Elisabeth in der Liebe, Maria in der Politik.
Regisseur Meisel verzichtet fast gänzlich auf Psychologisierung. Er setzt auf Machtbewusstsein, auf Tradition und Raison. Gegen diese königlichen Damen haben es die Männer natürlich schwer, sich durchzusetzen. Mortimer (Michael Böttge), dieser junge Galan, bietet hier nur das Bild eines störrischen, zu lauten „Aussteigers". Alles Romantische, all das schwärmerisch Begeisterungsfähige, das ihn ja zu seinem Tun treibt, bleibt dünn, erscheint zu wenig glaubwürdig. Und Graf Leicester in Gestalt von Robert Atzorn agiert zwar mit eitler Allüre wie ein höfischer Salonintrigant, doch ihm fehlt das Zwielichtige, diese durchtriebene Schlauheit, sich mit zwei Seiten zu arrangieren.
Schillers Verehrer können wieder aufatmen. Der Beifall für Regisseur und Schauspieler, einen Klassiker wieder entdeckt zu haben, war enorm." (Rose-Marie Borngässer, in: Die Welt, 15. 1. 1981)

Vorsicht (statt Zugriff) im Umgang mit Schiller und sorgfältiges Herausarbeiten des Politischen, eher zögerliches Behandeln des Frauen-Aspektes: Das ist allerdings auch kein unfehlbares Konzept, um *Maria Stuart* lebendig werden zu lassen. Rudolf Noeltes Wiener Burgtheater-Aufführung von 1984 scheint daran gescheitert zu sein, wie die durchaus nicht einhellige, aber im Ganzen doch eher skeptische bis ablehnende Kritik erkennen lässt:

„Das Niederschmetternde an dieser Inszenierung, die mitunter sogar in unfreiwillige Komik abgleitet, ist ihr Scheitern an ihrer Orientierungslosigkeit. Hätte sich Noelte in die Seelentragödie zweier Frauen verrannt und das politische Drama in den Hintergrund gedrängt, hätte er die Staatsaktion zu stark hervorgekehrt und das ambivalente Portrait der beiden Königinnen vernachlässigt, so wäre zumindest ein Inszenierungswille sichtbar geworden. Was nun diese *Maria Stuart* prägt, ist die vordergründige Präsentation des schönen Textes einer Intrigengeschichte, der neben ihrer Sinnlichkeit auch ihr Sinngehalt genommen wurde." (Karin Kathrein, in: Die Presse, 26. 6. 1984)

Ist die Einseitigkeit also doch die beste Form, in der wir uns heute, zumindest im Theater, ein Muster der Klassik wie *Maria Stuart* aneignen können – nur dadurch also, dass wir seine sorgfältig hergestellte Ausgewogenheit und Ganzheit zerschlagen? Kurt Meisels Inszenierung wäre ein Gegenbeispiel. Andere gingen andere Wege und haben sich dabei durchaus respektvolle Kritiken eingehandelt: Ulrich Brecht 1983 in Saarbrücken (seine Aufführung lebte offenbar einmal mehr von den beiden Hauptfiguren), Edgar Wiesemann 1984 in Ingolstadt, der sich das Stück von Davison her, als Werk über die „Scheinhaftigkeit der Politik" (Programmheft) aufschloss, die tri-bühne in Stuttgart 1985 mit einer an historisierender Werktreue ausgerichteten Darbietung oder Antje Lenkeits Inszenierung am Neuperlacher TIK in München, die betont nicht Königinnen, sondern Frauen auf die Bühne brachte, „die sich mit ihrem Machtanspruch quälen und den Männern, die meinen, dass ‚das Weib gebrechlich' sei" (Thomas Thieringer, in: Süddeutsche Zeitung, 27. 10. 1986). Weit überregionales Interesse fand die Neuinszenierung von Gerd Heinz am Züricher Schauspielhaus 1986. Zwei ganz große Schauspielerinnen in den Titelrollen, Maria Becker als Elisabeth, Agnes Fink als Maria – das schien den Erfolg des Stückes bereits zu garantieren. Nur: Beide Schauspielerinnen waren bei weitem nicht mehr in dem Alter, in dem Schiller seine Protagonistinnen haben wollte, beide sogar älter als die historischen Vorbilder zur Zeit von Marias Hinrichtung. Das interessante Experiment ist teils mit großem Lob, teils mit erheblicher Kritik bedacht worden; hier Ausschnitte aus der sehr abwägenden Besprechung von Peter Iden:

„Die Frage an die Entscheidung des Intendanten und Regisseurs Gerd Heinz war also: Trägt das Stück noch, wenn statt zweier nach unsern Begriffen junger Frauen zwei Menschen sich als die Königinnen gegenüberstehen, die weite Wege gegangen sind in ihrem Leben und die Spur der Zeit erkennen lassen in Erscheinung, Bewegung, Redeweise? Man kann vorwegnehmen, dass der Versuch in Zürich gegen die skeptische Erwartung doch überraschend eindrucksvoll gelingt, am überraschendsten dabei ist, wie viele Textstellen Heinz Recht geben.
Die Besetzung wirkt sich zuerst in einer Veränderung der Perspektiven aus: An den beiden Frauen interessiert die Vergangenheit, die sie hatten, mehr als der Gedanke an eine mögliche Zukunft, zu dem Jugend ja gerne veranlasst. Nicht nur in der Szene, in der Maria sich für den Tod unterm Beil vorbereitet, mildert die durch die Besetzung unvermeidliche Verschiebung der Lebensperspektiven den Druck, sondern für die Aufführung wird generell ein retrospektiver Zug bestimmend [...]. Das durch die ‚alte' Besetzung der beiden Königinnen bedingte Konzept, welches den drängenden Wunsch nach Zukunft vor allem auf Seiten Marias durch die Anstrengung ersetzt, das Vergangene endlich zu verstehen, muss nun natürlich auch gegenüber den Nebenfiguren Mortimer und Leicester seine Schlüssigkeit erweisen. Das geht nicht leicht. Die Regie musste [...] den Mortimer verengen: Sven-Eric Bechtolf legt die Figur auf die eines jungen Fanatikers fest, den nur sein Hass (auf Elisabeth) bewegt, man sieht einen Terroristen fast aktuellen Zuschnitts, einen Kamikaze-Piloten, glaubhaft ohne Sinn für den Reiz einer Frau, nicht mit den Lippen, sondern mit einem Dolch berührt er schmeichelnd Marias Hals [...] Es gibt bei Schiller durchaus Textstellen, die das stützen – dennoch ist die Figur in ihrer Verzerrung ärmer, als sie in ihrer Vorlage erscheint.
Auch Leicester musste zurückgenommen, in seiner Männlichkeit eingeschränkt werden. [...] Jedoch überwiegen die Gewinne. Die Zurücksetzung der erotischen Triebkräfte des Dramas vergrößert den Raum für die Hervorhebung der politischen Intrige. In deren Entfaltung hat die Inszenierung unbestreitbar ihre Vorzüge. [...] Vor allem aber rechtfertigt sich die Aufführung immer wieder aus der Sprachmächtigkeit der beiden Schauspielerinnen. Schiller werden Pathos und große Gebärde durchaus gewährt – und doch werden die Texte kaum je tönend versungen. Die Begegnung der beiden Königinnen im 4. Auftritt des III. Akts ist ein bestürzendes Ereignis des Theaters in dieser Spielzeit, Aufeinanderprall zweier starker, von ihrer Lebensgeschichte gehärteter Charaktere, enormer Energien. [...]" (in: Frankfurter Rundschau, 9. 4. 1986)

Fünf Jahre später erinnert Iden, im Kontrast zu einer Inszenierung Manfred Karges in Frankfurt 1991, an diese Züricher Aufführung: ihr sei es gelungen, „begreiflich zu machen, was uns an dem Drama Schillers noch angeht: die Erkundigung nach der Wahrheit des handelnden Menschen" (in: Frankfurter Rundschau, 25. 2. 1991). Karges Aufführung hingegen („Viel Getue, wenig Einsicht") schaffe es nicht, das Stück in unsere Zeit herüberzuholen. Zwar verstehe und billige man seine Absicht, „dass das Pathos der großen Gebärden und Sätze immer wieder gebrochen und auf unser Maß gebracht werden soll" (ebd.), aber Karge habe die Mittel nicht gehabt, um dieses Vorhaben in einer dem Stück adäquaten Weise zu verwirklichen. Dass das nicht an Schiller liege, dafür zitiert Iden neben der Züricher

zwei weitere, zurückliegende Aufführungen, die von Wilfried Minks 1972 in Bremen („ist in Erinnerung geblieben als ein szenisches Malen mit Licht, Bewegung, Farben, toten Dingen und lebendigen Körpern, als ein Defilee von Arrangements, deren Reizkraft nicht die des Gedankens, sondern des sinnlichen Appells war" [ebd.]) und die von Erich Wendt 1979 in München (Wendt trieb „Doris Schade und Cornelia Froboess in einem engen schwarzen Kasten zu einem grausamen, hoch expressiv geführten Zweikampf aufeinander" [ebd.]).
Noch schärfer hatte Mechthild Lange auf Michael Bogdanovs „missratene *Maria Stuart*" im Deutschen Schauspielhaus Hamburg, April 1990, reagiert: Bogdanov habe geglaubt, den Aufbau des Stücks umstoßen zu können, habe den I. und II. Akt ineinander geschoben, die Pause vor das Königinnengespräch platziert, auch mit Schillers Sprache nichts anzufangen gewusst: die Folge sei, dass gerade die Begegnung der Königinnen, trotz „Traumbesetzung", völlig „verpufft" sei. Weder Eva Matthes noch Ilse Ritter hätten ihren Figuren Leben und ihrer Konfrontation dramatische Spannung verleihen können. „Eines der raffiniertest gebauten Stücke der deutschen Theaterliteratur, von geradezu abgefeimter Dramaturgie" werde verhunzt, wenn man seine Gesetzmäßigkeiten derart missachte (Mechthild Lange, in: Frankfurter Rundschau, 11. 4. 1990).

Doch hat es offensichtlich in den letzten Jahren auch erfolgreichere Bemühungen um das Drama gegeben. Annegret Ritzel setzte 1989 in Wiesbaden auf den Gegensatz von Macht und Liebe und darauf, wie er von Frauen erfahren werde. In eigenwilliger Schiller-Deutung und abweichend von üblichen Theatertraditionen habe sie diesen Gegensatz nicht aufgeteilt zwischen einer schönen, sinnlichen Maria und einer hässlichen, machtbesessenen Elisabeth, sondern habe beide Königinnen als „attraktive Frauen in der Blüte ihrer Jahre" gezeichnet, und beide als konfliktunfähig: „‚Beide', so die Regisseurin, ‚laufen eher vor dem Konflikt davon, als sich ihm auszusetzen, und suchen Hilfe bei leider demselben Mann'". Der Rezensent zeigte sich trotz mancher Mängel beeindruckt: „Eine ungewöhnliche, gedankenreiche Schiller-Interpretation" (Horst Köpke, in: Frankfurter Rundschau, 16. 12. 1989).
Auch die Münchner Aufführung von Thomas Schulte-Michels am Prinzregententheater, April 1991, hat, nach dem Bericht von Barbara Schmitz-Burckhardt, auf das Thema „Macht und Weiblichkeit" gesetzt, mit entgegengesetztem Akzent. Hier seien zwei Frauen gezeigt worden, die dieses Spiel perfekt beherrschten. Dafür habe Schulte-Michels den Text gestrafft, die Sprache „auf ein konzentriertes Verhandlungsparlando herabgeschraubt", den Schauplatz in eine moderne „Chefetage" verlegt. Das Ergebnis: „ein zeitlos-spannendes Exempel für die seelischen Verrenkungen, die der Machterhalt nötig macht":

„Wie der ‚Sachzwang' jede Moral überholt, wie Erotik instrumentalisiert wird für politische Taktik (und manchmal doch ihre eigenen Kapriolen schlägt, das ist dann der ‚Skandal'), das zeigt uns der alte Klassiker, als wärs ein Stück von uns [...]. Das wahrhaft Monströse der beiden Königinnen ist, wie kühl-kalkuliert sie menschlich, hilflos, ratsuchend sind – und doch von Rat ganz unabhängig. Sie sind sich ebenbürtig, Täterinnen und Opfer desselben

Machtspiels. [...] Keine Frage, beide werden überleben, Elisabeth als Politikerin, die einem ganzen Zeitalter ihren Namen gab, Maria als Legende. Starke Frauen. Was diese Stärke an Substanz kostet, zeigen Rosel Zech und Kitty Speiser in kostbaren Winzigkeiten." (Barbara Schmitz-Burckhardt, in: Frankfurter Rundschau, 27. 4. 1991)

Peter Idens oben (S. 131) zitierte Rezension von 1986 verweist noch auf einen ganz anderen Aspekt. In einem Theaterstück, das seinen Erfolg in so starkem Maß der Konstellation zweier weiblicher Hauptfiguren verdankt, treten die männlichen Mitspieler allzu leicht in den Hintergrund, nicht immer zum Nutzen der Aufführung. Die Rezensionen spiegeln diese Situation. Am auffälligsten ist das bei Burleigh. Dabei sollte er zumindest dort, wo auf die politische Dimension des Werkes abgehoben wird, eine starke Stellung bekommen. Wir haben jedoch wenig über ihn gefunden. Und wenn, dann erscheint er nur als „trockener, langweiliger Bürokrat" oder, interessanter, als „Prototyp eines Apparatschiks, durch gefährliche Kälte der Diktion wie durch eiserne Selbstbeherrschung ausgewiesen". – Auch zur Figur des Leicester zeigte sich wenig Markantes; eine der wenigen Ausnahmen:

„[...] ganz Günstling und Schwächling nur, denkt man, tritt er neben Elisabeth auf als ein Tennislehrer zum Feierabend, in saloppem hellem Freizeitdress mit Schal und Ordenstüchlein. Doch ist dieser Dandy smart und hart zugleich: ein lauernd Berechnender, sein opportunistisches Kalkül aber nie ganz zur Gleichung bringend mit dem erotischen Interesse" (Peter von Becker zu Wendts Inszenierung, in: Süddeutsche Zeitung, 5. 7. 1979).

Am profiliertesten scheint oft noch Mortimer herausgestellt worden zu sein. Als „Schiller'scher Jüngling" allerdings erscheint er kaum je; dort, wo jemand ihn sucht, wird er irritiert:

„Idealistische Schiller-Jünglinge darzustellen, ist in diesen Zeiten ziemlich schwierig. Christoph Gaugler gelingt es ohne allzu viel Raserei (Mortimer). Dass er die Maria im Park beinahe vergewaltigen muss, ist der einzige Fehlgriff des Regisseurs [...]" (Horst Köpke, in: Frankfurter Rundschau, 24. 9. 1985).

An diesem „Fehlgriff" – es ist der Schillers, nicht erst des Regisseurs – hatte sich ja bereits das 19. Jahrhundert gestoßen. – Als krasse Gegenkonzeption erscheint Mortimer 1987 in Münster:

„Ein dicklicher schwitzender Fanatiker, bei dem sich Brunst und Inbrunst heillos vermischen, der die Himmelskönigin und Jungfrau Maria mit der Königin und durchaus nicht-Jungfrau Maria Stuart verwechselt, der er im Eifer des Gefechts unter die Röcke greift." (Jürgen P. Wallmann, in: 14 Tage Münster, 7. 2.–10. 2. 1987, S. 44)

Als Fanatiker gab ihn auch Ernst Wendt:

„In dem bis zur Raserei exaltierten jungen Mortimer – gespielt von Markus Boysen – sieht Wendt den ‚Wahnwitz ideologischer Verranntheit' vorgeführt. ‚Was der da für Dinge ablässt, dass er das Sakrament genommen hat und nun morden kann, wen er will, diese Ideologie, die von vornherein auf alles Ablass gewährt, hat fast etwas Faschistisches'." (Charlotte Nennecke, in: Süddeutsche Zeitung, 3. 7. 1979)

Rezensionsberichte über Theateraufführungen zeigen das ursprüngliche Werk immer in doppelter Perspektivierung. Das engt die Sicht ein. Manchmal gibt es aber auch erstaunliche Durchblicke frei auf Nuancen, die einem beim interpretierenden Blick auf den Text eher entgehen. So, im Bezug auf Mortimer, Gerhard Stadelmeier in einer Rezension der Stuttgarter Aufführung von G. Krämer:

> „Und Mortimer, vergeblich Marias Retter, vergeblich Elisabeths Schurke, ist ein langer Schlacks (Hans Werner Marquard), noch kein Mann, noch interesselos jung, fast der Gefühlsverbündete der Frauen (beide haben ihn im Arm). Wenn er sich, von Leicester preisgegeben, ermordet, dann stirbt ein Gymnasiast, dessen Hausaufgaben mörderisch enden, ein Junge, draufgegangen in der Welt der Erwachsenen." (in: Stuttgarter Zeitung, 23. 1. 1982)

Auch in den vergangenen Jahren wurde das Drama relativ viel gespielt, oft experimentierend. Holger Berg verfremdete 1995 in Nürnberg das Stück zu einem klassisch gewordenen Kino-Melodram: Filmmusik zwischen den Akten, Leinwandprojektionen, um die Vorgeschichte zu erzählen, etc. Da er gleichzeitig den Text ernst nahm und genau arbeitete, zeigten sich die Rezensionen beeindruckt. Andere Aufführungen setzten auf entschiedene Modernisierungen auch in Kostümen und Ausstattung: Stammheim-Anklänge in den Kerkerszenen, Schallplatten und Telefon als durchaus benutzte Accessoirs am elisabethanischen Hof (so Elmar Goerden 1997 in Stuttgart).

Drei allgemeine Tendenzen sind erkennbar und bündeln sich in den zwei jüngsten, meistdiskutierten Aufführungen (von Elmar Goerden; von Dietrich Hilsdorf in Düsseldorf 1998). Entschieden wird der Geschlechtergegensatz problematisiert. Bei Hilsdorf erscheinen die zwei Königinnen fast überdimensioniert, unfassbar für die Männer, zwei Frauen mit (auch im Leiden) erstaunlicher Kraft; bei Goerden sind sie Opfer ihres Geschlechtes und ihrer Rolle, zwei Leidensschwestern, Marionetten im Spiel der Macht. – Betont wird zum andern bei vielen die politische Ebene des Dramas als eine Menschen vernichtende Sphäre der Macht, in Gang gehalten von zynischen, machtgierigen Figuren und sich verselbstständigenden Intrigen. Dementsprechend scheint niemand mehr Zutrauen zu haben in die von Schiller intendierte, strahlende Erhebung Marias aus dieser Sphäre, am wenigsten Stefan Viering in Tübingen 1996: Bei ihm erschien Marias Gang zum Schafott als massenwirksam inszenierte Mischung aus Sakralkitsch und Sex. Dennoch beeindruckte das Stück als ein „brilliant inszenierter Krimi zum Thema Frau und Macht". – Und das ist der dritte Aspekt. Mehrfach wird in den Rezensionen vom „Polit-Thriller" gesprochen. „Klassikerlangeweile" sei nicht aufgekommen; das Stück sei spannend, wenn seine Sprache und sein Aufbau ernst genommen würden. So z. B. Hans Jansen (in: Westdeutsche Allgemeine Zeitung, 22. 6. 1998): Schillers Drama überzeuge in Hilsdorfs Inszenierung als ein „dynamisches Spektakel aus Sex and Crime. [...] Hilsdorf kürzt wenig und vertraut der genialen Architektur des Stücks".

6 Literaturverzeichnis

1. Ausgaben

Schillers Werke. Nationalausgabe. Begründet von *Julius Petersen*, hg. v. *Liselotte Blumenthal* und *Benno von Wiese*. Weimar 1943ff. [zitiert als: NA] – Bd. IX Maria Stuart. Die Jungfrau von Orleans. Weimar 1948

Friedrich Schiller: Maria Stuart. Trauerspiel in fünf Aufzügen. Stuttgart 1976 (= Reclam Universal-Bibliothek 64) [nach dieser Ausgabe wird *Maria Stuart* im vorliegenden Heft zitiert, ohne weitere Angabe, mit Verszahl]

Friedrich Schiller: Über die ästhetische Erziehung des Menschen in einer Reihe von Briefen. Texte, Materialien, Kommentar. Hg. v. *Wolfgang Düsing*. München, Wien 1981 [im vorliegenden Heft werden die *Briefe* ... zitiert nach NA XX]

Briefwechsel Schiller – Goethe. Hg. v. *Gerhard Gräf* und *Albert Leitzmann*. Bd. I–III. Frankfurt/Main 1955

Briefwechsel Schiller – Körner. Hg. v. *Ludwig Geiger*. Bd. I–IV. Stuttgart [1892]

Briefwechsel zwischen Schiller und Körner. Herausgegeben, ausgewählt und kommentiert von *Klaus L. Berghahn*. München 1973

Briefwechsel des Herzogs Carl August mit Goethe. Hg. v. *Hans Wahl*. Bd. I–III. Berlin 1915–1918

Goethes Tagebücher. Hg. v. *Gerhart Baumann*. Stuttgart 1956

2. Bibliografien und Forschungsberichte

Schiller-Bibliographie 1893–1958. Bearbeitet von *Wolfgang Vulpius*. Weimar 1959 [Folgebände, zuletzt von *Peter Wersig*, bis zum Berichtjahr 1974. Weimar 1977. Danach periodische Bibliographien im Schiller-Jahrbuch, zuletzt:]

Hannich-Bode, Ingrid: Schiller-Bibliographie 1983–1986 und Nachträge. In: Jahrbuch der deutschen Schillergesellschaft 31 (1987), S. 432–512

Koopmann, Helmut: Schiller-Forschung 1970–1980. Ein Bericht. Marbach am Neckar 1982 [Frühere Forschungsberichte bei Koopmann 1966. Über die neueste Forschung berichtet Sautermeister ^{2}1992; beides s. unten unter 3.]

3. Ausgewählte Forschungsliteratur zu Schiller

Beck, Adolf: Schillers „Maria Stuart". In: *A. B.*, Forschung und Deutung. Ausgewählte Aufsätze zur Literatur. Hg. v. *Ulrich Fülleborn*. Frankfurt/Main 1966, S. 167–187 [zuerst 1958]

Becker, Eva D.: Schiller in Deutschland 1781–1870. Materialien zur Schiller-Rezeption für die Schule herausgegeben. Frankfurt/Main 1972

Berger, Karl: Schiller. Sein Leben und seine Werke. Bd. I-II. München 1905 und 1909

Berghahn, Klaus L.: Friedrich Schiller. Zur Geschichtlichkeit seines Werkes. Kronberg/Ts. 1975

Berghahn, Klaus L.: Schiller. Ansichten eines Idealisten. Frankfurt/Main 1986

Bickert, Hans Günther: Expositionsprobleme des tektonischen Dramas. In: *W. Keller* (Hg.), Beiträge zur Poetik des Dramas. Darmstadt 1976, S. 39–70

Borchmeyer, Dieter: Tragödie und Öffentlichkeit. Schillers Dramaturgie im Zusammenhang seiner ästhetisch-politischen Theorie und die rhetorische Tradition. München 1973

Brackert, Helmut: Literarischer Kanon und Kanon-Revision. In: *H. B., Walter Raitz*, Reform des Literaturunterrichts. Eine Zwischenbilanz. Frankfurt/Main 1974 [Edition Suhrkamp 672]

Brandwein, Pearl J.: Mary Queen of Scots in 19th and 20th century drama. Poetic licence with history. Bern, Frankfurt/Main 1989

Buchwald, Reinhard: Schiller. Leipzig 1937. Neubearb. Wiesbaden 1953/54

Bürger, Christa: Der Ursprung der bürgerlichen Institution Kunst im höfischen Weimar. Literatursoziologische Untersuchungen zum klassischen Goethe. Frankfurt/Main 1977

Conrady, Karl Otto: Anmerkungen zum Konzept der Klassik. In: Deutsche Literatur zur Zeit der Klassik. Hg. v. *Karl Otto Conrady*. Stuttgart 1977, S. 7–29

Diecks, Thomas: „Schuldige Unschuld". Schillers „Maria Stuart" vor dem Hintergrund barocker Dramatisierungen des Stoffes. In: Schiller und die höfische Welt. Hg. v. *Achim Aurnhammer, Klaus Manger, Friedrich Strack*. Tübingen 1990, S. 232-246

Fabricius, Hans: Schiller als Kampfgenosse Hitlers. Nationalsozialismus in Schillers Dramen. Bayreuth 1931

Freytag, Gustav: Die Technik des Dramas. [12]1912 [[1]1863]

Fricke, Gerhard: Der religiöse Sinn der Klassik Schillers. Zum Verhältnis von Idealismus und Christentum. München 1927

Fricke, Gerhard: Schiller und die geschichtliche Welt. Straßburg 1943

Frommer, Harald: Lernziel: Leserolle. Ein Annäherungsversuch an Schillers Königin Elisabeth in Klasse 10. In: Der Deutschunterricht 33 (1981), Heft 2, S. 60–80

Fuhrmann, Helmut: Revision des Parisurteils. „Bild" und „Gestalt" der Frau im Werk Friedrich Schillers. In: Jahrbuch der deutschen Schillergesellschaft 25 (1981), S. 316–366

Gethmann-Siefert, Annemarie: Idylle und Utopie. Zur gesellschaftskritischen Funktion in Schillers Ästhetik. In: Jahrbuch der deutschen Schillergesellschaft 24 (1980), S. 32–67

Graham, Ilse: Schiller's Drama. Talent and Integrity. London 1974

Graham, Ilse Applebaum: Die Struktur der Persönlichkeit in Schillers dramatischer Dichtung. In: Jahrbuch der deutschen Schillergesellschaft 4 (1960), S. 270–303

Grawe, Christian: Friedrich Schiller, Maria Stuart. Erläuterungen und Dokumente. Stuttgart 1978 (= RUB 8143)

Grimm, Reinhold / Hermand, Jost (Hg.): Die Klassik-Legende. Frankfurt/Main 1971

Grimminger, Rolf: Die ästhetische Versöhnung. Ideologiekritische Aspekte zum Autonomiebegriff am Beispiel Schillers. In: Schillers Briefe über die ästhetische Erziehung. Hg. v. *Jürgen Bolte*. Frankfurt/Main 1985 (= Suhrkamp Taschenbuch 2037), S. 161–184

Harrison, Robert: Idealperfection and the human condition: morality and necessity in Schiller's „Maria Stuart". In: Oxford German Studies 20/21, 1991/92, S. 46–68

Hausen, Karin: Die Polarisierung der „Geschlechtscharaktere". Eine Spiegelung der Dissoziation von Erwerbs- und Familienleben. In: *W. Conze* (Hg.), Geschichte der Familie in der Neuzeit Europas. Stuttgart 1976, S. 363–393

Hecker, Max (Hg.): Schillers Persönlichkeit. Urteile der Zeitgenossen und Dokumente. Bd. I–III. Weimar 1904–1909

Herbst, Hildburg: Herz, Seele und Gewissen: Aktualisierung eines historischen Stoffes in Schillers „Maria Stuart". In: Ethik und Ästhetik. Hg. von *Richard Fisher*. Frankfurt/Main 1995, S. 235–245

Herrmann, Hans Peter / Herrmann, Martina: Friedrich Schiller. Kabale und Liebe. Frankfurt/Main [4]1988 (= Grundlagen und Gedanken zum Verständnis des Dramas)

Hinck, Walter (Hg.): Geschichte als Schauspiel. Deutsche Geschichtsdramen. Interpretationen. Frankfurt/Main 1981 (= Suhrkamp Taschenbuch 2006)

Ingen, Ferdinand van: Macht und Gewissen. Schillers „Maria Stuart". In: Verantwortung und Utopie. Zur Literatur der Goethezeit. Ein Symposium. Hg. v. *Wolfgang Wittkowski*. Tübingen 1988, S. 283-308

Kaiser, Gerhard: Vergötterung und Tod. Die thematische Einheit von Schillers Werk. Stuttgart 1967 (= Dichtung und Erkenntnis 3)

Kindermann, Heinz: Theatergeschichte der Goethezeit. Wien 1948

Kindermann, Heinz: Theatergeschichte Europas. Bd. I–X. Salzburg 1957–74

Kipka, Karl: Maria Stuart im Drama der Weltliteratur vornehmlich des 17. und 18. Jahrhunderts. Ein Beitrag zur vergleichenden Literaturgeschichte. Leipzig 1907

Klassiker in finsteren Zeiten. 1933-1945. Eine Ausstellung des Deutschen Literaturarchivs im Schiller Nationalmuseum Marbach am Neckar. 2 Bde. Marbach a. N. 1983

Klotz, Günther / Schröder, Winfried / Weber, Peter (Hg.): Literatur im Epochenumbruch. Funktionen europäischer Literatur im 18. und beginnenden 19. Jahrhundert. Berlin, Weimar 1977

Klotz, Volker: Geschlossene und offene Form im Drama. München [7]1975

Klotz, Volker: Kronen und lange Haare. Zu Schillers Maria Stuart. In: *V. K.*, Kurze Kommentare zu Stücken und Gedichten. Darmstadt 1962, S. 7–17

Koopmann, Helmut: Friedrich Schiller. Bd. I–II. Stuttgart 1966 (= Sammlung Metzler Bd. 50 und 51)

Korff, August Heinrich: Geist der Goethezeit. Versuch einer idealen Entwicklung der klassisch-romantischen Literaturgeschichte. 2. Teil: Klassik. Leipzig [4]1958

Lahnstein, Peter: Schillers Leben. München 1981

Lamport, Francis John: Krise und Legitimitätsanspruch. „Maria Stuart“ als Geschichtstragödie. In: Zeitschrift für deutsche Philologie, 109, 1990, Sonderheft, S. 134-145

Lange, Victor: Überlegungen zur „Deutschen Klassik“. In: Das 18. Jahrhundert als Epoche. Hg. v. *Bernhard Fabian* und *Wilhelm Schmidt-Biggemann.* Nendeln 1978 (= Studien zum 18. Jahrhundert, Bd. 1), S. 87–104

Leistner, Bernd: „Ich habe deinen edlen Teil nicht retten können“. Zu Schillers Trauerspiel „Maria Stuart“. In: Zeitschrift für Germanistik 2 (Leipzig 1981), S. 166–181

Leistner, Bernd: „Maria-Stuart“-Inszenierung: In: Weimarer Beiträge 27 (1981), S. 107–115

Lokke, Karl: Schiller's „Maria Stuart“: the historical sublime and the aesthetics of gender. In: Monatshefte, 82, 1990, S. 123–141

Lukács, Georg: Schillers Theorie der modernen Literatur. In: *G. L.*, Goethe und seine Zeit. Berlin 1955, S. 108–144 [zuerst 1937]

Maurer-Schmoock, Sybille: Deutsches Theater im 18. Jahrhundert. Tübingen 1982

Mayer, Hans: Schillers Dramen – für die Gebildeten unter ihren Verächtern [1966]. In: *H. M.*, Versuche über Schiller. Frankfurt/Main 1987, S. 45–71

Mücke, Dorthea E. von: The Spectacle of Maria Stuart's Imprisonment. In: Reading after Foucault. Institutions, Disciplines, an Technologies of the Self in Germany, 1750–1830. Detroit 1994. S. 93–116

Oellers, Norbert: Schiller. Geschichte seiner Wirkung bis zu Goethes Tod. 1805–1832. Bonn 1967

Oellers, Norbert: Schiller – Zeitgenosse aller Epochen. Dokumente zur Wirkungsgeschichte in Deutschland. Bd. I–II. München 1970–1976

Ruppelt, Georg: Schiller im nationalsozialistischen Deutschland. Der Versuch einer Gleichschaltung. Stuttgart 1979

Sautermeister, Gert: Idyllik und Dramatik im Werk Friedrich Schillers. Zum geschichtlichen Ort seiner klassischen Dramen. Stuttgart 1971

Sautermeister, Gert: Maria Stuart. Ästhetik, Seelenkunde, historisch-gesellschaftlicher Ort. In: Schillers Dramen. Neue Interpretationen. Hg. v. *Walter Hinderer.* Stuttgart 1979, S. 124–216. 2. Auflage: Stuttgart 1992

Schau-Bühne. Schillers Dramen 1945–1984. Eine Ausstellung des Deutschen Literaturarchivs und des Theatermuseums der Universität zu Köln. Marbach am Neckar 1984 (= Marbacher Kataloge 39)

Schlaffer, Hannelore: Widerstände gegen Klassiker-Lektüre. Ein Unterrichtsmodell zu Schillers „Maria Stuart“. In: Projekt Deutschunterricht 7. Literatur der Klassik I – Dramenanalysen. Stuttgart 1974, S. 125–161

Schröder, Jürgen: Geschichtsdramen. Die „deutsche Misere“ – von Goethes „Götz“ bis Heiner Müllers „Germania“? Tübingen 1994

Schulte-Sasse, Jochen: Das Konzept bürgerlich-literarischer Öffentlichkeit und die historischen Gründe seines Zerfalls. In: Aufklärung und literarische Öffentlichkeit. Hg. v. *Christa Bürger* u. a. Frankfurt/Main 1980 (= Edition Suhrkamp 1040), S. 83–115

Schultz, H. Stefan: „Moralisch unmöglich“. Zu einer Briefstelle Schillers über die Begegnung der beiden Königinnen in „Maria Stuart“. In: Untersuchungen zur Literatur als Geschichte. Festschrift für B. v. Wiese. Hg. v. *J. Günther* u. a. Berlin 1973, S. 85–91

Segeberg, Harro: Deutsche Literatur und Französische Revolution. Zum Verhältnis von Weimarer Klassik, Frühromantik und Spätaufklärung. In: Deutsche Literatur zur Zeit der Klassik. Hg. v. *Karl Otto Conrady*. Stuttgart 1977, S. 243–266

Sengle, Friedrich: Das deutsche Geschichtsdrama. Stuttgart 1952

Skopnik, Günther: Die Dramen Schillers auf den Bühnen der Deutschen Bundesrepublik seit 1945. In: Maske und Kothurn 5 (1959), S. 193–207

Stein, Peter (Hg.): Wieviel Literatur brauchen Schüler? Stuttgart 1980

Storz, Gerhard: Der Dichter Friedrich Schiller. Stuttgart 1959 [Das Kapitel über „Maria Stuart“ daraus gesondert veröffentlicht in: Interpretationen. Hg. v. *Jost Schrillemeit*. Bd. 2. Frankfurt/Main 1965, S. 172–184]

Storz, Gerhard: Das Drama Friedrich Schillers. Frankfurt/Main 1938

Thalheim, Hans-Günther: Schillers Dramen von „Maria Stuart“ bis „Demetrius“. In: Weimarer Beiträge 20 (1974), S. 5–33 und 99–130

Wertheim, Ursula: Schillers Auseinandersetzung mit den Ereignissen der Französischen Revolution. In: Wissenschaftliche Zeitschrift der Universität Jena VIII (1958/59), Heft 4/5, S. 429

Wiese, Benno von: Die Dramen Schillers. Politik und Tragödie. Leipzig 1937

Wiese, Benno von: Friedrich Schiller. Stuttgart 1959

Windfuhr, Manfred: Kritik des Klassikbegriffs. In: Etudes Germaniques 2 (1974), S. 302–318

Witte, William: Schillers „Maria Stuart“ and Mary, Queen of Scots. In: *Albert Fuchs, Helmut Motekat* (Hg.), Stoffe Formen Strukturen. Studien zur deutschen Literatur. Festschrift für Heinrich Borcherdt. München 1962, S. 238–250

Wittkowski, Wolfgang: Können Frauen regieren?: Schillers „Maria Stuart“: Poesie, Geschichte und der Feminismus. In: Orbis litterarum 52 (1997), S. 387–409

Wolzogen, Karoline von: Schillers Leben. Stuttgart 1830 u.ö.

Zeller, Bernhard / Scheffler, Walter: Schiller. Leben und Werk in Daten und Bildern. Frankfurt/Main 1977 (= Insel Taschenbuch 226)

4. Forschungsliteratur zur Geschichte und Literatursoziologie

Barth, Ilse-Marie: Literarisches Weimar. Kultur/Literatur/Sozialstruktur im 16. bis 20. Jahrhundert. Stuttgart 1971 (= Sammlung Metzler 93)

Bruford, Walter H.: Deutsche Kultur der Goethezeit. Konstanz 1965

Bruford, Walter H.: Kultur und Gesellschaft im klassischen Weimar. 1775–1806. Göttingen 1966

Fraser, Antonia: Maria, Königin der Schotten. Deutsch von Ulla H. de Herera. Hamburg, Düsseldorf 1971

Haan, Heiner / Krieger, Karl-Friedrich / Niedhart, Gottfried: Einführung in die englische Geschichte. Hg. v. *Gottfried Niedhart.* München 1982

Kiesel, Helmuth / Münch, Paul: Gesellschaft und Literatur im 18. Jahrhundert. Voraussetzungen und Entstehung des literarischen Markts in Deutschland. München 1977

Kluxen, Kurt: Geschichte Englands. Von den Anfängen bis zur Gegenwart. Stuttgart ²1976 (= Kröners Taschenausgabe, Bd. 374)

Schulin, Ernst: England und Schottland vom Ende des Hundertjährigen Krieges bis zum Protektorat Cromwells (1455–1660). In: Handbuch der europäischen Geschichte. Hg. *Theodor Schieder.* Bd. 3. Stuttgart 1979, S. 902–937

Winckler, Lutz: Autor – Markt – Publikum. Zur Geschichte der Literaturproduktion in Deutschland. Berlin 1986 (= Argument Sonderheft 138)

5. Die wichtigsten Quellen zu Schillers Arbeit an „Maria Stuart"

Camden, William: Annales rerum anglicarum et hibernicarum regnante Elizabetha ad annum salutis 1589. London 1615

Bourdeille, Pierre de, Herr von Brantôme: Biographische Nachrichten von erlauchten Damen Frankreichs. Jena 1795 (Allgemeine Sammlung historischer Memoirs vom 12. Jahrhundert bis auf die neuesten Zeiten. Hg. v. *Friedrich Schiller.* 2. Abt., Bd. 10) [zuerst 1666/67]

Buchanan, George: Rerum Scoticarum historia ad Jacobum VI. Scotorum regem. Amsterdam 1697

Rapin, Paul de Thoyras: Histoire d'Angleterre. Tom 6. La Haye ²1733 [Schiller benutzte diese Ausgabe sowie die deutsche Übersetzung durch *S. J. Baumgarten,* Halle 1757]

Robertson, Wilhelm: Geschichte von Schottland unter den Regierungen der Königin Maria und des Königs Jacob VI. bis auf dessen Erhebung auf den englischen Thron [...] In zween Bänden [...] übersetzt [...] mit einer Vorrede begleitet von *Matthias Theodor Christoph Mittelstedt.* Braunschweig 1762

Hume, David: Geschichte von England, von dem Einfalle des Julius Caesar bis auf Elisabeth. Aus dem Englischen. 3. und 4. Bd. Breslau, Leipzig 1770/71

Archenholtz, Johann Wilhelm von: Geschichte der Königin Elisabeth von England. In: Historischer Kalender für Damen für das Jahr 1790. Von *Archenholtz* und *Wieland.* Leipzig 1789, S. 1–189

Gentz, Friedrich: Maria Königin von Schottland. In: Taschenbuch für 1799. Berlin 1798, S. 1–126

GRUNDLAGEN UND GEDANKEN

Drama

Interpretationshilfen

Herausgegeben von Hans-Gert Roloff.

Brecht, Der aufhaltsame Aufstieg des Arturo Ui. (D. Thiele)	(6098)
Brecht, Die Dreigroschenoper. (D. Wöhrle)	(6097)
Brecht, Der gute Mensch von Sezuan. (J. Knopf)	(6088)
Brecht, Das Leben des Galilei. (H. Knust)	(6084)
Brecht, Mutter Courage und ihre Kinder. (D. Thiele)	(6089)
Büchner, Woyzeck. (H. Ritscher)	(6393)
Dürrenmatt, Der Besuch der alten Dame. (S. Mayer)	(6080)
Dürrenmatt, Die Physiker. (G. P. Knapp)	(6079)
Frisch, Andorra. (G. P. und M. Knapp)	(6071)
Frisch, Biedermann und die Brandstifter. (G. Jordan)	(6085)
Goethe, Faust I. (H. Kobligk)	(6360)
Goethe, Faust II. (H. Kobligk)	(6358)
Goethe, Iphigenie auf Tauris. (G. Holst)	(6467)
Ibsen, Nora oder Ein Puppenheim. (D. Bänsch)	(6066)
Lessing, Nathan der Weise. (D. Arendt)	(6380)
Schiller, Kabale und Liebe. (H. P. Herrmann und M. Herrmann)	(6398)
Schiller, Maria Stuart. (H. P. Herrmann und M. Herrmann)	(6469)
Schiller, Die Räuber. (W. Große)	(6468)
Shakespeare, Hamlet. (W. Rudorff)	(6386)
Shakespeare, Macbeth. (W. Rudorff)	(6385)
Sophokles, Antigone. (N. Zink)	(6383)
Sophokles, König Ödipus. (N. Zink)	(6384)
Wedekind, Frühlings Erwachen. (G. Pickerodt)	(6068)
Zuckmayer, Der Hauptmann von Köpenick. (S. Mews)	(6363)

987 654 3